Bernd-Peter Lange

Georg Benjamin

Ein bürgerlicher Revolutionär
im roten Wedding

Band 3 der Reihe „Wedding-Bücher"

Abbildung auf der vorderen Umschlagseite:
Georg Benjamin im Jahr 1926
(Foto: Familienarchiv/Nachlass Hilde Benjamin)

Der Autor:
Bernd-Peter Lange war als Hochschullehrer für anglistische Literatur- und Kulturstudien tätig. Zu seiner Forschung zählen Veröffentlichungen im literarischen, sozial- und kulturhistorischen Gebiet.

Bernd-Peter Lange

Georg Benjamin

Ein bürgerlicher Revolutionär
im roten Wedding

Verlag Walter Frey
Berlin 2019

Bibliografische Information der Deutschen Nationalbibliothek
Die Deutsche Nationalbibliothek verzeichnet diese Publikation in
der Deutschen Nationalbibliografie; detaillierte bibliografische
Daten sind im Internet über http://dnb.dnb.de abrufbar.

Copyright:
Verlag Walter Frey, Berlin

Copyright Abbildungen:
bei den Urhebern bzw. Rechteinhabern (s. Bildnachweise)

ISBN 978-3-946327-17-2
Berlin 2019

Druck: Rosch-Buch, Scheßlitz

Verlag Walter Frey · Postfach 150455 · 10666 Berlin
E-Mail: info@wedding-buecher.de · Internet: www.wedding-buecher.de

Dieses Buch wurde auf alterungsbeständigem und säurefreiem Papier gedruckt.

Inhaltsverzeichnis

Einleitung	7
Aushandlungen des Gedenkens	12
Ortswechsel: der Weg in den Wedding	25
Jugend, Bildung und Beruf	43
Geschwisterkonstellationen	62
Lebensverhältnisse im Wedding	79
Soziales und persönliches Umfeld	79
Bürgerliche Außenseiter im Wedding	85
Wohnverhältnisse: vom Schillerpark zur Badstraße	92
Familienökonomie	98
Kultur und Konsum	103
Georg Benjamins Politik	111
Politische Medizin	134
Haft und Widerstand	150
Verbleibende Passionen	162
Das Ende	178
Verwendete Literatur	185
Bildnachweise	194
Danksagungen	197

Einleitung

Warum ein weiteres Buch über die heroische Vergangenheit des alten Berliner Arbeiterbezirks Wedding, der sich längst vom ehemals roten Wedding in einen multikulturell bunten gewandelt hat? Es geht in ihm zugegeben um eine anachronistisch scheinende Phase der Lokalgeschichte, die heute zur größeren Hälfte von den Nachfahren von Einwohnern migrantischer Herkunft geprägt wird. Ihnen gegenüber besaß Georg Benjamin (10.9.1895-26.8.1942) als Angehöriger einer doppelten Minderheit unter den Weddinger Einwohnern der zwanziger Jahre, als Bürgerlicher und als jüdischer Intellektueller, einen unvergleichlichen sozialen und kulturellen Hintergrund. Er war ihnen ähnlich nur als Fremder, als Überläufer zwischen den Parallelgesellschaften, der sich unter den Einheimischen einen Lebensmittelpunkt schaffen wollte.

Wenn heute ähnliche Zuwanderungen bürgerlich geprägter Minderheiten in den Ortsteil Wedding des neu gebildeten Bezirks Berlin-Mitte geschehen, sind dies oft die Vorboten einer wie in vergleichbaren Bezirken beschleunigt einsetzenden Gentrifizierung. Deren Träger überbrücken die schon in der Vergangenheit bestehende Kluft zwischen dem rauen Wedding und dem südlich angrenzenden Berliner Zentrum. Trotz dieser Aufwertung des multikulturell durchmischten Ortsteils bietet die neue Attraktivität des Wedding zurzeit, wie schon in der Weimarer Republik, unterschiedliche Motive für bürgerliche Zuwanderer an – so wie in einer nicht politischen Identifikation mit einer sozial und ästhetisch ausgegrenzten Szenerie, einem Kiez der „Streuner, Gescheiterten, Ziel- und Mittellosen", der jedoch einen Anspruch auf „Wahrheit" repräsentiert. Ähnlich geht schon in Curt Morecks 2018 neu ediertem *Führer durch das lasterhafte Berlin* von 1931 der Blick nach „da oben im Norden", wo auf Onkel Pelles Rummelplatz in der Müllerstraße, einem der populärsten, „ein Stück echtes Berlin" bewundert werden konnte.

Ungleich gebrochener geht jetzt der Hang des Erzählers in Leander Steinkopfs *Stadt der Feen und Wünsche* (2018) zu einem vom Wedding angebotenen *slumming* im Dreck und der Anomie, aber auch des als authentisch Betrachteten. Er setzt diese Identifikation an die Stelle der bürgerlichen Flaneure des „roten Wedding" in der Zeit vor dem faschistischen Terror, als gelegentlich Intellektuelle wie Franz Hessel bei ihren literarischen Stadterkundungen Abstecher in den proletarischen Wedding unternahmen. Dabei rufen das der Erzählung Steinkopfs vorangestellte Motto und ihr Titel Walter Benjamins Kulturphilosophie auf. Die Zentralfigur der Erzählung wohnt am Leopoldplatz, an der Kreuzung von Nazarethkirchstraße und Malplaquetstraße. Genau dort machte Georg Benjamin nach der Ausbildung seine Existenz im Wedding fest. Eines vergleichbaren festen Ziels entbehrt die postmoderne Flanerie von Steinkopfs Helden. Dieser pendelt sprunghaft zwischen den Standorten einer alternativen Bohème der ehemaligen Arbeiterbezirke Berlins. Seine Wanderungen sind der Momentaufnahme der modernen Großstadt von Hessels engem Freund Walter Benjamin näher als dem Versuch Georg Benjamins, durch seine Anwesenheit eine zielgerichtet progressive berufliche und politische Praxis zu begründen.

Georg Benjamin war nicht nur im Weddinger Umfeld seiner Partei, der KPD in ihrer kritischen Weimarer Periode, zunächst ein Außenseiter. Er ist es auch in der stetig anwachsenden Literatur über seinen weltberühmten Bruder, der wie er selbst als Figur des Widerstands gegen den Nationalsozialismus steht, welcher den Tod beider Brüder verantwortete. Über den jüngeren Bruder des großen Kritikers und Theoretikers Walter Benjamin gibt es nur eine einzige sein ganzes Leben erfassende Biografie aus der Feder seiner Ehefrau Hilde Benjamin. Sie konnte über ein konkurrenzloses Material des Familienarchivs an Dokumenten und Bildern verfügen, die sie zu einem äußerst detailreichen Überblick über das Leben ihres Mannes zusammenfügte, dessen wichtigstes Merkmal in allen drei Auflagen eine bruchlose Identifikation mit den politischen Positionen und Handlungen Georg Benjamins blieb. Erst in den letzten Jahren – nach dem Untergang des Staates, der Hilde Benjamins Identität und die von ihr rückblickend ihrem Mann zugeschriebene bestimmte – wagte sich Uwe-Karsten Heye an ein knappes Porträt des Arztes, der im Wedding seine politische Heimat suchte.

Gegenüber den bekannten Darstellungen von Georg Benjamins Lebensgeschichte setzen die hier vorgelegten Kapitel ergänzende, zum Teil von ihnen abweichende Akzente. Sie bezwecken keine das gesamte Leben Georg Benjamins in allen Phasen und Aspekten umfassende neue Biografie, sondern eine neue Annäherung, die sich auf seine Kernbereiche konzentriert, soweit ihr Schauplatz der rote Wedding der Weimarer Republik war, auf ihn hinführte oder von seinem Ende betroffen war. Der Abschnitt der Weddinger Zeit in Georg Benjamins Leben umfasste zwar lediglich dreizehn von siebenundvierzig Jahren. Dies waren jedoch die für ihn entscheidenden. Sie bedeuteten den Kernbereich seiner beruflichen, politischen und auch privaten Existenz. Diese bereitete sich im privilegierten großbürgerlichen Umfeld des Berliner Westens vor, fand in der deutschen Arbeiterbewegung ein immer fester definiertes Medium und in der Hinwendung als teilnehmender parteilicher Akteur zu den sozial und politisch unterdrückten proletarischen Massen des Arbeiterbezirks Wedding ihr schließliches Ziel.

Dass dieser Absprung nicht ohne den Abschied von kulturellen Selbstverständnissen des eigenen Herkunftsmilieus unter Beibehaltung einiger Züge des bürgerlichen Habitus möglich war, verband Georg Benjamin mit etlichen anderen Intellektuellen seiner Generation. Wie er selbst mussten sie ihren Weg unter dem polarisierenden Druck von zugespitzten Klassenverhältnissen finden. Sein eigener Bruder Walter wie auch seine Schwester Dora zeigten, dass es in dieser Lage auch andere Optionen gab, die nicht einfach das Festhalten am gesellschaftlichen Status quo bedeuteten. Die persönliche Anwesenheit im roten Wedding und die Teilhabe an seinen politischen Kämpfen, aber auch an den eigenen beruflichen Aufgaben wurde für den Arzt und politisch handelnden Menschen Georg Benjamin zur lebensentscheidenden Epoche.

Wenn der Zwiespalt zwischen Herkunft und späterer Praxis auch heute noch ein Thema biografischer Abrisse ist – man denke an die Popularität von Didier Eribons *Rückkehr nach Reims* in vielen Medien –, so war dies für Georg Benjamin offensichtlicher von existenzieller Bedeutung. Benjamins Entwicklung war ein Kehrbild von Eribons Analyse seiner selbst als Aufsteiger aus einem proletarischen Milieu, der eine persönliche Scham aus seinem Verhältnis zu seiner Herkunft ableitet. Georg Benjamins Schamkultur gründete dagegen auf dem Kontrast zwischen bürgerlichen Privilegien, von denen er sich mit großer Entschiedenheit abwandte, und den elenden Verhältnissen am Wedding mit Arbeitslosigkeit, Wohnungsnot und Gesundheitsdefiziten, in die er sich hinbewegte. Wer dies tat, konnte weder zu seinen Ursprüngen zurückkehren noch ganz seine Spuren tilgen. Dies war in der Weimarer Republik den KPD-Mitgliedern im intellektuellen Bürgertum nur allzu bewusst. Es wurde ihm im Zentralorgan der eigenen Partei, der *Roten Fahne*, auch oft genug verkündet, oftmals von Autoren mit gleicher Klassenherkunft wie er selbst.

Politisch in der KPD als der im Wedding bald führenden linken Massenpartei aktiv zu sein, bedeutete für Georg Benjamin und bald auch für seine Frau Hilde nicht, vollständig auf die Annehmlichkeiten des bürgerlichen Lebensstils zu verzichten. Vor allem im Privatbereich, im Wohnen, im Bildungshorizont, in den Reisen und der Mobilität, der Kommunikation sowie im Alltagskonsum gab es viele Elemente eines den Berufen und den wirtschaftlichen Möglichkeiten des Ehepaars entsprechenden Lebensstils. Einige von ihnen bedurften durchaus einer Rechtfertigung unter Parteigenossen, für die sie nicht selbstverständlich waren. In Hilde Benjamins Biografie ihres Mannes stehen diese Dinge nicht im Fokus. Hier Nachträge zu liefern, soll keineswegs das Private betonen, um das Politische kleinzureden oder gar zu denunzieren. Vielmehr wird Georg Benjamin als bürgerlich geprägter Mensch vorgestellt, der sich einen stets schwierigen, umstrittenen Platz in der hohen Zeit des roten Wedding suchen und ein persönlich stabiles Profil erreichen musste.

Das Bild Georg Benjamins, das hier beabsichtigt ist, erstrebt eine „dichte" Beschreibung Georg Benjamins in seinen für das Leben im Wedding bestimmenden Verhältnissen. Es rekonstruiert vorsichtig seine frühe Sozialisation im wohlhabenden Berliner Elternhaus, die Formierung eines bürgerlichen Habitus in Bildung und Weltanschauung, die Veränderungen seiner politischen Positionen und seine praktischen Eingriffe in die Verhältnisse im selbstgewählten Umfeld. Sie bewirkten zusammen die Bewegung des „ordentlichen Kindes" seiner familiären Vergangenheit in die Lage eines sozialen und politischen Überläufers, der mit Strenge gegen sich selbst eine Identifikation mit der proletarischen Bevölkerung des Arbeiterbezirks Wedding herstellte und an ihr bis zu seinem Ende als Opfer der faschistischen Gewalt festhielt.

Die Darstellung Georg Benjamins hat auch ein kleineres Wurzelgeflecht in meiner eigenen Biografie. Sie verlief in vielfacher Weise gegenläufig zu der von Georg Benjamin. Sie führte nach Kindheit und früher Jugend im Alter von 14 Jahren aus dem Wedding, genauer: aus der oberen Müllerstraße, hinaus in andere Bezirke der Berliner Westsektoren. In unserer familiären Wahrnehmung teilten wir die für Berlin bis heute typische, hochdifferenzierte kulturelle Klassifikation der Bezirke und Ortsteile der Stadt. Für mein kleinbürgerliches Elternhaus war etwa Charlottenburg, Georg Benjamins Geburtsort, von Grunewald ganz zu schweigen, ein elitärer Bereich, den wir nur zu seltenen Ausflügen in den Zoo und ins Olympiastadion aufsuchten. Dagegen allerdings war uns Kindern aber der Gesundbrunnen genauso fremd als eine Gegend, die wir meiden sollten. Sie war für uns ein von widersprüchlichen Fantasien besetztes Feld lumpenproletarischer entfernter Verwandter, das wir, wie Charlottenburg, auch nur in Expeditionen zu Auswärtsspielen mit dem Fußballverein BFC Rehberge oder zu sonntäglichen US-amerikanischen B-Movies über den Koreakrieg in billigen Kinos besuchten.

Der Weg meiner Familie führte später nicht in den großbürgerlichen Ortsteil Grunewald, heute zunehmend ein Ort gehobener Seniorenheime, sondern ins bürgerliche Steglitz, wo noch wenige Jahre zuvor Hilde Benjamins Eltern gewohnt hatten und sie selbst bis lange nach dem Zweiten Weltkrieg gemeldet war. Dort absolvierte meine Frau ihr Lehramtsreferendariat an einem Gymnasium, an dem mit einer nach 1919 möglichen Zulassung des preußischen Kultusministeriums Hilde Benjamin ihr Reifezeugnis erworben hatte. Das hing im Kalten Krieg niemand an die große Glocke und passt noch heute nicht in die Erinnerungskultur des Bezirks. Sozial führte mein Weg von der kleinbürgerlichen Beletage des Vorderhauses, über einem kleinen Lebensmittelgeschäft der Familie in der Müllerstraße, zu einer akademischen Aufsteigerlaufbahn. Wenige Häuser die Müllerstraße hinauf befand sich ein Lokal, in dem sich die Straßenzelle des Ehepaars Hilde und Georg Benjamin lange getroffen hatte.

Die für uns in der Berliner Studentenbewegung um 1968 auftauchenden Splitter einer revolutionären Vergangenheit der Generationen vor uns stießen bei mir auf Erinnerungen an spannende Kindertage in der einst überwiegend kommunistisch besiedelten Laubenkolonie Albrechtsruh unweit der elterlichen Wohnung in der Müllerstraße. Sie grenzte an die Kleingartenkolonie Freudental, auf die und ihre ebenfalls kommunistisch eingestellten Bewohner die Benjamins fünf Jahre lang aus ihrer Wohnung herabschauen konnten. Mein „Onkel" Artur – Nr. 72 in der Gestapoliste von 1934 der politisch verdächtigen, meist illegal im Bauerwartungsland neben dem großen Straßenbahnhof Jean Krämers siedelnden Bewohner der Laubenkolonie – konnte sich beim gemeinsamen Schachspiel mit glühenden Augen an die charismatischen Ansprachen Ruth Fischers in der ultralinken Phase der Weddinger KPD erinnern. Zu ihr zogen allerdings Georg und Hilde Benjamin eine prinzipielle Grenze in der ihnen gemeinsamen Linientreue zu ihrer unter Ernst Thälmann bolschewistisch gewendeten Partei.

Aushandlungen des Gedenkens

In Grabmalen liegt oft ein Schnittpunkt privater und öffentlicher Erinnerung. Im weniger spektakulären, vom Tourismus weitgehend verschonten der zwei aneinander grenzenden Friedhöfe in Stahnsdorf am südlichen Stadtrand Berlins, mit dessen evangelischer Wilmersdorfer Gemeinde historisch verbunden, befindet sich das private Grabmal der Familie Emil Benjamins. In schlichten hellen Marmor eingeprägt sind in ihn die Namen der Eltern der drei Geschwister Dora, Walter und Georg Benjamin. Unterhalb der Elternnamen wird auch des Ende 1931 nach wenigen Lebenswochen verstorbenen ersten Sohns von Hilde und Georg Benjamin, Peter, gedacht. Am Boden des Grabmals erinnert eine schmucklose separate Platte aus grauem Beton auch an Georg Benjamin selbst. Seine Witwe Hilde Benjamin ließ sie kurz nach dem Untergang des Regimes, das ihren Mann umgebracht hatte, anbringen. Dem Kontrast von Marmor und Beton antwortet auf dem regelmäßig zum öffentlichen Gedenken an Karl Liebknecht und Rosa Luxemburg genutzten Ost-Berliner Friedhof der Sozialisten in Friedrichsfelde ein anderes Grabmal der Familie Benjamin. Es steht nicht im Kreisrund der dortigen „Gedenkstätte der Sozialisten", sondern an einem Ort in dessen Nähe. In dezentem Granit verzeichnet es in großer weißer Schrift untereinander Hilde, Georg und Michael Benjamin (1932-2000), den seine Eltern überlebenden Sohn. Es konstituiert einen anderen Zusammenhang im Umfeld von Politikern der DDR.

Woran erinnert wird, ist immer eine Auswahl unter einer Vielzahl von Begebenheiten oder Erlebnissen. Wie in individuellen Biografien, so auch in kollektiver Geschichte zeigt das sichtbare Gedenken Spuren einer Vergangenheit, die nie von Widersprüchen aufgrund persönlicher, familiärer und gesellschaftlicher Zusammenhänge frei sein kann. Wo diese sich in Biografien wie der von Georg Benjamin folgenreich treffen, ist die Erinnerung stets eine Kampfzone verschiedener Interessen um die historische Deutungshoheit. In dieser Zone geht es um den Widerstreit entlang einer Hierarchie von kommunalen bis nationalen öffentlichen Instanzen und privaten, organisierten bis individuellen Meinungsträgern. Diese Konkurrenz ist in ständiger Bewegung und kommt

Links: Grabmal der Familie Benjamin auf dem Friedhof Stahnsdorf bei Berlin – Rechts: Grabmal von Hilde, Georg und Michael Benjamin auf dem Zentralfriedhof Friedrichsfelde in Berlin, dem „Friedhof der Sozialisten"

nur, wenn sie nicht belanglos wird und verschwindet, zu zwischenzeitlichen Ruhephasen eines Konsenses. In ihnen entsteht eine stets veränderliche, brüchige Balance in den Aushandlungen des Gedenkens. Eine solche Balance scheint inzwischen in den Texten und anderen sichtbaren Zeichen erreicht, die an Georg Benjamin erinnern.

Öffentlich erinnert wird an Georg Benjamins aktive Rolle in der deutschen Geschichte der ersten Hälfte des letzten Jahrhunderts. Nicht zufällig liegt im Zentrum des Gedenkens der Ausschnitt seines Lebens, den er als bürgerlicher Binnenmigrant in Berlin am roten Wedding – in der neuen deutschen Republik nach der Novemberrevolution und vor dem Sieg des Faschismus – verbrachte. Er tat dies als beruflich und politisch Handelnder, der sich unterhalb der Ebene der großen Politik auf die Probleme des Arbeiterbezirks einließ. Dies mit allen Widersprüchen im sozialen und persönlichen Umfeld, die noch bis heute in seiner Wirkungsgeschichte nachhallen.

Im Veranstaltungsheft für das Jahr 2018 des neu gestalteten Mitte-Museums Berlin, Nachfolger an der Stelle des alten Wedding-Museums, findet sich ein Hinweis auf die Gedenktafel-Datenbank Berlin-Mitte. Die Datenbank benennt 900 aktuell sichtbare Gedenktafeln im 2001 neu gebildeten Bezirk Mitte, der den alten Wedding einschließt. Von diesen

Gedenktafel für Georg Benjamin im Hausflur der Badstraße 40, Berlin-Gesundbrunnen

Gedenktafeln ist einzig die Erinnerungstafel für Georg Benjamin als Objekt eines „Erinnerns im Stadtraum" abgebildet. Es ist die Tafel im Hausflur der Badstraße 40, wo Georg Benjamin mit seiner Frau zwei Jahre, von 1931 bis 1933, wohnte. Wie zu hören ist, hat sich der Hausbesitzer gegen eine besser für die Öffentlichkeit sichtbare Anbringung der Tafel außerhalb des abschließbaren Bereichs entschieden. Auch wurde die Tafel in den letzten Jahren von der Kopfhöhe auf einen erheblich höheren Platz umgehängt, an dem der Text schwerer zu entziffern ist, vielleicht aus dem Grund, weil er dort nicht leicht vandalisiert werden kann. Solch zurückhaltendes Gedenken führt im ersten von dem Ehepaar Benjamin bewohnten Haus in der zum UNESCO-Weltkulturerbe zählenden Siedlung am Weddinger Schillerpark zum Fehlen jedes Hinweises, trotz des ungleich längeren Aufenthalts Georg Benjamins und seiner Frau dort von 1926 bis 1931. Immerhin bilden jetzt zahlreiche touristische und auch digitale Publikationen die Gedenktafel in der Badstraße ab – selbst eine der Broschüren über Stolpersteine am Wedding, in die sie strikt genommen nicht gehört.

Für die selektive Funktion kollektiver und institutioneller Erinnerung gibt eine weitere, inzwischen (erneut) verschwundene Gedenktafel für

Georg Benjamin ein Beispiel. Sie stand am Haus, in dem Hilde und Georg Benjamin nach der Vertreibung aus dem Wedding für kürzere Zeit 1934 bis 1936 eine Unterkunft fanden, in der Pankower Binzstraße. In ihrer Geschichte spiegeln sich einige der Faktoren, die in Georg Benjamins Nachleben bestimmend blieben. In der Binzstraße 50 war 1986 eine knappe Inschrift am Haus angebracht, welche die Geburts- und Todesdaten des „antifaschistischen Widerstandskämpfers Dr. Georg Benjamin" nannte. Die Wahl des Ortes war insofern sinnvoll, weil an den anderen wichtigeren Wohnorten Georg Benjamins, die sämtlich in West-Berlin lagen, vom Geburtshaus in Grunewald bis zu den Zimmern und Wohnungen im Bezirk Wedding, nirgends ein entsprechender Hinweis zu finden war. Am Weddinger Nettelbeckplatz war schon 1952 eine Gedenktafel an den antifaschistischen Widerstand entfernt worden, auf der neben Georg Benjamin auch der Name seiner Parteigenossin Ella Trebe stand, seit 1929 Abgeordnete in der Bezirksverordnetenversammlung des Bezirks Wedding.

Die Gedenktafel für Georg Benjamin wurde im Herbst 1992 dann auch in der Binzstraße im Nachbarbezirk des Wedding von Unbekannten entwendet, sei es im Überschwappen des aus vielen Gründen traditionellen Antikommunismus, sei es in einer Art Sippenhaft, in der Georg Benjamin in Ost und West für die justizpolitische Praxis seiner Frau mitverantwortlich gemacht wurde. Auf die Entfernung der ersten Gedenktafel reagierte im Mai 1993 ein Verein „Aktives Museum Faschismus und Widerstand" mit der Anbringung einer Ersatztafel, die ungleich detaillierter, wenn auch etwas ungenau, auf die Biografie Georg Benjamins Bezug nahm. Ihren Text zitierte in den Folgejahren Holger Hübners Überblick über die Berliner Gedenktafeln (seit 1997), und zwar in einer für solche Veröffentlichungen höchst ungewöhnlichen rezeptionskritischen Weise, denn er zitiert zunächst die entfernte – und dann die immer noch auf der Homepage von „Gedenktafeln-in-Berlin" zu sehende neue Inschrift. Auch die neue Inschrift wurde allerdings längst wieder entfernt, womöglich wegen einer Abstimmung mit dem für Georg Benjamin tatsächlich bedeutsameren Bereich des Wedding. Solch Hin und Her und reflexive Bemühung um ein Gedenken, oder dessen Löschung, verweist deutlich auf den Prozess der politischen Aushandlung in der kollektiven Erinnerungskultur.

Der ehemalige Vorsitzende der Gedenktafel-Kommission des Bezirks Berlin-Mitte (Volker Hobrack) wies auf die meist von privater

Seite vorgenommene Entfernung von Gedenktafeln ehemaliger Widerstandskämpfer gegen den deutschen Faschismus im Umfeld des Jahres 1990 hin. Heute droht Ähnliches von einer Politik, die den deutschen Nationalsozialismus als bloßen „Vogelschiss" in der deutschen Geschichte relativieren möchte. Diese Entwertungsversuche betrafen meist jene Widerstandskämpfer, die aufgrund ihrer späteren Biografien mit der DDR assoziiert wurden. Sie richtete sich aber auch gegen diejenigen, die schon vor 1945 zu Tode kamen. Georg Benjamin wurde mit seiner Frau assoziiert, die wie keine andere Frau als Verantwortliche für repressive Züge des realsozialistischen Regimes gesehen wurde. Die erste Umbenennung einer Institution, die nach Hilde Benjamins Anregung vorgenommene Benennung der Medizinischen Fachschule Berlin-Buch mit dem Namen ihres Mannes, wurde, wie ihr ehemaliger Leiter festhielt, noch in der existierenden DDR des Jahres 1990 rückgängig gemacht.

In der Zeit des Kalten Krieges, der in West-Berlin einen seiner wichtigsten Schauplätze hatte, war selbst die medizinhistorische Erinnerung an Georg Benjamins Wirken in seinem ehemaligen praktischen Berufsfeld den strikt parteilichen Medien überlassen. Sie hatte im öffentlichen Betrieb des Bezirks keinen Widerhall. Dies galt auch für die Denkschrift zum 75-jährigen Bestehen des Rudolf-Virchow-Krankenhauses im Jahr 1981. Dort erschien unter der Überschrift „Jahrzehntelanger Kampf für ein demokratisches Gesundheitswesen" ein Abschnitt über Georg Benjamin als Weddinger Arzt. Der Artikel war von der Betriebsparteigruppe der SEW verfasst, deren Vorläufer – die KPD der Weimarer Republik – Georg Benjamin in der Zeit seiner Ausbildung an dieser Institution angehört hatte. Er hebt insbesondere die auf den Wedding bezogenen gesundheitspolitischen Aktivitäten Benjamins im Bezirk hervor, blieb jedoch so isoliert wie die Partei SEW in West-Berlin nach dem Mauerbau.

Auf der östlichen Seiten der Mauer, die Berlin trennte, setzte die Medizinische Fachschule „Dr. Georg Benjamin" im Bezirk Pankow sein Gedenken ebenso in eine Institution um wie das Krankenhaus Staaken jenseits der ehemaligen Grenze des West-Berliner Bezirks Spandau, lange als Ruine ein verlorener Ort und nach einem Brand jetzt Ziel eines Bauprojekts „Metropolitan Park". Der Leiter der Medizinischen Fachschule, Horst-Peter Wolff, publizierte auch einige kurze Würdigungen Georg Benjamins und des mit ihm befreundeten Arztes Fritz Fränkel um die Mitte der achtziger Jahre.

Das Krankenhaus Staaken wurde nach der Wende umbenannt und verlor den Bezug auf Georg Benjamin. Weitere Tilgungen vergangener Ehrungen Georg Benjamins betrafen die Gedenktafeln in der Lichtenberger Paul-Junius-Straße und eine im Familiennachlass aufbewahrte Büste vor dem früher Georg Benjamin gewidmeten Krankenhaus in dem jetzt nach Berlin-Spandau eingemeindeten Ortsteil West-Staaken. Auf seinem Vorplatz wurde allerdings später ein Denkmal für Benjamin errichtet. Solche Schwankungen des historischen Gedächtnisses waren für die Jahre nach der Wende 1989 charakteristisch und flachten später ab. Der Berufsbezug im Gedenken an Georg Benjamin kann noch am leichtesten den ideologischen Netzen entgehen. Der ihm gewidmete Eintrag im Gedenkbuch *Berliner jüdische Kassenärzte und ihr Schicksal im Nationalsozialismus* (2009) fällt durch eine genauere ärztliche Kurzbiografie auf als jene in den meisten vergleichbaren Nachschlagewerken, abgesehen von einigen merkwürdig irrtümlichen Datierungen.

In einer Publikation im Auftrag der Stiftung Topographie des Terrors in Berlin, die 1995 der Aufarbeitung der jüdischen Geschichte in der Stadt galt, wurde Georg Benjamins Gedenken durch zwei Abbildungen und den Begleittext aus dem Kontext des Kalten Krieges befreit. Der Abschnitt des Buches über Bildung und Wissenschaft gibt kommentarlos die erste Seite von Georg Benjamins Abiturzeugnis des Grunewald-Gymnasiums wieder; im späteren Kapitel über Verdrängung und Vertreibung folgt ein Foto Georg Benjamins mit seinem Sohn Michael und eine knappe biografische Erläuterung. In ihr erwähnt der Text ein einziges Mal Georg Benjamins Bruder Walter, sonst bis heute oft eine die Familiengeschichte dominierende Persönlichkeit. Diese jüdische Geschichte Berlins und einige medizingeschichtliche Darstellungen heben auch die belastende Verknüpfung des Namens von Georg Benjamin mit dem seiner Frau Hilde auf.

Am Beginn des öffentlich möglichen Gedenkens an Georg Benjamin standen nach dem Ende der nationalsozialistischen Herrschaft zunächst ganz andere Versuche, sich der unmittelbaren Vergangenheit zu bemächtigen. Unter ihnen befand sich eine erste, zumindest für eine Teilöffentlichkeit des sowjetischen Einflussbereichs zugängliche Erinnerung im Jahr 1946. Sie stand in einer Wahlwerbung der neu entstandenen SED anlässlich der Stadtverordneten- und Landtagswahlen in der Sowjetischen Besatzungszone. Unter dem von ihr bevorzugten Titel „Frau Oberstaatsanwalt" verfasste sie Georg Benjamins Witwe nach ihrer Übernahme der Position in der Justizverwaltung. Sie stellt ihren Wahlaufruf und ihre politische Arbeit unter die „Verpflichtung gegenüber meinem Mann". Ihre Erinnerung gilt vornehmlich, dem Medium gemäß, dem Verlust sozialer Impulse durch den Tod des Widerstandskämpfers: „Er würde, hätte er die Jahre des Hitler-Regimes überleben können, jetzt bei der Aufbauarbeit mit seinem Wissen, seinem Können, seiner unerschütterlichen Arbeitskraft in vorderster Reihe stehen." Aus dieser Erinnerung folgt für Hilde Benjamin die Verpflichtung „zu doppelter Leistung".

Auf Hilde Benjamins strikt parteiliche Erinnerung, die das Institut für Marxismus-Leninismus für das ZK aufbewahrte, folgten einige Jahre nur kleinere Text mit Abrissen von Georg Benjamins Lebenslauf, großenteils fehlerhaft und voller Leerstellen, bis schließlich 1962 eine erste Gesamtwürdigung unter medizinhistorischer Perspektive entstand. Die ersten biografischen Darstellungen über Georg Benjamin in der ihm gewidmeten ZK-Akte der SED datieren aus den 1950er Jahren und liegen jetzt im Bundesarchiv mit seiner Sammlung der Dokumente des Archivs der Parteien und Massenorganisationen der DDR (SAPMO). Die Titelseite der Akte nennt Dr. Hilde Benjamin, seinerzeit Vizepräsidentin des Obersten Gerichtshofs der DDR, also vor ihrem Antritt des Amtes als Justizministerin 1953. Sie war jedoch nur Autorin des ihren Mann betreffenden Briefwechsels in der Sammlung.

Die ersten knappen Hinweise beziehen sich auf seine Haft im Zuchthaus Brandenburg-Görden. Ein ebenso kurzer Abriss nimmt eine ethische Sichtweise auf die Opfer des antifaschistischen Widerstands ein: „Er wurde Arzt. Georg Benjamin opferte sich als Fürsorgearzt Tag und Nacht für seine Patienten auf." Über seinen Widerstand nach der Entlassung Ende 1933 aus der „Schutzhaft" der Nationalsozialisten steht ungenau: „Gen. Benjamin und seine Mitkämpfer hatten Flugblätter und Zeitschriften empfangen und weitergegeben." Abschließend wird sein Mut zum Bekenntnis zur Kommunistischen Partei gelobt, ohne dass der weite Weg aus bürgerlicher Herkunft dorthin erwähnt wird. Ein etwas ausführlicherer Text aus der gleichen Zeit behält den moralischen Grundton bei, setzte jedoch deutlichere politische Akzente: „Erfüllt von dem festen Willen, aktiv zur Minderung der sozialen Notlage der Arbeiterklasse beizutragen, erkannte Georg Benjamin, dass dazu in erster Linie ein politischer Kampf notwendig war." Dem folgen Hinweise auf Benjamins Funktionen in den sozialistischen Nebenorganisationen der

KPD, in denen er sich „das Vertrauen der Arbeiterschaft erwarb, die ihn schließlich zum Bezirksverordneten wählte."

Nach diesen offenbar für den internen Gebrauch verfassten Notizen des ZK der SED gedachte ein Artikel des *Neuen Deutschland* 1952 des zehnten Jahrestages von Georg Benjamins Ermordung. In seiner Sicht nähert sich Benjamins Leben einem Heldenepos: „Seit früher Jugend war Georg Benjamin Revolutionär. Schon als Student hatte er seinem Leben durch Teilnahme an der Arbeiterbewegung den entscheidenden Inhalt gegeben. Von der USPD [Unabhängige Sozialdemokratische Partei Deutschlands] kommend, wurde er 1922 Mitglied der KPD. Mit großer Hingabe arbeitete er in einem der größten Arbeiterbezirke Berlins, im Wedding, für das Leben und die Entwicklung der Arbeiterkinder." Über die schwierigen privaten wie auch politischen Entscheidungen Georg Benjamins geht der Artikel hinweg, behält jedoch die Stellung des Gefeierten in der verhängnisvollen Spaltung der deutschen Arbeiterbewegung vor 1933 im Sinne der stalinistischen Sozialfaschismusthese bei, selbst dort, wo sie die KPD eher vermieden hatte: „Auch im sozialistischen Ärzteverein gehörte er zu den am meisten geliebten, von den Auch-Sozialisten aber am meisten gehassten Kollegen." Abschließend feierte der Artikel Benjamin als „großen Vorgänger" für den Aufbau eines demokratischen Gesundheitswesens für „unsere sozialistische Gesellschaftsordnung".

Dieser Tendenz des Zentralorgans der SED folgte auch die erste in Buchform veröffentlichte Biografie Georg Benjamins mit ihrer thematischen Schwerpunktsetzung im gesundheitspolitischen Bereich. Irina Winters konzentrierte Einführung in Georg Benjamins Leben lieferte erstmals genauere Informationen über seine bürgerliche Herkunft und die frühen Phasen seines Werdegangs. Dies war für das Publikum in der DDR umso wichtiger, weil es auch auf keine Veröffentlichungen über Walter Benjamin zurückgreifen konnte, die in der BRD wenigstens einige frühe Hinweise auf dessen kaum bekannten Bruder boten. Winter wertete erstmals Äußerungen von Zeitzeugen unter Georg Benjamins Freunden und Genossen aus seinen Institutionen aus. Der Schwerpunkt dieser Einführung des als *Georg Benjamin. Arzt und Kommunist* publizierten Bandes liegt auf Benjamins medizinischen Schriften.

In der Aufsatzsammlung erschien nach der Weimarer Republik erstmals die Dissertation Georg Benjamins über Ledigenheime, und anschließend eine große Anzahl einzelner, zum Teil nicht zu seinen Lebzeiten publizierter Aufsätze in den Feldern der Sozialhygiene und Gesundheitspolitik, Kinderarbeit, Schul- und Gewerbehygiene aus dem Jahrzehnt 1923 bis 1933. Auch Winter stellte ihre Sammlung der medizinischen Schriften Georg Benjamins unter das Ziel des Aufbaus eines „neuen sozialistischen Gesundheitswesens", notiert jedoch einige der Schwierigkeiten seiner Formulierung in der Weddinger Zeit. Sie macht mit einem großen Spektrum dieser Schriften bekannt, vermeidet jedoch merkwürdigerweise den Kampf des Arztes gegen den für Arbeiterfrauen verhängnisvollen § 218. Darauf geht im Jahrzehnt nach Winters Arbeit Hilde Benjamins Biografie ihres Mannes ein wie auch auf eine Vielzahl von Aspekten, die für Winters Buch unwesentlich waren.

Niemand war besser ausgerüstet, eine definitive Biografie Georg Benjamins zu verfassen, als seine Frau. Sie stand ihm seit dem Abschluss seines Studiums nahe und begleitete sein Leben bis zu seiner Ermordung im KZ Mauthausen. Selbst für sein Leben vor ihrem ersten persönlichen Kontakt im Grunewalder Elternhaus Georg Benjamins – seine Schwester Dora war wie sie Schülerin der neu für Mädchen zugelassenen privaten Gymnasialkurse in bürgerlichen Bezirken Berlins und mit ihr befreundet – hat Hilde Benjamin sorgfältig Dokumente aus der Kindheit und Jugend ihres Mannes aufbewahrt und in die äußerst kompakte, materialreiche Darstellung aller Perioden seines Lebens integriert. Ohne ihr Buch, dem sie in zwei weiteren Auflagen bis zwei Jahre vor ihrem Tod 1989 jeweils neu gefundenes Material hinzufügte, wäre eine ernsthafte Befassung mit Georg Benjamin kaum möglich. Zudem fiel ihre privilegierte Beschäftigung mit dem Leben ihres Mannes in eine Phase ihres eigenen Lebens, in der sie nicht durch ihr früheres Amt als Justizministerin der DDR an der Freilegung persönlicher Details – außer vielleicht durch die kritische Durchsicht seitens des ZK der SED – gehindert wurde.

Zwei Probleme ergaben sich trotz aller akribischen Recherchen in Archiven und unter Zeitzeugen aus Georg Benjamins beruflichem und politischem Umfeld. Sie entstanden zum einen aus Hilde Benjamins vollständiger Identifikation mit der Perspektive und den Werten ihres Mannes. Sie ließ nur spurenweise unterschiedliche Meinungen und Haltungen zum Vorschein kommen, so in der Reaktion auf den Hitler-Stalin-Pakt. Nicht jedoch in einem Abrücken von der Parteilinie in der Zeit ihrer Sozialfaschismusthese seit 1928, die auch im Wedding die KPD-Fraktion in der Bezirksverordnetenversammlung, der Georg Benjamin angehörte, bestimmte und allmählich in den bürokratischen Stalinismus überging. Zum andern lässt Hilde Benjamin wegen ihres Nachdrucks auf den politischen Aktivitäten ihres Mannes andere, persönliche Aspekte sehr im Hintergrund. So stellt sie ihr Privatleben vor und nach der Eheschließung nur in einem knappen Unterabschnitt dar. Dabei fallen Themen wie die wirtschaftlichen Verhältnisse der jungen Familie fast ganz aus der Betrachtung, und sie erläutert wichtige Entscheidungen wie die zum Wegzug aus der Wohnung am Schillerpark sehr flüchtig. Auch bleiben die unterschiedlichen Anschauungen Georgs und seines Bruders Walter nur abschwächend angedeutet und nicht interpretiert.

Einige der Akzentuierungen Hilde Benjamins scheinen durch die Publikation ihrer Biografie in der Reihe „Humanisten der Tat" des Leipziger Hirzel-Verlages motiviert. Im Vorwort zur dritten Auflage des Buches 1987 blickt sie auf ihre Intention beim Schreiben der ersten Auflage zehn Jahre vorher zurück: „Das Bild Georg Benjamins in den Kämpfen und Aufgaben in den entscheidenden Jahren seines Lebens – zwischen dem Ausgang der Novemberrevolution und dem Beginn des Faschismus – zu zeigen, als Menschen, als Arzt, als Kommunisten, um ihn für unsere Zeit lebendig zu erhalten." Diese Vorgabe bedingte die Textgestalt der Biografie genauso wie den parteikonformen Stil langer Passagen, die sich zudem den gutachterlichen Vorschlägen des Instituts für Marxismus-Leninismus des ZK der SED zu verdanken scheinen, für dessen Vorschläge sie sich im Vorwort bedankt. Ob, wie eine von Hilde Benjamins eigenen Biografinnen vermutet, ihr Buch über ihren Mann „ein Text im üblichen Stil der Parteigeschichtsschreibung" wurde, steht angesichts der Fülle nützlicher Informationen und etlicher einfühlsamer Partien dahin. Jedenfalls setzte ihr die politische Identifikation mit der Parteilinie der KPD in der Zeit ihres eigenen Parteieintritts noch ein halbes Jahrhundert später enge Grenzen.

Im Gedenken an Georg Benjamin war das Wendejahr 1990 eine Wasserscheide auf beiden Seiten der ehemaligen Machtblöcke. Dies zeigt deutlich die Anreicherung der Materialien zu Georg Benjamins erster Inhaftierung im Jahr 1933 in zwei themengleichen Büchern des gleichen Autors (Kurt Schilde) im gleichen Verlag, die nur drei Jahre auseinanderlagen. In der Publikation von 1990 werden Passagen aus Hilde Benjamins Biografie sinnvoll eingefügt.

Die erste von einem Autor des ehemaligen Westbereichs nach dem Epochenumbruch von 1990 erschienene Buchpublikation, die Georg

Benjamins Leben zum Thema macht, Uwe-Karsten Heyes Familienbiografie *Die Benjamins. Eine deutsche Familie*, zielt auf einen neuen gesellschaftlichen Konsens nach dem Zusammenfall der Blöcke des Kalten Krieges. In seinem 2014 im ehemaligen DDR-Verlag Aufbau erschienenen Buch hebt er auf die Situation nach 1990 ab: „Keiner der beiden deutschen Staaten konnte nach 1945 aus dem Schatten der Interessen ihrer Führungsmacht heraustreten, zu sehr waren die Großmächte im Kalten Krieg miteinander verhakt. Keine Zeit, die zu Erinnerungsarbeit anregte und die in Teilen jetzt erneut auf der Tagesordnung steht."

Mit dieser nicht in allen Kapiteln tiefschürfend recherchierten Veröffentlichung, die sich der freundlichen Kooperation verschiedener Quellen in Ost und West verdankt, überwand der Autor, ehemals Pressereferent des Bundeskanzlers Willy Brandt, mit einigem Erfolg zwei wesentliche Hindernisse. Sein Buch war bislang das einzige verbreitete, in dem Georg Benjamin einen nennenswerten Teil des Interesses beansprucht. Das erste Hindernis, das neben der auch im Westen bekannten und lange als „rote Hilde" verfemten Hilde Benjamin ihren weithin unbekannten Mann mit erfasste, war die Polarisierung des Kalten Krieges, die Heyes moderate Ehrenrettung der Gesamtfamilie Benjamin aufzulösen bemüht war. Das zweite dagegen ist ein ganz anderes, eher positives, und betrifft weitgehend den Westen nach dem Zweiten Weltkrieg. Dort hatte sich seit den 1960er Jahren eine akademische Industrie um den Philosophen und materialistischen Kulturwissenschaftler Walter Benjamin entfaltet, die in der DDR keine ähnlich wirksame Entsprechung fand. Sie ergriff bald auch eine weitere mediale Öffentlichkeit außerhalb der Kultur-, Sozial- und Literaturwissenschaften. Georg Benjamin kam so gut wie nicht in ihr vor.

Aus diesem Grund hat Heyes Buch über die Familie Benjamin in seiner Darstellung Georg Benjamins und auch seiner Frau eine produktivere Funktion als in der persönlich gehaltenen Reaktion auf Walter Benjamins Schicksal. Er betrat hier stärker publizistisches Neuland. Die Passagen in den Kapiteln über das Ehepaar Hilde und Georg Benjamin zeichnen ein differenziertes Bild von Georg Benjamins Rollen als Ehemann, Vater und schließlich Opfer des nationalsozialistischen Terrors. Heyes Bild Georg Benjamins geht mit Empathie auf seine privaten Beziehungen und auf seine lang währende Haft in Gefängnissen, Zuchthaus und KZs ein. Seine Interpretation von Georgs politischen Aktivitäten fällt dagegen recht knapp aus und beschränkt sich weithin auf summarische Bemerkungen über Georg Benjamins sowjettreue Haltungen. Die speziellen Verhältnisse im roten Wedding liegen nicht in seinem Fokus. Letztlich sind es die im Westen bekannten Walter und Hilde Benjamin, die den Kernbereich seiner Familienbiografie ausmachen. Damit bedient sie einerseits die anhaltende Konjunktur Walter Benjamins, dessen Konterfei im bekannten Foto Gisèle Freunds den Schutzumschlag des Buches ziert. Andererseits schließt sie vermittelnd an die unabgeschlossene Kontroverse über Hilde Benjamin an, die noch 2018, nachdem sie in einer Broschüre des Bezirksamts ihres Berliner Heimatbezirks Steglitz-Zehlendorf zu dessen zwanzig „Starken Frauen" gezählt wurde, die Einziehung dieser Schrift bewirkte.

Die Einbeziehung Georg Benjamins in die Weddinger Gedächtniskultur, jenseits parteispezifischer Identifikationen und berufsfachlicher Sonderbereiche, belegt seit dem Jahr von Heyes Familienbiografie (2014) ein Artikel der lokalen Online-Zeitung *Weddingweiser*. Unter der Überschrift „Dr. Georg Benjamin (1895-1942) – Der Schularzt vom Wedding" versucht sich der Autor, mit etlichen gut recherchierten Informationen über Benjamins Tätigkeiten im Bezirk, an einer Rettung einer Erinnerung, die er nach der Wende im Schwinden sieht: „Der Name Georg Benjamin taucht in Berlin nur noch selten auf. Viele Orte und Institutionen, die nach ihm benannt waren, wurden nach dem Fall der Mauer entweder umgewidmet oder existieren heute nicht mehr." War diese pessimistische Sicht schon in den neunziger Jahren teilweise widerlegt worden, etwa durch Neubenennungen einer Straße in Berlin-Buch nach Georg Benjamin und den Gedenktafeln in Pankow und im Wedding, so hat sie Heyes Buch im Jahr des *Weddingweiser*-Artikels noch weitergehend korrigiert.

Der historische Rückblick trifft jedoch im Gedenken an Georg Benjamin auf kritische Grenzen, zum Beispiel in der genauen Zuschreibung der Verantwortlichkeiten für seine Opferrolle. Im Band über den Wedding von Klaus Dettmer in der von der Historischen Kommission zu Berlin herausgegeben Geschichte der Berliner Verwaltungsbezirke (im Jahr 1988 noch lediglich auf West-Berlin bezogen) wird Georg Benjamins Entlassung als Amtsarzt auf das NSDAP-„Gesetz zur Wiederherstellung des Berufsbeamtentums" von 1933 zurückgeführt. Benjamin wird damit in die Opferrolle jüdischer Beamter gestellt und, soweit zu Recht, den vom Naziregime Verfolgten zugeordnet. Freilich betraf diese Entlassung nur Benjamins Vertretung einer Stelle als nebenamtlicher Säuglingsfürsorgearzt im Bezirk Neukölln. Lange vorher entließ ihn das Bezirksamt Wedding aus seiner dort etatisierten Lebenszeitbeamtenstellung als Amtsschularzt. Die Peinlichkeit der falschen Kennzeichnung der Akteure am historischen Zeitpunkt erhöht sich, wenn Dettmers Darstellung der Geschichte des Wedding sich auf eine Passage in Hilde Benjamins Biografie ihres Mannes stützt. Dort wird die Entlassungsbegründung des von den Nationalsozialisten eingesetzten „Staatskommissars für Geschäfte des Bezirksbürgermeisters" im Bezirk Neukölln im Schreiben aus dem März 1933 zitiert; dies wurde tatsächlich die Grundlage für Georg Benjamins sofortige Kündigung als Säuglingsfürsorgearzt in Neukölln. Die Kündigung, so heißt es im Schreiben an ihn, geschähe „mit Rücksicht auf den mir bekanntgewordenen Inhalt der über Sie beim Bezirksamt Wedding geführten Disziplinarakten." Der von den Nationalsozialisten im Wedding eingesetzte Staatskommissar Suthoff-Groß konnte sich wenige Tage nach seinem Amtsantritt auf die Zuarbeiten des Landgerichts Mitte und des bis Mitte März 1933 amtierenden Bezirksamts Wedding stützen, die seit dem Januar erbeten worden waren.

Kein Zweifel, dass es solche Amtshilfe nicht gebraucht hätte, um Benjamin in die faschistische Terrormaschinerie zu werfen. Aber solche Täterzuschreibung bedarf keiner freundlichen Geschichtsklitterung in Einzelheiten. Sie zeigt jedoch, dass die Aushandlung des Gedenkens selbst bei klarer Kenntnis von Tätern und Opfern selten abgeschlossen ist. Dies belegt ausgerechnet ein Eintrag in der *Deutschen Biographischen Enzyklopädie* (2005), in der die Schuldfrage in Bezug auf Georg Benjamins Entfernung aus dem Staatsdienst – ebenfalls irrtümlich – in der Gegenrichtung zu Lasten des sozialdemokratisch geführten Bezirksamts ausgelegt wird. Dort heißt es: „Aufgrund seines politischen Engagements als kommunistischer Sozialpolitiker und seiner jüdischen Herkunft wurde er 1931 vom Bezirksamt Wedding entlassen."

Ortswechsel: der Weg in den Wedding

Der Bezirk Wedding war für Georg Benjamin nicht die familiäre oder geografische Heimat, sondern eine selbstgewählte und politische. Er wählte ihn als Wohnort in einer Stufenleiter persönlicher Identifikation: zunächst als teilnehmender wissenschaftlicher Beobachter in einem der vielen Berliner Ledigenwohnheime für Männer; dann in einem Mietzimmer an einem der bis heute sozialen Brennpunkte des proletarischen Bezirks. Dort begann seine berufliche und bald auch seine politische Arbeit. Nach drei Jahren bezog er nach der Eheschließung mit seiner Frau Hilde eine der Musterwohnungen der heutigen UNESCO-Siedlung am Schillerpark. Die letzte Stufe des Heimischwerdens war anschließend die Rollenverbindung von Ehemann, Vater, Arzt und politischem Aktivisten im Zentrum des inzwischen roter Wedding genannten Bezirks am Gesundbrunnen. Von da vertrieb ihn, seine Frau und seinen dort geborenen Sohn Michael schließlich der nationalsozialistische Terror. Diese Zeit wurde die wirklich formative Phase seiner Identität als Erwachsener. Daran sollte auch die lange Zeit in faschistischen Haftanstalten bis zur Ermordung im KZ Mauthausen nichts mehr ändern. Heimat war für ihn kein Ort identitärer Ideologie, sondern einer der Wahl in einem widersprüchlichen Netzwerk von bürgerlicher Herkunft und gewählten Identifikationen.

Der erste Absprung aus der Villa in der großbürgerlichen Kolonie in Grunewald war für den Abiturienten, in den letzten Monaten vor dem Ersten Weltkrieg, keineswegs ein außergewöhnlicher. Wie zwei Jahre früher bei seinem älteren Bruder geschah dies in der privilegierten Form eines Studiums in einer anderen Stadt. Georg zog es – nach dem undramatischen, nicht gegen den Vater ausgetragenen Überdruss in der familiären Szene – weiter als nach Walter Benjamins Studienort Freiburg: an die Universität Genf. Hier verbrachte er ein eher unproduktives Sommersemester 1914, trotz des mit dem Auslandsaufenthalt verbundenen Gefühls der Freiheit von der Atmosphäre des Elternhauses. Die Unzufriedenheit mit der Situation in Genf führte denn auch durchaus nicht zum Wunsch zur Rückkehr in das seit dem Einzug der Familie in die Villa in Grunewald noch großzügiger ausgestattete Elternhaus, sondern zum Entschluss, sich fern der Berliner Heimat zum freiwilligen einjährigen Militärdienst in Freiburg zu melden.

Diese Weichenstellung wurde durch den bald folgenden Kriegsausbruch im August des Jahres 1914 verändert, jedoch nicht gänzlich aufgehoben. Georg meldete sich im August als freiwilliger Kürassier. Auch die fast vierjährigen Kriegserlebnisse, mit Verwundungen und Auszeichnungen, erzeugten bei ihm nicht dauerhaft den Wunsch nach einer Rückkehr nach Grunewald. Sie führten ihn vielmehr zur Veränderung seines Studienziels und bald zur Aufnahme eines Medizinstudiums an der Universität Berlin. Nach einigen Kurzsemestern, davon eines in Marburg, bezog Georg erstmals eine eigene Wohnung außerhalb des gewohnten Stadtgebiets, fern von den Eltern und ihrem bürgerlich geprägten Leben. Vor Hilde Benjamins Schreiben der Biografie ihres Mannes, deren erste Auflage sie 1977 veröffentlichte, bat das Institut für Marxismus-Leninismus beim ZK der SED, kurz vor ihrer Entlassung als Justizministerin der DDR, um Auskünfte über das Leben Georg Benjamins. Über die Familie, in der er groß wurde, gab sie folgende Auskunft: „Der Vater von Georg Benjamin war von Beruf Kaufmann; er war selbständiger Kaufmann mit breiten, geistigen, künstlerischen Interessen; so war er eine Zeitlang Mitinhaber des Berliner Kunsthauses Lepke. Die Familie Benjamin war nicht großbürgerlich reich, aber wohlhabend."

Die Villenkolonie Grunewald gehörte zurzeit des Baus der 1900 fertiggestellten burgähnlichen Villa, die der Vater Emil Benjamin übernahm, noch bis 1920 nicht zur Stadt Berlin, sondern zum südlich angrenzenden Landkreis Teltow. Sie zog steuerkräftige Berliner Bürger an – die Rede war von Jahreseinkünften von 50.000 Reichsmark als ortsnotwendigem Einkommen –, weil diese dort mit einem erheblich geringeren Zuschlag der Staatseinkommensteuer zur Kommunalsteuer belastet wurden. Sie betrug hier, statt 100 Prozent wie im Wohnsitz der Benjamins vorher, nur 30-39 Prozent des Regelsatzes. Dies war auch für Emil Benjamin attraktiv. Auch die Verkehrsanbindungen und die privaten Sicherheitsdienste im Grunewald sorgten, wie die mehrmaligen täglichen Postzustellungen, für eine bequeme Infrastruktur. Dazu gehörten auch die guten Kontaktmöglichkeiten der Kinder mit ihresgleichen im Wohngebiet. „Die Kinder kamen kaum aus diesem Viertel heraus, da sie miteinander spielten, von Privatlehrern oder befreundeten Künstlern gemeinsam unterrichtet oder an einer der dort ansässigen Schulen unter-

Die Benjamin'sche Villa in der Delbrückstraße 23 in Grunewald

richtet wurden", heißt es in einer kulturhistorischen Darstellung der Villenkolonie Grunewald. Dieses Szenarium genoss auch Georg Benjamin. Die Familie lebte fast ein Vierteljahrhundert in dem Anwesen. Nach der Vertreibung, der Vernichtung oder dem Exil der vielen jüdischen Eigentümer in dieser Villenkolonie wurde sie ein bevorzugtes Wohngebiet nationalsozialistischer Spitzenfunktionäre.

Der abrupte, aber nicht im Streit erfolgende Auszug Georg Benjamins aus dem noblen Grunewalder Elternhaus im Jahr 1920 diente einem radikal vom bürgerlichen Lebensstil abweichenden Entwurf. Die Friedrichshainer Fruchtstraße, in die er zunächst zog, war in vielerlei Hinsicht ein Schreckbild nicht nur für seine vorher gewohnte Umwelt, sondern auch für seine eigenen Werte und Vorlieben. Das Viertel um den Schlesischen Bahnhof (heute Ostbahnhof) galt noch für Curt Morecks *Führer durch das lasterhafte Berlin* (1931) als einer der drei Mittelpunkte der Berliner Unterwelt. Die Straße eines (lumpen)proletarischen Bereichs, den Georg Benjamin kaum kennen konnte und mit dem ihn auch noch keine politischen Assoziationen verbanden, verstieß krass gegen seine Enthaltsamkeit in Bereichen des Genusses. In zeitgenössischen Beschreibungen der Straße wird dies deutlich.

Ein Einwohner, den Annett Gröschners historische Rekonstruktion zitiert, erinnerte sich an die Zwischenkriegszeit: „Selbst die Polizisten mußten ihren Mut zusammennehmen, wenn sie durch die dunklen, muffigen Hausflure schlüpften oder bei einer Razzia einen Bouillonkeller durchwühlten." (Bouillonkeller waren wie in Zilles Bildern anrüchige Szenen leichtbekleideter Frauen und betrunkener Zuhälter.) Detaillierter beschrieb ein ehemaliger Kriminalkommissar das Fruchtstraßenviertel: „Das Verbrechertum, insbesondere das Zuhälter- und Räuberunwesen, will dort nicht zur Ruhe kommen ... In den Nachmittag- und Abendstunden sind die Ecken dieser Straßen ... von dichten Menschenmassen umlagert, die sich vorwiegend aus Gesindel aller Art, schmutzigen Dirnen und ihrem verkommenen männlichen Anhange zusammensetzen ... Kaschemme an Kaschemme, Absteigequartier an Absteigequartier; nur wenige, wirklich anständige Menschen durchhasten die Gegend."

In der Zeit nach dem Ersten Weltkrieg, als Georg Benjamin dort ein knappes Jahr verbrachte, gab es auf der weniger als einen Kilometer langen Fruchtstraße 32 Kneipen mit Alkoholausschank. Hier lag ein Zentrum der Missionstätigkeit der Sozialen Arbeitsgemeinschaft Berlin-Ost, gegründet von dem Pfarrer Friedrich Siegmund-Schultze, die sich um die Bewahrung der proletarischen Jugend vor Alkoholmissbrauch und sittenlosen Vergnügungen bemühte. Mit der Sozialen Arbeitsgemeinschaft hatte Benjamin schon in seinem Marburger Semester

Kontakt gehabt. Dies muss für den Studierenden der Sozialhygiene eine positive Motivation für die Wahl des Wohnorts gewesen sein, auch wenn er nicht, wie einige als Kneipengänger verkleidete Theologiestudenten der Sozialen Arbeitsgemeinschaft, zu ethnologischen Studien durch die Fruchtstraße zog.

Dass also Georg Benjamins Wechsel von der Grunewalder Villa in die anrüchige Fruchtstraße (nach ihrem vollständigen Neubau ab 1952 die heutige Straße der Pariser Commune) kein Protest gegen die Eltern war, sondern eine Art selbstkasteiende Erprobung im Umgang mit Elend und Laster, belegen seine regelmäßigen nicht konfliktbeladenen Besuche der Eltern, auch in dieser Phase, zu den üblichen konventionellen Familienangelegenheiten. Es ist, als ob er in der Fruchtstraße sich unter anderen sozialen Bedingungen den Verlockungen aussetzen wollte, für die schon sein Tagebuchbericht über Silvester 1914 einen Prätext lieferte. Die Annäherung an den Wedding vollzog sich nach dieser ersten Erfahrung in einer proletarischen Umgebung in einem gestuften Prozess persönlicher, sozialer und vor allem ungleich stärker und anders gelagerter politischer Motive.

Mag auch Georg Benjamins Ersetzung der großbürgerlichen Umgebung in Grunewald durch den extremen Alternativort der Fruchtstraße subjektiv sinnvoll gewesen sein, so trifft dies in anderer Weise auch im Hinblick auf seine politische Entwicklung zu. Sie hatte ihn nach den Kriegserlebnissen und im Einklang mit vielen anderen bürgerlichen Linken in die USPD geführt. Das wirkliche Zentrum der Linksbewegungen im 1920 neu gebildeten Groß-Berlin lag jedoch nicht im nach traditionell marxistischer Beschreibung lumpenproletarischen und kleinbürgerlichen Milieu Friedrichshains, sondern in den Arbeiterbezirken Neukölln und Wedding. Von ihnen erwarb sich der Wedding bereits bald einen Ruf als besonders radikaler sozialer Brennpunkt.

Auch für bürgerlich geprägte Kommunisten und Sozialisten – wie Ruth Fischer und Werner Scholem und etliche andere – wurde der Wedding zum bevorzugten Agitationsfeld. Hier war wirklich ein Zentrum der modernen proletarischen Industriegesellschaft. Der Name des Bezirks erhielt bald eine proletarische Wohngebiete typisierende, übertragbare Bedeutung, ähnlich wie Londons Soho. So als Kafkas letzte Partnerin Dora Diamant nach seinem Tod in den „kleinen Wedding" südlich des Charlottenburger Schlosses zog und sich dort einer kommunistischen Straßenzelle anschloss.

Die sogenannte *Bevölkerungs-Aufnahme* des Statistischen Amtes der Stadt Berlin von 1904 enthält für die damaligen Stadtbezirke eine Tabelle der arbeitenden Bevölkerung. Im Wedding lag das Zentrum ihrer Arbeitsplätze in der metallverarbeitenden und Maschinen- und Werkzeugindustrie. Mit einigem Abstand folgten diesem Bereich die Bekleidungsindustrie, das Baugewerbe, das Handelsgewerbe und die Unternehmen des Nahrungs- und Genussmittelgewerbes. Geringer, aber noch nennenswert, waren die Papier-, Textil- und Lederindustrie, die chemische Industrie sowie das private Verkehrsgewerbe. Alle anderen Bereiche spielten, gerade auch im Vergleich mit Gesamtberlin, eine untergeordnete Rolle. Da besonders die industriellen Gewerbe stark von den Krisen der frühen Weimarer Republik betroffen wurden, erklärt sich aus dieser ökonomischen Basisstruktur auch die hohe Arbeitslosigkeit im Wedding als drittem Groß-Berliner Stadtbezirk. Sie betrug Ende 1923 etwa ein Fünftel der Gesamtbevölkerung des Bezirks und nahm trotz des Aufschwungs in der kurzen Stabilisierungsphase der deutschen Wirtschaft ab 1924 nur zeitweilig etwas ab, um dann in der Weltwirtschaftskrise dramatisch anzusteigen.

Gerade in dieser Phase seit 1928 steigerte sich die Wohnungsnot am Wedding, wie in anderen Berliner Arbeitervierteln, erneut. In einem Bericht des Weddinger Bezirksamts wurde dies 1929 formuliert: „Die Wohnungsnot ist im Laufe der letzten Jahre ständig größer geworden ... Auch durch die Neubautätigkeit konnte eine wesentliche Verbesserung bisher nicht erzielt werden. Der Zustand der Altwohnungen läßt immer noch sehr viel zu wünschen übrig. Dies ist insbesondere darauf zurückzuführen, daß der überwiegende Teil der Wohnungssuchenden des Bezirks den ärmsten Bevölkerungsschichten angehört und wegen Arbeitslosigkeit, sowie sonstiger widrigen Wirtschaftsverhältnisse die Kosten für eine Wohnungsinstandsetzung nicht aufzubringen vermag."

Ein Zugezogener wie Georg Benjamin brauchte sich solchen Widrigkeiten nicht auszusetzen. Auch in dieser Hinsicht befand er sich im roten Wedding in dessen radikaler Periode in einer Minderheitsposition. Dies traf aus zwei Gründen zu: als Mensch aus privilegierten bürgerlichen Verhältnissen einerseits, andererseits aber auch als Jude. Er selbst schätzte seine neue Umgebung als zu über 90 Prozent proletarisch geprägt ein. In der Wählerschaft seiner bald gewählten Partei überwogen zudem besonders in der Weltwirtschaftskrise der späten 1920er Jahre die Arbeitslosen. Nach den Volkszählungen in den Berliner Verwaltungsbezirken von 1933 und 1935 betrug der Anteil jüdischer Einwohner im Wedding, kaum verändert, je ein Prozent. Damit verglichen stieg in dieser Zeit in Benjamins Herkunftsbezirken Charlottenburg und Wilmersdorf der Anteil jüdischer Einwohner noch leicht über 13 bzw. 18 Prozent. Dies beides ergab für Benjamin eine relative Außenseiterposition, der seine starke, und sich noch verstärkende, Identifikation mit der Partei und auch die persönliche Integration entgegenwirkten. Aber selbst die KPD und ihre Anhänger waren, wie man weiß, nicht frei von antisemitischen Grundströmungen.

Georg Benjamins Annäherung an diesen Bezirk nahm indessen eine ganz eigene Gestalt an. Denn er zog als eine später im Bereich der Soziologie verbreitete Figur des teilnehmenden Beobachters in den Wedding: Im Frühjahr 1921 ließ er sich im neuen Wohnheim für ledige Männer am Weddinger Brunnenplatz, unmittelbar neben dem Weddinger Amtsgericht, nieder. Während seines über eineinhalb Jahre währenden Aufenthalts verfasste er seine medizinische Dissertation. Sie befasste sich am Beispiel des von ihm selbst bewohnten Heims mit der Einrichtung und sozialhygienischen Funktion dieser neuen Gebäude.

Im Ledigenwohnheim in der Schönstedtstraße am Brunnenplatz kann von einem Eintauchen in proletarische Sozialfelder durch Benjamin jedoch nur eingeschränkt die Rede sein. Vor allem deshalb, weil zu den Bewohnern des Heims neben den eigentlich zunächst Eingeplanten, von den Industriebetrieben der Umgebung angelockten Arbeitern bald immer mehr Studenten, ledige Angestellte und kleine Beamte kamen, welche die preiswerten Unterkünfte nutzten. Wie etliche Artikel im Parteiorgan der KPD, der *Roten Fahne*, zeigen, bildete sich im Ledigenheim eine kritische Gegenöffentlichkeit. In ihr prangerten Heimbewohner soziale Unzulänglichkeiten des Heimbetriebs an, und als deren Ort bot sich die Bezirksverordnetenversammlung an, die in größeren, aber für diesen Zweck immer noch zu beengten Räumen des gleichen Gebäudes tagte.

Neben politischen Zusammenkünften war in den Gemeinschaftsräumen des Ledigenwohnheims durchaus auch Raum für verschiedene Freizeitaktivitäten, von denen zumindest die Schachspielgelegenheiten Georg Benjamins Interessen entgegenkamen. Vor allem jedoch ermöglichte der Forschungsaufenthalt im Ledigenheim neben dem gepflegten Brunnenplatz einen nicht so krass mit seinem Herkunftsmilieu kontrastierenden Übergang in eine politisch kongeniale Umgebung, wie dies

Ledigenheim (Aufnahme von 2016) in der Schönstedtstraße

noch in der Fruchtstraße der Fall gewesen war. Kurz vor dem Ende seines Mietverhältnisses im Ledigenheim trat Benjamin von der USPD zur schon länger Massenpartei gewordenen KPD über. In diese produktive Phase fiel auch seine Beteiligung an der Gründung des Proletarischen Gesundheitsdiensts.

Nach dem Aufenthalt im Ledigenheim mietete Benjamin für sich ein Zimmer im Vorderhaus eines Mietshauses in der Nazarethkirchstraße 41 am belebten Leopoldplatz. Was sich heute wie ein ziemlich neuer Bau ausnimmt, ist nur den vermutlich in den 1950er Jahren wegsanierten Stuckornamenten und den später auf die Fassade vorgesetzten Metallbalkonen zu verdanken. Bei Georg Benjamins Einzug war das im Jugendstil etwa 1910 errichtete Haus noch im ursprünglichen Zustand, alles andere als die auch in umliegenden Straßen häufigen typischen

Nach Originalzustand restaurierter Hausflur der Nazarethkirchstraße 41

Weddinger Mietskasernen. Die früheren Ornamente in Stuck und grünen Korridorfliesen sind heute nur noch im Eingangsbereich des Treppenhauses zu sehen.

Ähnlich war sicher auch die Wohnung mit dem Zimmer Benjamins in der Beletage des Vorderhauses gestaltet, bei aller von seiner Ehefrau später erinnerten Kargheit der Ausstattung. Der Blick aus den Fenstern ging auf den großen, heute begrünten freien Platz neben der neugotischen Nazarethkirche, auf dem bald eine reformierte Volksschule der weltlichen Variante errichtet wurde. Georg Benjamin unterstützte die Verbreitung dieses Gemeinschaftsschultyps ohne obligatorischen Religionsunterricht später auch in der Bezirksverordnetenversammlung des Wedding. Der Kontrast zum Elternhaus war auch hier gegeben, nahm aber überhaupt nicht die gleichen krassen Formen an wie noch am Friedrichshain. Vielmehr luden die zahlreichen Lokale der linken Par-

Heutige Ansicht des Wohnhauses Dubliner Straße 62 im Englischen Viertel, in dem das Ehepaar Benjamin lebte; links hinten die Laubenkolonie Freudental

teien ungleich stärker zu einem Besuch ein als die in der Fruchtstraße. In der Maxstraße lag Georg Benjamins erstes Stammlokal, eine der vielen von KPD-Genossen frequentierten Gastwirtschaften. In gewisser Hinsicht war das Eckhaus in der Nazarethkirchstraße ein kleines Idyll unweit des Häusermeers der Mietskasernen, in deren Nähe Georg Benjamin die ersten persönlichen Kontakte zu Arbeiterfamilien fand und in dem ihn auch bald seine spätere Ehefrau besuchte.

Hilde Benjamins Rückblick auf die erste gemeinsame Wohnung mit Georg nach der Eheschließung zeichnet ein geradezu idyllisches Bild: „Wir bekamen eine noch freie Wohnung in einer damals modernen und schönen Neubausiedlung am Schillerpark im Wedding. Es war eine schöne Wohnung, in der wir ein dunkelrotes, ein blaues und für beide gemeinsam ein großes, grün gestrichenes Zimmer hatten." Der Blick von der Wohnung ging in zwei Richtungen, seitlich und nach hinten auf „die schönen neuen Anlagen des Schillerparks" und nach vorne auf ein „großes Kleingartengelände, in dem immer mehr Arbeitslose zu Dauerbewohnern ihrer Lauben wurden".

Portal des Hauses Dubliner Straße 62

Trotz des Fehlens jeder auch nur nachträglichen Einschränkung des positiven Rückblicks auf die Wohnung am Schillerpark – über Details ihrer Infrastruktur äußert sich Hilde Benjamin so knapp wie über spätere Interieurs ihrer Wohnungen – gab es doch in zweierlei Hinsicht Anlass zu einer leise zwiespältigen Sicht auf die für beide Ehepartner neue Wohnsituation am Schillerpark. Zum einen wegen der Nachbarschaft im ersten fertiggestellten Block der Neubausiedlung des Architekten Bruno Taut, der 1926 bezogen werden konnte. In den ersten knapp hundert Wohnungen des ersten Bauabschnitts der Siedlung wohnten mehrheitlich sozialdemokratische Funktionäre, kleinere Beamte und Angestellte sowie besser verdienende Handwerker.

Hilde Benjamins Aufzählung der in unmittelbarer Nachbarschaft von ihr und ihrem Mann wohnenden Parteigenossen der KPD nennt nur sechs Namen, unter ihnen an bekannteren Funktionären Erich Auer, den Mitarbeiter der Gewerkschaftsabteilung des ZK der KPD mit seiner 1944 als Widerstandskämpferin hingerichteten Frau Judith. Diese Minderheitenposition, in der Kontakte im Neubaublock weitgehend auf Parteigenossen und Freunde beschränkt waren, wurde durch die mit den Benjamins in der KPD-Straßenzelle zusammenarbeitenden Genossen in den Neubauten in der Dubliner und umliegenden Straßen erleichtert. Unter ihnen hatten wichtige Funktionen im Parteigefüge: Walter Bartel, hauptamtlicher Sekretär in der Abteilung Agitation der KPD-Bezirksleitung Berlin-Brandenburg, und seine Frau Erna; Franz Demuth, Sekretär der KPD-Reichstagsfraktion und seine Frau Else; sowie Hans Holm, Mitglied der ZK-Abteilung für Agitation und Propaganda, mit seiner Frau Erna. In dieser Straßenzelle, die sich in einem Lokal in der Müllerstraße traf, waren auch einige Bewohner der Laubenkolonie Freudental aktiv, die dem Wohnhaus der Benjamins gegenüberlag. Über sie enthielt ein Gestapobericht im Jahr 1934 die Bemerkung, ihre Laubenbewohner seien wie die Bewohner der an sie angrenzenden Kolonie Albrechtsruh zu 80 Prozent Kommunisten.

Ein weiterer Zwiespalt, der die relative Ruhe dieser von Taut geplanten friedlichen Exklave der Weddinger Häuserlandschaft kaum beeinträchtigte, war einer, der die Architekten und Stadtplaner unter Martin Wagner betraf. Seine Folgen waren in der architektonischen Weiterentwicklung in den zweiten und dritten Bauabschnitten der Siedlung am Schillerpark (bis 1930) sichtbar. In der Anfangsphase des Projekts wurden die Baukosten weit überwiegend durch Hauszinssteuermittel getragen, die auf Altbaubesitz erhoben wurden, deren Hypotheken in der Inflationszeit ihren Wert vollständig eingebüßt hatten. Träger der Neubauten am Schillerpark waren gewerkschaftsnahe gemeinnützige Wohnbauunternehmen, hier die DEWOG und die GEHAG, deren Mittel allerdings für allzu weit ausgreifende Planungen der beteiligten international vernetzten Architekten nicht immer ausreichten. Selbst dann nicht, wenn Bruno Taut etwa seine, in der *Roten Fahne* kritisierten und schon vorher bei seiner Tätigkeit als Stadtbaurat in Magdeburg umstrittenen Farbexperimente zurückstufte. Sie waren nur noch an den Eingangstüren der ersten Bauabschnitte sichtbar, wenn sie nicht durch Bewohner wie die Benjamins ins Innere der Wohnungen verlagert wurden.

Bereits die moderne Gestaltung unter dem Einfluss zeitgenössischer holländischer Architektur musste anfänglich baupolizeiliche Widerstände überwinden. Die Beschreibung der Häuser als „Rohbau mit Betongliederungen" und Flachdächern war in bürgerlichen Gegenden Berlins wie Zehlendorf Teil regelrechter Dächerkriege. Einer der für die Backsteinsiedlung am Schillerpark gutachtenden Sachverständigen sprach von der Fassadengestaltung der Häuser als „bewußter Scheußlichkeit". Solche Kritik musste der mit der Gesamtplanung befasste Stadtbaurat Martin Wagner ausräumen, sich aber auch mit der Absicht des Architekten Bruno Taut abfinden, keine „Architektur für arme Leute" zu bauen. Von solchem Diskurs waren Georg Benjamin und seine Frau sicherlich weniger betroffen als von der Diskussion in der eigenen Partei über den relativen Luxus der Neubauten, die von den Miethöhen her eindeutig das für den Wedding typische Profil der Wohnungssuchenden verfehlen mussten, selbst wenn der sowjetische Volkskommissar für das Bildungswesen Anatoli Lunatscharski, für moderne Kunst und Architektur aufgeschlossen, sie bei einem Besuch als „gebauten Sozialismus" bezeichnete.

Genauso wenig repräsentativ für den Bezirk selbst war eine bürgerliche Sicht auf den veränderten Ortsteil im Weddinger Nordwesten wie die des Stadtflaneurs Franz Hessel. Ob etwa die Laubenkolonie Freudental vor Georgs und Hildes Haustür den idyllisierenden Blick Franz Hessels auf den „grünen" Wedding für sie akzeptabel machte, ist bei ihrer Kenntnis der sozialen Not der dort dauerhaft Wohnenden mehr als fraglich. Hessel schrieb 1929 über seinen Abstecher an den Wedding der oberen Müllerstraße über die dortigen Kleingärten: „Wie hier ... gibt es in Berlin unzählige solcher Kleingärten, die zusammen einen grünen Streifen um die Stadt bilden ... Teile dieses Glücksstreifens bleiben manchmal eine Zeitlang mitten im Häusermeer zurück und bilden mit den Parks und Gartenplätzen das grüne Glück des Großstädters." Sie würden helfen, „die Schrecken des Weichbildes [zu] verdrängen." Vermutlich haben die Benjamins bei ihren Treffen mit Walter Benjamin diesen Text seines engen Freundes diskutiert, wie vielleicht auch den bald darauf erschienenen melodramatischen Text über die Freudental benachbarte Laubenkolonie Albrechtsruh im Reisebericht *Deutschland von unten* des Alexander Graf Stenbock-Fermor.

Hessels gemäßigt helle – wie Stenbock-Fermors uneingeschränkt dunkle – Sicht auf den proletarischen Wedding stellen Gegensätze in der zeitgenössischen Sicht bürgerlicher Kreise auf den Bezirk in der Weimarer Republik dar. Eine freilich für Hilde und Georg Benjamins Verhältnis zu ihrem ersten gemeinsamen Wohnort wenig relevante, aber beträchtliche Attraktion besaß der Wedding für bürgerliche Außenstehende in dieser Zeit auf dem Gebiet des populären Alltagskonsums. Eine Postkarte, die die Berlinische Galerie heute verbreitet, legt davon ein schönes Zeugnis ab. Auf ihr findet sich ein von der Künstlerin Hannah Höch als Montage entworfenes Werbeplakat. Es warb für das von der „Novembergesellschaft" veranstaltete Kostümfest der Künstler in der Philharmonie im Zentrum Berlins. Ort der Veranstaltung wie auch der Adressatenkreis, den das Plakat anspricht, waren dem Wedding fern.

Aber Hannah Höchs Werbetext versprach „Sport und Rummel am Wedding" als Thema des Kostümfests; der ironisch gehaltene Text weist sogar auf die „Leibesübungen" als proletarische Sphäre hin. Der Wedding in dieser historischen Werbung beschwört ein antibürgerliches Setting der Bohème als verbotsferne Zone des Vergnügens. Niemals jedoch war der Wedding selbst Ausgangspunkt dieser Art der Motivation für dort Lebende. In Leander Steinkopfs Erzählung *Stadt der Feen und Wünsche* macht heute der Held genau die umgekehrten Abstecher, vom Leopoldplatz als Ort der Drogendealer, zwischen Roma und Sinti, Grillplätzen und salafistischen Kleinhändlern in der Müllerstraße, in die angesagten Zonen des Berliner Prekariats und der Hartz-IV-Bezieher, um stets wieder in die heimische WG am Leopoldplatz zurückzukehren.

Solchen Szenarien gegenüber war das Leben am Schillerpark für das Ehepaar Benjamin nach Georgs Antritt seiner Stelle als Stadtschul- und Fürsorgearzt eine sozial begrenzte utopienahe Idylle – waren doch die Mietpreise für die meisten Arbeiterfamilien unerschwinglich. Dies führte dazu, dass die Funktionäre von linken Parteien und Gewerkschaften unter sich blieben, und zudem auch untereinander, trotz der zur Kommunikation einladenden offenen Gestaltung der Innenhöfe zwischen den Wohnblöcken, kaum Kontakte außerhalb ihrer engeren Bezugsgruppen pflegten. Dies sollte sich für die Benjamins nach fünf langen am Schillerpark verbrachten Jahren drastisch verändern.

Mit dem Umzug in die Badstraße 40, in das Haus der Tresorfabrik Ade-Arnheim am Gesundbrunnen, stellten Hilde und Georg Benjamin eine räumlich direkte Verbindung zum proletarischen Kernbereich des roten Wedding und seinen politischen Organisationen her. Mit ihrem Umzug kamen Hilde und Georg Benjamin in ein Wohn- und Gewerbegebiet, in dem die industriellen Kämpfe in der Wirtschaftskrise seit 1928 sich in zugespitzter Weise niederschlugen. Der große Metallarbeiterstreik des Jahres 1930 führte auch im Betrieb der Tresorfabrik Ade-Arnheim zu erbitterten Auseinandersetzungen. Unter ihren Gewerkschaftsmitgliedern des Metallbereichs bewirkte er eine Radikalisierung der in der Abteilung für Geldschrankschlosser organisierten Arbeiter. Bei den Betriebsratswahlen setzte sich die Revolutionäre Gewerkschaftsopposition (RGO), deren Politik Georg Benjamin unterstützte, eindeutig gegen ihre Konkurrenten durch. Sie war ohnehin seit Jahren im Einheitsverband der Metallarbeiter Berlins (EVMB) dominant.

Der EVMB war im Wedding durch Parteiangehörige der KPD und RGO-Anhänger stark vertreten: Wilhelm Bielefeld war einer der für den Bezirk zuständigen KP-Instrukteure; Hans Brennig als Organisations-

Badstraße 40 in Berlin-Gesundbrunnen heute. In diesem Gebäude befanden sich die Wohnung des Ehepaars und das Rechtsanwaltsbüro von Hilde Benjamin.

leiter im Bezirkssekretariat des EVMB tätig; Johnnie Hagge dessen Vertreter im zentralen Streikausschuss des Bezirks; Werner Liebezeit als Basisfunktionär der Gewerkschaft in seinem Weddinger Wohnbezirk; Fritz Rettmann als RGO-Spitzenkandidat bei den Betriebsratswahlen der Metallarbeitergewerkschaft; Ella Trebe als Frauenleiterin des

Einheitsverbandes EVMB; Karl Wasenberg als Mitglied der Roten Hilfe und der KPD im Stadtteil Wedding. Solche gewerkschaftspolitische Konzentration speziell am Gesundbrunnen war unter anderem eine Folge des Hauptproduktionsorts der AEG und etlichen kleineren metallverarbeitenden Fabriken wie auch Ade-Arnheim.

In diesem massiven Doppelhaus aus rotem Klinker aus der Gründerzeit war der unmittelbare Kontakt zur Industriearbeiterschaft ebenso gegeben wie zu den Straßen- und Betriebszellen der KPD und ihren Publikationen. Das Haus trägt noch heute an der Seite der von den Benjamins bewohnten Wohnung die Inschrift seines ursprünglichen Bauherrn und Eigentümers, des jüdischen Unternehmers Arnheim, aus seinem Baujahr 1892. An den an sich nur zwei Jahre währenden Wohnort Georg Benjamins, nicht einmal die Hälfte der am Schillerpark verbrachten Zeit, erinnert heute die Gedenktafel im Eingangsbereich.

Hier war das Ehepaar nicht mehr wie noch am Schillerpark von einem ruhigen Sicherheitskordon aus Parkbegrünung, Friedhofs- und Kleingartenanlagen vom Alltagsbetrieb und dem Straßenbahn- und Autoverkehr abgeschirmt. Zur Badstraße hin blickten sie auf die lauten Menschen- und Verkehrsströme, nach hinten auf die Fabrikanlagen der Tresorfabrikation, die auch von anderen Gewerben genutzten sogenannten Pankehallen und die auch öffentlich genutzten Hofbereiche mit dem an der Panke gelegenen Café des früheren Luisenbades. Das prächtige Gebäude des Luisenbades aus der Jugendstilepoche, bis heute unter Denkmalschutz erhalten, war das nur durch die Panke vom Grundstück der Fabrik Ade-Arnheim getrennte Nachbarhaus.

Selbst im Innenbereich war die Wohnung in der Badstraße weniger geruhsam, denn ihre sechs Zimmer dienten je zur Hälfte als eigentlicher Wohnbereich und als Hilde Benjamins neu eingerichtete Anwaltspraxis. Diese war durch die vielen Rechtshilfefälle für die von Entlassungen bedrohten Arbeiter der Firma Ade-Arnheim sowie für die Rote Hilfe starkem Besucherverkehr ausgesetzt. Auch bewohnten etliche Mitarbeiter der Tresorfirma und andere Mieter die oberen Stockwerke des Hauses. Einige von ihnen sollten im Mai 1933 der Gestapo Hinweise auf die häufige und fast ausschließliche Anwesenheit von KPD-Mitgliedern in der Wohnung der Benjamins liefern.

Der Vorteil der Wohnung lag in ihrer Nähe zu den von Hilde als Rechtsanwältin vertretenen Arbeitern, der Zusammenarbeit mit den Betriebsratsangehörigen der Firma Ade-Arnheim sowie der Nähe der

Badstraße 16 (heutige Gebäudeansicht): in der 1. Etage befand sich 1932/33 Georg Benjamins Arztpraxis, im Erdgeschoss bereits damals die Filiale von Woolworth

von der KPD und ihren Nebenorganisationen benutzten Treffpunkte, Publikations- und Versammlungsorte um die Kreuzung der Badstraße mit der Pankstraße und der Prinzenallee. Diese leichte Erreichbarkeit bestand nicht nur am Gesundbrunnen selbst, sondern nach Georg Benjamins Übernahme von Arbeiten für die Rote Gewerkschaftsopposition in der Münzstraße in Mitte sowie für die sowjetische Botschaft im Zentrum auch durch die neu eröffnete U-Bahnverbindung zwischen dem Bahnhof Gesundbrunnen und dem Alexanderplatz. Außerdem ergab sich für Georg Benjamin durch seine Niederlassung als praktischer Arzt in der gleichen Straße eine bequeme fußläufige Verbindung zur Wohnung.

Hilde Benjamins Fußnote zur Kassenarztpraxis Georgs in der Badstraße 16 nennt das heute etwas kleinere Haus den „Nachfolgebau eines alten Berliner Vergnügungs-Etablissements ‚Ballschmieders Festsäle'". Solch volkstümliches Umfeld bestand weiterhin im Gründungsjahr der Arztpraxis 1932: Der Vergnügungsbetrieb aus der Ära der Badstraße als Boulevard des Gesundbrunnens wurde durch ein Kino, den „Kristallpalast", ersetzt. In ihm fanden auch Jugendweihe- feiern statt, mit deren Vorbereitung sich Georg Benjamin in seinen Kursen beschäftigte.

Unter dem ersten Stock, in dem sich Benjamins Arztpraxis mit ihren drei Räumen befand, gab es seit 1929 eine Filiale des Kaufhauses Woolworth. Was sich auf heutigen Bildern wie ein Anachronismus ausnimmt, war tatsächlich ein im Wedding angelangter Vorposten der

Georg und Michael Benjamin mit Edith Fürst

modernen kapitalistischen Kultur des Massenkonsums für ärmere Bevölkerungsschichten.

Die Wege nach der Entfernung beider Ehepartner aus ihren Berufsfeldern und die politische Verfolgung Georg Benjamins führten sie aus dem Wedding weg. Nach Georg Benjamins Haft im KZ Sonnenburg bezog er allein zunächst ein Zimmer in Schöneberg, bald darauf mit seiner Frau ein Zimmer in der Binzstraße im Bezirk Pankow. In der Nähe übernahm Georg Benjamin die ärztliche Betreuung im jüdischen Kinderheim von Edith Fürst im Pankower Ortsteil Niederschönhausen. Dies war die letzte Zeit eines persönlichen Kontakts mit dem bald dreijährigen Sohn.

Bei Georg Benjamins Antritt seiner Zuchthausstrafe im Jahr 1936 zog seine Frau mit ihrem Sohn in die Wohnung ihrer Eltern in Steglitz, von wo aus sie sich im Jahrzehnt zuvor dem Weg ihres Mannes in den Wedding angeschlossen hatte.

Jugend, Bildung und Beruf

In den biografischen Darstellungen zu Georg Benjamin finden sich sehr wenige Dokumente über seine frühe Schulzeit. Hilde Benjamins Darstellung ihres Mannes konnte nicht auf die schon zu ihrer Zeit wachsende Literatur über Walter Benjamin und das ihm gewidmete, 2004 gegründete Walter-Benjamin-Archiv der Akademie der Künste zurückgreifen. Sie sind jedoch auch für Georg Benjamins Schulzeit von Bedeutung. Denn wegen der Erziehung Walter Benjamins durch Hauslehrer bis zum neunten Lebensjahr fielen die frühen Schuljahre in öffentlichen Institutionen der beiden Brüder in dieselbe Zeit. Sie begannen im gleichen Jahr, 1901, in dem die Eltern Emil und Pauline Benjamin von ihren ersten Berliner Wohnungen in der Wilhelmstraße im Zentrum, später am Magdeburger Platz in Tiergarten, und bei wachsendem Wohlstand in stets weiter westlich gelegene Wohnungen in der Kurfürstenstraße, der Charlottenburger Nettelbeckstraße, schließlich in die Carmerstraße im gleichen Bezirk gezogen waren. In der Nähe dieser Wohnung besuchten die Brüder dieselbe wilhelminische Schule, die damalige Kaiser-Friedrich-Realschule und Realgymnasium (heute Joan-Miró-Grundschule), durch die Stadtbahn Berlins vom bürgerlich gehobenen Savignyplatz getrennt. Hilde Benjamins Biografie vermutet, Georgs erste neun Schuljahre bis zum Abschluss der Untersekunda seien ohne „besondere Höhepunkte und Konflikte verlaufen". Daran sind – liest man Walter Benjamins Erinnerungen in der *Berliner Chronik* an seine eigene Schulzeit, freilich durch Krankheitsfehlzeiten und einen längeren Aufenthalt im Landerziehungsheim Haubinda unterbrochen – Zweifel angebracht. Denn bei aller offenbar weniger problembesetzten Kindheit Georg Benjamins müssen einige der Bedingungen, die seinem Bruder die Schulzeit verleideten, auch für ihn wahrnehmbar gewesen sein, mit oder ohne den Austausch mit seinem älteren Bruder.

Aber schon vor der Schule erfuhr Georg einige Elemente der preußischen schwarzen Pädagogik im gemeinsamen Turnunterricht mit seinem Bruder bei einem ehemaligen Unteroffizier und zumindest auch als Zeuge beim häuslichen Unterricht seines Bruders. Der war ein Zögling eines Lehrers mit dem passenden Namen Knoche mit seiner von Prügeln begleiteten Unterweisung. Während später die Disziplinierung durch Rohrstock, Nachsitzen und Arrest Walter Benjamin die gesamte Schulzeit vergällte, die er mit Unterbrechungen bis zum Abitur an der Kaiser-Friedrich-Schule verbrachte, gibt es keinerlei überlieferte Erinnerungen Georg Benjamins an diese Schule.

Sein Abgangszeugnis für den Übergang zur Obersekunda deutet mit Lob für Betragen und Fleiß und guten Zensuren in den modernen Sprachen auf einen problemlosen Schulbesuch. Selbst am Religionsunterricht nahm er noch, mit genügenden Leistungen, teil. Die Expertenurteile gehen über diese überwiegend von Jungen bürgerlicher, oft jüdischer Herkunft besuchte Erziehungsanstalt auseinander. Wie Georg Benjamins Profil zeigt, war der Lehrplan an dem sogenannten Realgymnasium durchaus moderner als an den klassischen altsprachlich geprägten preußischen Gymnasien für Knaben. Er enthielt neben dem Lateinunterricht, an dem Georg Benjamin in der Untersekunda nicht teilnahm, Angebote in den Naturwissenschaften und den neueren Fremdsprachen.

Georg mag auch nicht in gleicher Weise die Gefühle von Demütigung angesichts der schulischen Zwänge von Grüßvorschriften und zeitlicher Reglementierung seines Bruders geteilt haben, der auch im späteren Leben die Hierarchie des üblichen Lehrbetriebs scharf ablehnte. Walter Benjamins *Berliner Chronik*, Vorstufe der stärker verdichteten *Berliner Kindheit um Neunzehnhundert*, enthält Bilder überaus sensibler, bedrückender Schulerinnerungen: „Im übrigen ist mir gerade aus den eigentlichen Klassenzimmern nicht vieles gegenwärtig geblieben außer diesen genauen Gefangenenemblemen: nämlich den Milchglasscheiben und den infamen holzgeschnitzten Supraporten in Zinnenform. Ich würde mich auch nicht wundern, wenn man mir erzählte, auch die Schränke hätten solche Bekrönungen besessen, ganz von den Kaiserbildern an den Wänden zu schweigen. Heraldischer und ritterlicher Stumpfsinn prunkte wo nur immer möglich." Von solchem Trübsinn des empfindlichen, oft kränklichen Bruders dürfte Georg nicht gleich heftig berührt gewesen sein, obwohl an ihm von vielen, die ihn kannten, die starke Empathiefähigkeit gelobt wurde.

1911, im Jahr des Einzugs der Familie Benjamin in die Villa in der vor 1920 noch außerhalb Berlins gelegenen Villenkolonie Grunewald, wechselte Georg auf das dortige neue Grunewald-Realgymnasium. Vor diesem nicht unüblichen Schulwechsel nach der Untersekunda hatte Emil Benjamin, der Vater, den großen Neubau nach dem Tod des Erstbesitzers erworben und für den Einzug der Familie vorbereiten lassen. Das um die Jahrhundertwende von einem bekannten Architekten errichtete burgähnliche Anwesen erfüllte zwar repräsentative Ansprüche, war jedoch nicht eine der in Grunewald bekannten Luxusvillen, sondern ein sehr großes Mietshaus, wie ein Freund Walter Benjamins mit leicht kritischer Einschränkung feststellte.

Die heute nach dem in der Nähe residierenden und dort 1922 ermordeten Unternehmer und liberalen Politiker Walther Rathenau benannte Schule besuchten etliche Schüler aus wohlhabenden, oft jüdischen Familien, ähnlich wie am vorher besuchten Gymnasium, an dem der jüdische Anteil an der Schülerschaft auf ein Drittel geschätzt wurde. Auf der Primarstufe des Grunewald-Gymnasiums machte sich für Georg Benjamin, seinen Notizen zufolge, erstmals eine antisemitische Grundströmung bemerkbar, die „in widerlicher, gemeiner Offenheit oder, noch gefährlicher, verkappt, hinterhältig, unter Höflichkeit versteckt" auftrat und ihn trotz seiner frühen areligiösen Haltung fast dazu hätte veranlassen können, am Judentum festzuhalten. Der Antisemitismus führte bei Georg Benjamin, wie bei anderen jüdischen Intellektuellen, zu einer zwiespältigen Einschätzung in der Frage, wie weit er als Deutscher, als der er sich fühlte, akzeptiert würde.

Auch am Grunewald-Gymnasium herrschte, wie schon an der Kaiser-Friedrich-Schule, ein Regime autoritärer Unterordnung. Das wurde in bürgerlichen Kreisen zunächst zögerlich von der Jugendbewegung infrage gestellt, wenngleich noch in politisch auseinandergehenden Formen. Die neue Schule Georgs blieb, von der Familienvilla mit einem schönen kurzen Spaziergang durch die ruhige Bismarckallee erreichbar, die Schule der Brüder und bald auch der Schwester Dora. Sie machte 1921 hier ihr Abitur, und selbst Walter Benjamins Sohn Stefan war hier noch bis Ostern 1935 eingeschrieben, als bald danach wie seine Eltern Ausgebürgerter.

Trotz der Erfahrungen mit dem Antisemitismus der deutschen Kaiserzeit scheinen für Georg Benjamin die Primanerjahre bis zum Abitur im Februar 1914 keine besondere Krisenzeit bewirkt zu haben. Sein gutes, wenngleich nicht überragendes Abiturzeugnis belegt vor allem die ihm gelungene Konzentration auf schriftliche Prüfungsarbeiten, besonders im Fach Mathematik, sowie einen Schwerpunkt in naturwissenschaftlichen Fächern. In dem Zeugnis unterstützt das Lehrerkollegium ausdrücklich seinen Wunsch, Mathematik und Naturwissenschaften zu

Das noch erhaltene Schulportal des Grunewald-Gymnasiums, heute Walther-Rathenau-Schule

studieren. Auffällig ist in den schulischen Akten der Umgang mit der jüdischen Religion, die noch in der Schülerkartei in der Sparte „Bekenntnis" vermerkt ist, während das „Entwurf" überschriebene, aber amtlich entscheidende Reifezeugnis des Schularchivs (die Schüler selbst bekamen nur eine als „Kopie" gekennzeichnete Fassung) unter den „Kenntnissen und Fertigkeiten" in der ersten Zeile für das Fach Religionslehre einen durchgestrichenen Eintrag: „dispensiert" enthält. Die Bezeichnung des Vaters Emil Benjamin als „Rentier" in der Schulakte hatte 1914 noch keine abträglichen Konnotationen; in der Schülerkartei der Schwester Dora neun Jahre später wurde der Stand des Vaters dann als „Kaufmann" notiert.

Insgesamt beurteilte Georg in seinem Tagebuch am Tage seines Abiturs seine Schulzeit im Rückblick nicht weniger kritisch als sein Bruder

Foto der Abiturklasse 1914 mit Georg Benjamin (am rechten Bildrand)

die seine. Er sah sie als: „Eine im ganzen (wenigstens an den Vormittagen) schlimme Periode meines Lebens vorüber. Ich hoffe auf das Kommende."

Für seine spätere lebensgeschichtliche Verankerung im roten Wedding ist eine 1929 von der *Roten Fahne*, seinem Parteiorgan, veröffentlichte Gegenüberstellung von einer proletarischen Schule im Wedding und privilegierten Schulen im bürgerlichen Berlin, zu dem nach der Entstehung von Groß-Berlin 1920 der Ortsteil Grunewald gehörte, brisant. Wie andere solcher sozial polarisierenden Darstellungen in der Zeitung klagte sie die Unterversorgung der öffentlichen Einrichtungen fürs Proletariat im Wedding an. Bebildert ist diese Gegenüberstellung durch eine heruntergekommen wirkende Fassade einer Volksschule am Wedding ähnlich denen, für die Georg Benjamin als Schularzt zuständig war, und mit einem Foto seiner Oberstufenschule, des Grunewald-Gymnasiums. Die Unterschrift der Bilder benennt die Privilegien des bürgerlichen Gymnasiums: „Für Kinder der Bourgeoisie: Das Grunewald-Gymnasium liegt nicht im Gestank der Mietskasernen."

Schon vor dem Beginn seines Studiums wurde Georg durch die Jugendbewegung in seiner intellektuellen Entwicklung beeinflusst. Zum Teil war dies durch seinen Bruder Walter vermittelt, der in seinen ersten Semestern im Studium eine führende Rolle in der Freideutschen Jugend spielte. Er gestaltete deren Schülerzeitschrift *Der Anfang* mit und war in den Diskussionsveranstaltungen von deren „Sprechsaal" eine markante Stimme. In diesem Kontext konzentrierten sich Georgs Gedanken besonders auf den Teil des Jugendbewegungstreffens auf dem Hohen Meißner 1913, der zur Abstinenz von Nikotin und Alkohol aufrief.

Mit der sogenannten Meißner-Formel und der von der Abstinenzbewegung schon früher verbreiteten Propaganda befassen sich einige Zeitungsausschnitte und handschriftliche Notizen aus Georg Benjamins Schulzeit. Bestimmend war für ihn nicht nur die lebenslang eingehaltene Enthaltsamkeit von diesen und anderen Genussmitteln, sondern auch ein stark wirksamer Drang zur Erziehung seiner Freunde in gleicher Richtung. So schrieb er 1912 über sie: „Sie fühlen sich nicht als Glieder der Gesellschaft, dazu muß ich sie erziehen." Der Silvesterbericht von der Jahreswende 1913/14 im Tagebuch des Abiturienten nährt die Vermutung, dass die nicht bloß ideologische, sondern auch real gelebte Abstinenz, die sein Bruder schon etwas früher als charakteristisches Merkmal Georg Benjamins festgestellt hatte, sich auf weitere Felder bezog als nur die lebenslange Enthaltsamkeit von Alkohol und Nikotin. Dieser Tagebuchausschnitt enthält einige der Motive, die Georg Benjamins persönliches Profil bestimmen sollten:

„Erst maßvolles Gespräch: Gesellschaftlicher Ton, ein vereinzeltes lautes Lachen, andächtiges Essen, Mehr und mehr nähert sich das Essen dem Ende, es beginnt der Tanz zur Melodie eines Geigers und Klavierspielers. Bald drängen sich Paare: Großstadtfratzen, Dirnengesichter und ein Knäuel geht und steht auf einem kleinen Fleck. Tanz? Schieben hin und her; wackeln, verrenken die Glieder, grinsen breit und geil, die übrigen kreischen, sehen gespannt und tanzgierig zu, trinken und saufen und nippen Sekt, knarren mit Schnarren, werfen Schlangen. Eine umschlingt den blinden Pianisten, fällt aufs Klavier, treibt ihn zu dröhnendem Spiel, denn die Menge will hören und kreischt und johlt. Er sucht sich zu befreien, tastet zitternd mit einer Hand – sein Genosse zerreißt die flatternden Schlangen."

An dieser Stelle springt die Perspektive des Beobachters in Georg Benjamins Tagebuch um. Das satirische Bild wechselt von der Anteilnahme mit den ausgebeuteten, körpersprachlich gegen den Missbrauch ihrer Kunst protestierenden Künstlern zur erlebten Rede ihrer Klassenwidersacher: „Sein Leidensgenosse: Der Geiger – eingefallene Backen, wirres Künstler-Haar auf einem kühnen Gesicht. Wütend, mit verachtender Miene, auf ragendem Podium, streicht er, schlägt er die Geige, daß sie wütet gleichsam vor Schmerzen, wütet gegen Großstadtschlager und Operettenmusik. Und mit freundlichem Lächeln muß er sammeln für sich und den Blinden, säuberlich auf weißem Teller unter einer Serviette. Man gibt auch großmütig, man kann es sich doch leisten, man kann ja springen lassen, etwas weniger für Arme, etwas mehr für Sekt: Es ist doch Silvester."

Erst ganz am Ende des stilistisch an einigen Stellen an die Lyrik des Expressionismus, motivisch an die Bildsprache der Gemälde von Otto Dix und George Grosz erinnernden Berichts schwingt sich dieser auf den kritisch beobachtenden Teilnehmer an der Silvesterfeier ein. Den trennt die umgebende Natur des Riesengebirges von beiden – seinen Klassengenossen, auf deren Hochkultur er sich gegen ihr Verhalten beruft, und den von ihnen abhängigen Opfern, mit denen er sich identifiziert, ohne zu ihnen zu gehören: „Wem soll da, der zornige Geiger und der stille Blinde am Klavier, die Festesfreude stören? Draußen eisige Luft, mondhelle Schneelandschaft. Klar zeichnet sich der Horizont am Himmel. Einer feiert einsam das vergangene Jahr in kristallener Klarheit."

Der einsame Bürger muss sich auf die Suche nach einer gesellschaftlichen Kraft begeben, die ihm für den moralischen Gegensatz zur eigenen Klasse eine vernünftige Identifikation ermöglichen könnte. Sie soll helfen, seine Einsamkeit zu überwinden. Zwar deutet wenig darauf hin, dass die im Text offensichtliche Verbindung zwischen Genussmitteln und Sexualität seine Jugend ohne Einschränkung überdauerte. Aber der Lebenskontext Georgs, von der Jungenschule und im Gymnasium, in der Jugendbewegung mit ihrer Beschränkung des erotischen Erlebens zugunsten einer idealisierenden „Veredlung der Geselligkeit", bald danach das Soldatenleben mit einigen Verwundungsphasen, legten auch auf diesem Gebiet eine längere Phase der Enthaltsamkeit nahe, die bei seinem Bruder und vielen anderen Männern ein Ventil in der konventionellen Prostitution fand.

Dies war ein Thema, das bald nach dem Krieg Magnus Hirschfeld in seinen sexualwissenschaftlichen Analysen hervorhob. In Hirschfelds in der Weimarer Republik umstrittener *Sittengeschichte des Weltkriegs* geht ein Abschnitt auf die sexuelle Abstinenz der Soldaten ein. „Bei Kriegsbeginn wurde der deutschen Öffentlichkeit die Meinung vermittelt, dass sexuelle Enthaltsamkeit heilsame Wirkungen entfalten könne." Georg Benjamin dürfte die Begründung fremd geblieben sein, dass so die besten Manneskräfte aufgespart würden. Die verbreitete Praxis der Kriegsprostitution und die mit ihr verbundenen Geschlechtskrankheiten zeigte früh die Kehrseite solcher Kriegspropaganda auf. Müßig zu spekulieren, welche Position zwischen Enthaltsamkeit und Prostitution Georg Benjamin einnahm. Jedenfalls ist nichts über eine Abweichung von der bei ihm bestimmenden Abstinenz bekannt. Sein deutlich unzufriedenes Bild mit den Eltern und der Schwester auf den Fotografien aus der Kriegszeit mag andere Gründe gehabt haben. Jedenfalls hatte eine positive Besetzung des Bildes der Hure, wie gelegentlich auch bei seinem Bruder, bei ihm keinen Platz. Über seine Erfahrungen in erotischen Beziehungen, nach der von ihm selbst erwähnten starken Schüchternheit, ist nichts bekannt. Seine Frau nennt in ihrer Biografie, deren Stil ohnehin nicht zur Ausmalung individuellen Liebeslebens drängt, nur eine Beziehung mit einer Krankenschwester im medizinischen Bereich der Charité vor ihrer eigenen Beziehung mit diesem Mann, von dem ihr erster und lange bleibender Eindruck kein primär erotisch bestimmter gewesen zu sein scheint.

In einem Brief an einen Studienfreund aus dem Sommersemester 1913 ging Walter Benjamin auf die Frage der Abstinenz ein, die bei seinem Bruder und zum Beispiel beim Bund deutscher Abstinenzler in der Jugendbewegung hervortrat. Gustav Wyneken hatte für seine Freie Schulgemeinde in Wickersdorf einen viel beachteten Aufsatz über „Alkohol und Jugendkultur" geschrieben. Von dessen Postulat der Abstinenz, und der seines Bruders Georg, der ihm sein Punschtrinken verübelte, grenzte er sich ab: „Wynekens Begründung der Abstinenz: Du nennst sie ‚wundervoll', ähnlich schreibt mir mein Bruder: so muss sie auf jeden wirken, der mit reinem Gewissen dasitzt und abstinent ist. Nicht so ich. Was hilft Dir ..." Leider bricht an dieser Stelle der lange Brief ab, dessen Begründung für seine Position nur rückwirkend erschlossen werden kann, denn Georgs erlebnisbeschränkende Aussage nach den Besichtigungen im Schwarzwald: „Da wären wir nun gewesen" in dem auf den Brief folgenden Monat blieb Walter bis in sein letztes Jahr unvergesslich. Sie sollte sein ästhetisches wie persönliches Verhalten in einen deutlichen Gegensatz zu dem seines Bruders stellen.

Der auf dem Hohen Meißner nur erst latente Gegensatz zwischen einer völkisch-romantischen und einer intellektuell-gesellschaftskritischen Richtung kam 1913 mit der Zeitschrift *Der Anfang* auf der progressiven, von der Obrigkeit skandalisierten Seite zum Ausbruch. Wie Walter Benjamin, der an der Gestaltung beteiligt war, stand *Der Anfang* sehr unter dem Einfluss des Reformpädagogen Gustav Wyneken. Aber auch der spätere Psychoanalytiker Siegfried Bernfeld war an dieser kleinen kritischen Gegenöffentlichkeit beteiligt. Georg las die Zeitschrift und verfolgte ihre Debatten in dem „Sprechsaal". Allerdings hatte Georg Vorbehalte gegenüber dem – für ihn – übersteigerten Intellektualismus dieser auch an deutschen Universitäten nur in Minderheiten verbreiteten Bewegung, die oft auch schon Zielscheibe antisemitischer Angriffe wurde.

Wie weit Georg Benjamin zum Beispiel an den Beiträgen im *Anfang* über jugendliche Erotik interessiert war, lässt sich schwer sagen. Zumindest ging es in ihnen um Tendenzen, die ihm entgegenkamen, denn es wurde in ihnen keineswegs für die „üble, verwilderte Poussier-Erotik" plädiert, sondern für Menschlichkeit und Kameradschaft zwischen den Geschlechtern bei der „Verpflichtung, unser eigenes Triebleben zu gestalten". Ein soziologischer Kommentar Alfred Webers über die Jugendbewegung brachte dies auf die Formel: „Sie machen sich daran, mit der sexuellen Frage fertig zu werden. Sie suchen sich eine Meinung zu bilden, die Prostitution, Gemeinheit, Verführung ausschließt und die doch das Lebendige in ihnen und in anderen bejaht." Sie bedurften dafür nicht der Autorität von Kirche oder Eltern. In dieser Hinsicht nahm Georg Anteil an der Diskussion über das Problem, ob Schüler ihre Religionsferne gegenüber ihren Eltern verschweigen sollten.

Eine bleibende positive Vorliebe Georg Benjamins aus dem Zusammenhang der Jugendbewegung war die fürs Wandern. Mag sein, dass auch bei ihm das begeisterte Wandern in der freien Natur – urbanes Flanieren taucht in den Erwähnungen dieser Aktivität und in den Bildern aus seiner Jugend nie auf – eine Möglichkeit darstellte, sich von Familie und Schule als Sozialisationsorten zu distanzieren, wie dies für die Wandervogelbewegung charakteristisch war. Jedoch ist solche kritische Ausrichtung gegenüber der Familie nirgends dokumentiert. Dagegen immer wieder eine Naturbegeisterung, die ihn noch in den politischen Organisationen seines erwachsenen Lebens zur Beibehaltung dieses Freizeitvergnügens brachte. Auf der ersten Wanderung im Umkreis des Proletarischen Gesundheitsdienstes, zu der er seine spätere Frau einlud, fiel dieser seine Verwandlung vom distanzierten Ernst des gewohnten Kommunikationsverhaltens zur heiteren Gelöstheit unter den Genossen auf.

Freizeitbeschäftigungen und Hobbies – wie Georgs Führen von Listen und Rätselaufgaben – spielten offenbar bei seiner Wahl des Studienfaches und auch des Studienortes kaum eine Rolle, hingegen anfänglich seine naturwissenschaftlichen Neigungen. Die von ihm angefertigten Notizen begründeten eher eine Abwendung von den traditionell bürgerlichen Berufsfeldern, ähnlich wie bei seinem Bruder. Die Entscheidung für ein Mathematikstudium an der Universität Genf hatte ein ehrgeiziges Handlungsziel: „Es ist doch anspruchsvoll, nicht Kaufmann, Arzt, Jurist zu werden. Noch habe ich aber mein Selbstvertrauen nicht verloren." Wenn in diesem Zusammenhang auch Georgs später tatsächlich erlernter Beruf des Arztes begegnet, zeigt dies, dass ein erheblicher Grund für den baldigen Wechsel des Studienfachs vorliegen musste. Das war der Krieg.

Der Erste Weltkrieg bildete für Georg Benjamin den Knotenpunkt zweier aufeinander folgender Lebensentscheidungen. Zunächst meldete er sich als Freiwilliger zum Militärdienst, nicht aus chauvinistischer Kriegsbegeisterung, aber wohl dem patriotischen Impuls vieler Deutscher folgend, die ihr nationales Pflichtgefühl und ihre Zugehörigkeit zu Gleichaltrigen dadurch unter Beweis stellten. Aber wie auch bei Georg Benjamin mischte sich häufig eine auf Selbstbestätigung zielende Abenteuerlust in die Motivation. Georg Benjamin hielt den Kriegsdienst bis zum Ende durch und wurde noch im Nationalsozialismus mit einer militärischen Auszeichnung, dem Eisernen Kreuz zweiter Klasse, dekoriert, von Hitler unterschrieben. Er hatte auch kaum Kontakt mit der kleinen linken Opposition gegen den Krieg, trotz aller negativen Kriegserlebnisse und seiner Verwundungen. Es blieb bei einzelnen Begegnungen wie mit dem später mit beiden Brüdern Benjamin befreundeten Ernst Joël, nach 1924 Georgs Parteigenosse im Verein sozialistischer Ärzte. Der Krieg bewirkte eine allmähliche Verfestigung des Plans, Medizin zu studieren.

Am Anfang war die Entscheidung für ein Medizinstudium recht vage und stand für ihn selbst offenbar unter dem Verdacht eines Rückfalls in den bürgerlichen Konformismus. So notierte er: „Mein künftiger Beruf ist noch ein völliges Rätsel; es wird wohl doch Medizin werden." Es scheint, dass solche familiären wie kollektiven Erwartungen den Einstieg in das Berufsfeld motivieren, aber auch zugleich erschweren können. Zunächst wollte Georg zwei Semester Chemie, Botanik und Zoologie als Vorbereitung für die anschließende Wahl von Naturwissenschaft oder Medizin absolvieren. Nach dem Sommersemester 1918 war er für die Fächer Experimentalphysik und organische Experimentalphysik eingeschrieben, um dann 1919 an der Universität Berlin und, für ein Semester, an der Universität Marburg sich definitiv auf das Studium der Medizin festzulegen. Alle biografischen Bewertungen dieser Entscheidung hegen keinen Zweifel an der ursächlichen Bedeutung des Kriegserlebnisses.

Auch durch die Kriegsjahre, dem Erleben von Verletzungen, auch am eigenen Körper, und dem Tod Nahestehender, zog sich Georg Benjamins Aversion gegen alkoholischen Exzess als ein Leitmotiv. Unter seinen Äußerungen zu diesem Thema enthält ein Feldpostbrief an die Eltern eine entrüstete Momentaufnahme des Kriegs hinter der Ostfront im Herbst 1915: „Ich schreibe mit Trompeten-Orchester-Begleitung, über mir findet die Fortsetzung eines gestern abend begonnenen wüsten Saufgelages der Offiziere statt anläßlich des Besuches von Offizieren eines anderen Kavallerie-Regiments. Die Vorsicht verbietet eine Wiedergabe und Kritik des Treibens mit den gebührenden Worten. Nur so viel, was zur Charakterisierung genügen wird: Man beliebt, ein Pferd die Treppe hinauf in Speise- und Billardsaal zu reiten. Die Menge der konsumierten Alkoholika erklärt einiges..." In solcher Reaktion trafen sich Empfindsamkeit und ein moralischer Rigorismus, der sich streng auch in lebenslanger Abstinenz von Alkohol und Zigaretten gegen sich selbst richten sollte.

So zögerlich Georg Benjamins Entscheidung für den Arztberuf war, so zielstrebig verlief seit dem Wintersemester 1919/20 sein Studium an der Universität Berlin. Mit der Studienbeschleunigung, die speziell durch Zwischensemester für Kriegsteilnehmer eingerichtet wurde, konnte er schon im Dezember 1919 das Physikum als ärztliche Vorprüfung ablegen. Im darauffolgenden Jahr fügte er der aus Kriegserlebnissen gestärkten Entscheidung für die Medizin eine zunächst vage sozialistische Grundlage hinzu, die ihn schon in Marburg zum Anschluss an eine der Soziale Arbeitsgemeinschaften von Studenten und Arbeitern (SAG) geführt hatte und bald danach zum Eintritt in die Unabhängige

Sozialdemokratische Partei Deutschlands (USPD), die linke Abspaltung von der SPD seit dem Jahr 1916, welche die Unterstützung der Kriegskredite verweigerte.

Nach dem Bestehen des medizinischen Staatsexamens im Mai 1922 erhielt er als Kriegsteilnehmer die Zulassung zum auf sechs Monate verkürzten Praxisjahr. Er legte es im Jüdischen Krankenhaus am Wedding, im Kaiser-Friedrich-Kinderkrankenhaus in der Reinickendorfer Straße und in der Psychiatrie des Krankenhauses Dalldorf (Wittenau) ab. Nach dieser knappen, aber inhaltsreichen Praxisphase erhielt er schon im Januar 1923 seine ärztliche Approbation und konnte eine Stelle als Assistenzarzt für Kinderfürsorge antreten. Vorher hatte er schon seine Dissertation über Ledigenheime am ersten deutschen Lehrstuhl für Sozialhygiene an der Berliner Universität abgeschlossen. Er wurde vom einzigen sozialistischen Professor einer medizinischen Fakultät in Deutschland, Alfred Grotjahn geleitet. Der war sein Doktorvater, selbst zunächst Mitglied in der USPD, und wurde, nach Benjamins Eintritt in die KPD und Grotjahns Übertritt in die SPD, einer seiner Gegner in der Kontroverse über den Abtreibungsparagrafen 218.

So zügig wie das gesamte Medizinstudium verlief auch die Verortung Georg Benjamins im Gesundheitswesen seines neuen Wohnbezirks im Wedding. Am Tag nach dem formellen Abschluss der Promotion übernahm er seine Stelle in der Säuglingsfürsorgestelle des Stadtbezirks Wedding für zwei Jahre. Neben dieser Tätigkeit erwarb er in einem Kursprogramm der Sozialhygienischen Akademie Charlottenburg die Fachausbildung für Kommunal-, Schul- und Fürsorgeärzte sowie weitere Qualifikationen. Sie kamen seiner Bewerbung um eine freie Schularztstelle im Bezirk Wedding entgegen, auf der er zunächst aushilfsweise im September 1924 angestellt wurde. Nach dem Ablauf einer sechsmonatigen Probezeit erfolgte seine Anstellung als hauptamtlicher Stadtschularzt, als einer von zeitweilig neun jeweils für einige der Schulen des Bezirks zuständigen Schulärzten. Die vorübergehende Übernahme in den Beamtenbereich sollte nach drei Jahren wie üblich in die Anstellung auf Lebenszeit übergehen. Dies erfolgte 1928 in einem für Georg Benjamin, wie sich erwies, problematischen Dienstverhältnis unter dem vorgesetzten Stadtarzt und Gesundheitsdezernenten Dr. Drucker und dem für das Gesundheitswesen insgesamt zuständigen Bezirksbürgermeister Carl Leid, beide inzwischen auf der rechten Seite der SPD und in viele Kontroversen mit Georg Benjamin verstrickt.

Trotz der unvermeidlichen Belastungen durch seine Ämter waren die Jahre nach der Niederlassung am Wedding für Georg Benjamin eine Zeit umfangreicher sozialhygienischer Publikationstätigkeit. Sie entwickelte sich vor allem in den gesundheitspolitischen Nebenorganisationen der KPD wie dem Proletarischen Gesundheitsdienst, dem der SPD nahestehenden Arbeiter-Samariter-Bund (ASB) sowie dem aus Mitgliedern beider Parteien zusammengesetzten Verein sozialistischer Ärzte (VSÄ), aber auch in bürgerlichen medizinischen Zeitschriften. Einige seiner perspektivisch am weitesten gespannten gesundheitspolitischen Schriften entstanden seit der Mitte der 1920er Jahre und hatten bis zum Beginn der nationalsozialistischen Herrschaft Folgeveröffentlichungen. Im medizinischen Feld war Georg Benjamins vornehmliches Gebiet die Arbeit mit Kindern und Säuglingen, in dem überwiegend jüdische Ärzte und Ärztinnen wirkten.

In einem nicht politisch besetzten Sinn hatte Georg Benjamins Arbeitsgebiet in Kinderfürsorge und Sozialhygiene eine konservative, lebensbewahrende Tendenz. Dies konnte zu einem Zwiespalt zwischen der Berufssphäre und der im Lauf der zwanziger Jahre stattfindenden ideologischen Radikalisierung in der bolschewistischen, dann allmählich stalinistisch gelenkten KPD führen, insbesonders in den durch die Sozialfaschismusthese gegen die SPD geprägten Jahren der Weltwirtschaftskrise. Der Zwiespalt ließ sich durch einige Mentalreservate aushalten, die gelegentlich durch ironisches Beiseitetreten, vor allem im Privatbereich, gezähmt wurden. In der politischen Praxis stellten sie durch die feste Rollenübernahme von Funktionärstätigkeiten innerhalb verschiedener Institutionen in die für die Weimarer Kultur von Helmut Lethen umrissene „Verhaltenslehre der Kälte" einen Anschluss her.

In Georg Benjamins beruflichem Werdegang nach den verlorenen Jahren des Kriegsdienstes fällt neben seiner erstaunlichen Arbeitskraft seine große Zielstrebigkeit ins Auge. Nach dem Weggang aus dem Elternhaus und dem Umzug in proletarische Bezirke war er der Einzige unter seinen Geschwistern, der das Gefilde der großbürgerlichen Familienvilla für immer verließ und sich fast ganz auf seine beruflichen Einnahmen verlassen konnte. Dora und Walter Benjamin blieben auf Dauer auf ihre Eltern angewiesen und waren noch lange Zeit, bei allen Zwistigkeiten untereinander und mit den Eltern, in der Villa in Grunewald gemeldet und wohnten dort auch zwischen ihren Reisen. Die Erbschaft nach dem Tod von Emil Benjamin 1926 erbrachte für die Geschwister, gemessen an den seinerzeit im bürgerlichen Bereich normalen Jahreseinkünften, beträchtliche Summen. Georg blieb bis zu seiner Entfernung aus dem Staatsdienst – rechtlich erst ein Quartal nach der gescheiterten gerichtlichen Berufung gegen seine Entlassung wirksam, also 1932 – keinen Monat ohne gesichertes Einkommen.

Es ist schwer zu entscheiden, ob seine offensichtliche, auch unter seinen Parteigenossen bekannte Strebsamkeit und sein beruflicher Fleiß und Ehrgeiz ihren Grund in seinem ökonomischen Unabhängigkeitswillen hatten oder in einem gewachsenen Selbstbewusstsein als Folge des privilegierten bürgerlichen Habitus. Schon 1912 sprechen seine Notizen von der Erwartung, „Großes" stünde für ihn in Aussicht, trotz aller Unsicherheit über dessen Verortung. Ein seltenes Licht auf sein persönliches Ansehen unter den ihm beruflich und politisch verbundenen Genossen in der KPD wirft eine Kontroverse innerhalb der kommunistischen Ärztefraktion des Proletarischen Gesundheitsdienstes (PGD). Sie wurde in der Kaderakte über Georg Benjamin durch die SED aufbewahrt und später vom deutschen Bundesarchiv im Rahmen der Stiftung „Archiv der Parteien und Massenorganisationen der DDR" übernommen.

In dieser Akte gibt es ein Schreiben von Arthur Rosenberg, damals noch Leiter des Politbüros der KPD-Bezirkszentrale Berlin-Brandenburg, vom 7. März 1925; es bezieht sich auf ein an Rosenberg gerichtetes Schreiben. In ihm wendet sich der Vorstand der kommunistischen Ärztefraktion des PGD an das „Polbüro" mit dem Wunsch nach Wiederaufnahme eines Verfahrens wegen „parteischädlicher Streberei" gegen die Ärzte Fritz Fränkel und Georg Benjamin sowie den Funktionär Fritz Wiest. Das Verfahren hatte im Vorjahr wenigstens für Georg Benjamin mit einem Freispruch geendet, wohl auch deswegen, weil er formal gar nicht angeklagt war und daher kein Material gegen ihn vorgelegen hatte. Dem bemüht sich das lange Klageschreiben abzuhelfen – es blieb letztlich ohne Ergebnis.

Georg Benjamin wirft man in der Schilderung seines persönlichen Werdegangs vor allem sein angebliches Haschen nach gut besoldeten Ämtern in der Gesundheitsverwaltung vor. Dagegen ist die über interne Angelegenheiten hinausgehende politische Tendenz ausdrücklich von untergeordneter Bedeutung: „Nie war die Streitursache politischer Natur. Sondern die Ursache war Benjamins Gleichgültigkeit dafür, ob seine Postenjägerei mit der Politik der kommunistischen Ärzte vereinbar war oder nicht. Die theoretische Begründung seines jeweiligen

Appetits wurde immer erst hinterher geliefert. Freilich mit großer Fixigkeit, aber wie nebensächlich diese pseudotheoretische Phraseologie im Grunde war, und wie das ausschlaggebende Moment lediglich seine Streberei darstellte, werden wir nunmehr kurz beweisen." An späterer Stelle erneuert diese Invektive den Vorwurf anderer Genossen, Benjamin erstrebe „auf Kosten der Arbeiterbewegung lediglich persönlichen Vorteil", und dass dieser, als seine Ärztegenossen ihm dies vorhielten, mit einem arroganten Grinsen geantwortet hätte.

Im Fazit beantragen die beiden Vorsitzenden der einige Dutzend Mediziner umfassenden kommunistischen Ärztefraktion im Proletarischen Gesundheitsdienst, Leo Klauber und Lothar Wolf, gegen Georg Benjamin den Parteiausschluss. Die Kontroverse zeigt die von Konkurrenzen und politischen wie persönlichen Divergenzen belastete Atmosphäre in einigen der KPD-Nebenorganisationen, in denen sich wie auch an der Spitze der Partei zum Teil radikale Umwälzungen ereigneten. Fest steht, dass Artur Rosenberg als Adressat der Anklage, der selbst bald danach abgesetzt und aus der Partei ausgeschlossen wurde, keine Maßnahmen verfügte. Ihm müssen die organisationsüblichen Hierarchiekämpfe – hier Benjamin als relativen „Parteineuling" betreffend – als eher bedeutungslos erschienen sein. Jedenfalls hat diese kleine Affäre den Weg Benjamins in eine Leitungsfunktion innerhalb des Proletarischen Gesundheitsdienstes ebenso wenig aufgehalten wie seine Einstellung als Stadtschularzt im gleichen Jahr. Aus seinem unmittelbaren sozialen Umfeld am Wedding sind ähnliche Vorwürfe nicht überliefert. Sie wären auch mit seiner dort populären, wie immer humoristischen oder ambivalenten Benennung als „Heiliger Georg" unvereinbar. Zudem müssen der persönliche Ehrgeiz als fester Bestandteil eines bürgerlichen Habitus und die oft bezeugte selbstlose Hinwendung zu den von Benjamin als Arzt und Sozialpolitiker Vertretenen sich nicht ausschließen.

Schon vor der vom Berliner Verwaltungsbericht im Dezember 1931 gegen Georgs Klage bestätigten Entlassung als Bezirksschularzt übernahm Benjamin die ärztliche und pädagogische Betreuung von Kindern der Mitarbeiter der sowjetischen Botschaft in Berlin und anderer sowjetischer Dienststellen. Für Mitglieder der KPD war dies in Zeiten von Arbeitslosigkeit oder der häufigen Entlassung aus politischen Gründen eine nicht seltene berufliche Alternative, wenngleich selten langfristig möglich. Während Georg Benjamins Verbüßung der „Schutzhaft" nach der Machtübernahme der Nationalsozialisten übernahm auch seine Ehefrau Hilde für drei Jahre eine Position als juristische Beraterin der sowjetischen Handelsvertretung in Berlin-Charlottenburg. Vorher konnte sie in ihrem Rechtsanwaltsbüro in der Badstraße 40 ihrer angestellten Stenotypistin nicht annähernd den Monatslohn von 250 RM bezahlen, den diese für vergleichbare Arbeit von der sowjetischen Botschaft erhalten hatte. (Der für das Jahr 1928 ermittelte monatliche Durchschnittsverdienst in Deutschland betrug etwa 150 Reichsmark.)

Schätzungen der Gesamtzahl solcher im Vergleich mit deutschen Arbeitsstellen gut bezahlten Möglichkeiten gehen von weit über zweitausend solcher Stellen in den späten 1920er Jahren aus. Über den Sommer 1931, als Georg die ärztliche und pädagogische Betreuung eines Ferienlagers für Kinder und Jugendliche der Schule der sowjetischen Botschaft übernahm, gibt es die bekannte Episode aus dem Kindersommerlager in Heringsdorf auf Usedom (s. das Kapitel „Verbleibende Passionen"). Diese vorübergehende Tätigkeit wurde im darauffolgenden Winter durch Benjamins Funktionärsarbeit für die Samaritersparte der Roten Sporteinheit und die Kampfgemeinschaft für die rote Sporteinheit abgelöst (im Gewerkschaftshaus der KPD in der Münzstraße im Bezirk Mitte).

Im Sommer 1932 eröffnete Georg Benjamin seine erste und einzige selbstständige Praxis als praktischer Kassenarzt in der Badstraße 16, nur zwei Häuserblöcke von der Wohnung in der Badstraße 40 an der Panke entfernt. Auch in den wenigen Monaten seiner Arbeit als Kassenarzt bot sich für Benjamin die Möglichkeit, seine gesundheitspolitische Theorie mit ärztlicher Praxis zu verbinden. Seine Patienten kamen vor allem aus dem proletarischen Umfeld am Gesundbrunnen, einige Patienten, auch bürgerliche, aus anderen Berliner Bezirken. Etliche von ihnen, die den Krieg überlebten, erinnerten sich – wie nicht nur seine Frau schrieb – noch nach Jahrzehnten an seinen freundlichen und geduldigen Umgang mit ihnen. Benjamins teilweise erhaltene, sorgfältig geführte Patientenkartei zeigt, dass er in vielen Fällen unentgeltlich praktizierte.

Die Auswertung der Patientenkartei durch den ehemaligen ärztlichen Direktor des Kreiskrankenhauses Nauen, das bis zur Schließung 1990 den Namen „Dr. Georg Benjamin" trug, führt aus: „Georg Benjamin war durch Vorbildung und Beruf spezialisiert auf Fragen der allgemeinen sozialen Hygiene und Schulhygiene und -fürsorge und damit zwangsläufig – wie viele seiner wissenschaftlichen Veröffentlichungen zeigen

– auf die politische und praktisch-medizinische Betreuung von Schulkindern zwischen dem 6. und 14. Lebensjahr orientiert." Für das knappe Jahr der praktischen Tätigkeit als Kassenarzt ab Juni 1932 war von größerer Wichtigkeit jedoch: „Er war aber so umfassend gebildet, daß es für ihn keine nennenswerten Probleme in der Versorgung aller Altersgruppen der ihm sich anvertrauenden Patienten gab." Die 196 erhaltenen Karteikarten, etwa ein Fünftel der geschätzten Gesamtpatientenzahl, lässt auf eine Minimalzahl von 50 Konsultationen pro Arbeitstag schließen, angesichts der Nebentätigkeit als Säuglingsfürsorgearzt eine kaum glaubliche Zahl.

Bei seiner praktischen medizinischen Arbeit ging Benjamin ein beträchtliches juristisches Risiko ein, denn im Sinne der Beteiligung an den Protesten gegen den § 218 und das Abtreibungsverbot nahm er eigenhändig Schwangerschaftsabbrüche bei vielen vergewaltigten oder sozial hilflosen Frauen vor. Hilde Benjamin nennt 46 entsprechende gynäkologische Diagnosen in den erhaltenen Karteikarten, die jedoch nur die Buchstaben F bis K umfassen, also eigentlich nur ein Fünftel der Gesamtzahl betreffen können. Andererseits folgte natürlich keineswegs auf jede Diagnose ein Schwangerschaftsabbruch. Für sein schier unermessliches Arbeitspensum sprechen auch medizinische Fortbildungsbemühungen neben aller bald illegalen Parteiarbeit. Selbst noch nach seiner Haft ab April 1933, den auf sie folgenden Verlusten der ärztlichen Approbation sowie der kassenärztlichen Zulassung aus politischen Gründen beteiligte sich Georg Benjamin in den Zeiten zwischen seinen Inhaftierungen an ärztlichen Fortbildungskursen in einigen der noch nicht abgeschafften jüdischen Bildungseinrichtungen in Berlin.

Die letzte öffentliche Beschäftigung Georg Benjamins geschah im Übergang Berlins in den faschistischen Staat. Seit dem 1. September 1932 hatte er einen Kollegen im Gesundheitsamt des Bezirks Neukölln als Assistenzarzt vertreten. Am 30. November bewarb er sich auf die zum Dezember frei werdende Anstellung in einer der Säuglingsfürsorgestellen des Bezirks Neukölln, mit dem naheliegenden Hinweis auf seine einschlägige Berufserfahrung am Wedding. Die Befürwortung seiner Bewerbung durch den Leiter der bezirklichen städtischen Säuglings- und Kleinkinderfürsorgestelle hob neben seiner pädiatrischen und sozialhygienischen Kompetenz auch seine Art von „Gründlichkeit, Takt und sozialer Vertrautheit" bei der Beratung der auch in Neukölln überwiegend proletarischen Mütter hervor. Bald wurde der Bewerbung entsprochen und Benjamin mit einer wöchentlichen Arbeitszeit von 12 bis 18 Stunden auf unbestimmte Dauer und auf privatrechtlicher Basis zum 1. Dezember eingestellt. Angesichts der Tätigkeit als niedergelassener Arzt am Wedding war dies natürlich eine hohe Belastung bei geringer Bezahlung, die gcrade für die Kosten der eigenen Praxis in der Badstraße hinreichte.

Im von Georg Benjamin am 27.12.1932 – dem Tage der Geburt seines Sohnes Michael – ausgefüllten amtlichen Fragebogen fällt auf, dass er seine Anstellung als Weddinger Stadtschularzt bis zum Ende März 1932 terminiert und als Grund der Entlassung „politische Differenzen" angibt. Als weiteres Einkommen nennt er seine Einnahmen aus der ärztlichen Praxis, die „z. Zt. noch mit Zuschuss erhalten wird". In der Genehmigung des Bezirksamts Neukölln vom 5.1.1933 wird wie üblich ein Strafregisterauszug vom Landgericht Berlin angefordert. Allerdings fügte man den vorgedruckten Aufträgen eine handschriftliche Ergänzung hinzu: „Wir bitten zu prüfen, ob es mit Rücksicht auf die Tätigkeit der Ehefrau ... als Rechtsanwältin angebracht erscheint, Dr. B.- auf längere Zeit zu beschäftigen." Dazu teilte das Gesundheitsamt mit, es teile diese Bedenken nicht, ergänzt dies jedoch am 14.2.1933 mit dem Hinweis, die Anstellung sei zunächst auf drei Monate befristet. Ein handschriftlicher Kommentar im Berliner Landesarchiv weist auf dem gleichen Blatt auf die unbestimmte Dauer des Vertrags mit Dr. Benjamin hin.

Hier waren offensichtlich schon politische Motive im Spiel. Denn das Ehepaar Hilde und Georg Benjamin hatte eine lokale Bekanntheit, die im Netzwerk der Gestapo schon über die Grenzen des Wedding hinaus gespeichert sein musste. Auf eine Anfrage des preußischen Justizministeriums nach dem, was die Gestapo über die Benjamins wusste, kam Anfang Mai 1933 ein Bericht, der ausführte, sie seien als „ganz extreme Kommunisten in ihrer Wohngegend bekannt. Ihre kommunistische Gesinnung haben sie bei jeder Gelegenheit durch Aushängen von roten Fahnen kundgetan. Die Klienten waren, nach Auskunft von Hausbewohnern, fast ausnahmslos Angehörige der KPD." Dass sich dies hauptsächlich auf Hilde Benjamins Rechtsanwaltspraxis bezog, ergibt sich aus dem folgenden, übergangslos in die Einzahl springenden Satz: „Es herrschte bei ihr ein äußerst reger Verkehr."

In Georg Benjamins Fall bat schon im Januar 1933 das Bezirksamt Neukölln um die Überlassung des Strafregisters mit den beiden Vorstrafen, die es enthielt: wegen öffentlicher Beleidigung (offensichtlich des Weddinger Bezirksbürgermeisters) und wegen „unbefugten Führens einer Waffe". Diese Akten wurden dem Gesundheitsamt am 21. Februar 1933 übersandt mit der Frage, ob keine Bedenken gegen die Weiterbeschäftigung Benjamins bestünden, und dem Hinweis, es komme so wohl nur eine Kündigung nach drei Monaten infrage. Am 5. März übernahm in Neukölln schon ein von der NSDAP eingesetzter Staatskommissar die Geschäfte des Bezirksamts Neukölln. Wahrscheinlich bat dieser das Bezirksamt Wedding um die Zusendung der Disziplinar- und Personalakte Benjamins. Ende März sandte man sie an das Bezirksamt Wedding zurück und verfügte zunächst die fristlose Entlassung Benjamins zu Ende Juni des Jahres. Die wurde bereits am 31. März in eine sofortige Kündigung umgewandelt, die nach Zustellung des Schreibens am 3. April 1933 wirksam wurde. Diese Aktion am 27. März 1933 war allerdings keine nur gegen Benjamin gerichtete Aktion. Sie stand im Rahmen einer sogenannten „Säuberungsaktion", bei der im städtischen Mütter- und Säuglingsheim des Bezirks Neukölln insgesamt zwölf jüdischen Ärzten und drei Ärztinnen gekündigt wurde. Damit war das bürokratische Vorfeld für die offensichtlich nach ihrem veränderten Datum um einen Monat verschobene „Schutzhaft" Georg Benjamins bereinigt.

Die „Schutzhaft" Georg Benjamins war, wie sein Formular ausweist, offenkundig schon für die Tage nach den Kommunalwahlen des 12. März 1933 geplant; Benjamin muss als aktiver und öffentlich sichtbarer Wahlkämpfer für die KPD bei der Kommunal- und der Reichstagswahl am 5. März 1933 und auch als erneut in die Weddinger Bezirksversammlung gewählter Kandidat hoch auf der Feindliste der Gestapo gestanden haben. Der Vordruck für die „Schutzhaft" enthält den Routinevermerk „im Interesse der öffentlichen Sicherheit" und das ursprüngliche Datum des 12. März 1933. Es mögen restliche Spuren bürokratischer Korrektheit der Nazibehörden verhindert haben, dass ein noch vertraglich öffentlich Angestellter von seinem Arbeitsplatz entfernt wurde – eine Rücksichtnahme, die schon zur gleichen Zeit nicht überall eingehalten wurde und sich nach dem bald beschlossenen Ermächtigungsgesetz schnell erübrigen würde.

Geschwisterkonstellationen

In Biografien über Walter Benjamin wird häufig bemerkt, dass in der großen Rekonstruktion kindlicher Erfahrungswelten, *Berliner Kindheit um Neunzehnhundert* (1934), weder der Bruder Georg noch die Schwester Dora Erwähnung finden. Als Grund für diese auffällige Leerstelle vermuten viele Kommentatoren den Abstand im Alter zwischen den drei Geschwistern: zwischen Walters Geburt im Jahr 1892 und Georgs 1895 lagen drei Jahre, die zumindest ab der frühen Kindheit eine dann kleiner werdende Erfahrungsdifferenz bedeuten können. Die nach weiteren sechs Jahren 1901 geborene Schwester Dora hingegen war offensichtlich ein Nesthäkchen und wurde in den überlieferten Äußerungen ihrer Brüder erst als Abiturientin wahrgenommen. Die Erfahrungen ihrer Brüder als „wohlgeborene Bürgerkinder" müssen der viel jüngeren Schwester also ohne dokumentarische Quellen zugerechnet werden. Immerhin besuchte sie nach Abschluss des Lyzeums und den anschließenden neuen privaten Gymnasialkursen für Mädchen mit den dazu für Mädchen nötigen Sondergenehmigungen der preußischen Behörden nach dem Ersten Weltkrieg dasselbe Grunewald-Gymnasium, an dem Georg Benjamin vor Kriegsausbruch sein Abitur erwarb, mit ähnlichem Erfolg, außer in den mündlichen Prüfungen.

Die Vorstufe von Walter Benjamins Kindheitspanorama, die *Berliner Chronik* (1932) beschreibt Szenen der bürgerlichen Kindheit, die beide Brüder erlebten – nicht nur den häufigen Zoobesuch mit dem Kinderfräulein, sondern auch die Erinnerungen an den gehobenen bürgerlichen Konsum mit der Mutter und den Geschwistern. Auch hier ist die Präsenz der Schwester eher implizit als in den gekauften Gegenständen benannt: „Die Lieferanten, die den täglichen Wirtschaftsbedarf bestritten, gehörten ebensowenig zu jenem geheimen Zirkel, wie die altangesehenen berliner Firmen, bei denen meine Mutter die Runde machte, wenn sie mit mir und den Geschwistern in ‚die Stadt' ging. Es stand ebenso fest, daß bei solchen Gelegenheiten unsere Kinderanzüge bei Arnold Müller, Schuhe bei Stiller und Koffer bei Mädler gekauft wie daß am Ende aller dieser Veranstaltungen die Schokolade mit Schlagsahne bei Hillbrich bestellt wurde." Die Strapazen dieser Ausflüge in

Walter, Georg und Dora Benjamin, um 1904

die Gegend um den Kurfürstendamm teilten anscheinend nur die beiden Brüder: „In der Schmach eines ‚neuen Anzugs' standen wir da, aus den Ärmeln sahen die Hände heraus wie schmutzige Preistafeln und in der Konditorei erst wurde uns besser und wir fühlten dem Götzendienst uns entronnen." Ist der Name der Schwester und ihre Erfahrung hier ausgespart, so taucht auch der Name Georg nie mit Bezug auf den jüngeren Bruder auf, selbst als es um einen der Großväter des Namens Georg geht, durch den sich Walter an ein „altrenommiertes Kolonialwarengeschäft erinnert", in der Nähe der zweiten Berliner Wohnung der Familie am Magdeburger Platz, dessen Inhaber diesen Namen teilt. Sollte diese Aussparung des Brudernamens hier mehr als dem Zufall geschuldet sein, wäre dies ein Indiz einer früh einsetzenden Differenz zwischen den Brüdern im Zusammenhang mit dem Konsum und seinen möglichen Versuchungen. Sie stünde im Widerspruch zu den idyllischen, Harmonie spiegelnden frühen Fotografien im Familiennachlass.

Der Briefwechsel zwischen Georg Benjamin und seinem älteren Bruder blieb in der Berliner Zeit beider verständlicherweise karg. Öfter ist von Telefonaten die Rede. Während Walter Benjamins Exil und Georgs Haft wurde die Kommunikation zwangsläufig durch Hilde, Georgs Frau, vermittelt. Walter war neben dem Brautpartner Walter Lange einer der Trauzeugen bei ihrer Heirat im Standesamt Steglitz und besuchte sie zu geselligen Zusammenkünften gelegentlich in ihrer ersten gemeinsamen Wohnung am Weddinger Schillerpark. Für einen intensiven schriftlichen Austausch zwischen den Brüdern gibt es keine Anzeichen. Selbst nicht bei der seltenen Überschneidung ihrer praktischen Interessensgebiete, als 1929 Dora bei der Gestaltung der Ausstellung des Kreuzberger Gesundheitshauses über „Gesunde Nerven" zunächst mit Ernst Joël und nach dessen Tod mit Fritz Fränkel die Kuratierung übernahm. Sie hatte sich im Promotionsstudium für das Nebenfach „Hygiene" an der medizinischen Fakultät eingeschrieben und sich nach Annahme der Dissertation über Heimarbeitsfragen beruflich für sozialpädagogische Arbeitsbereiche umentschieden. Die Konzeption der Ausstellung mit ihrem Fokus auf Problemen der proletarischen Sozialhygiene, darunter auch der Alkoholismus, stammte von dem Arzt Ernst Joël, in einer der Organisationen der studentischen Jugendbewegung noch Konkurrent Walter Benjamins, später einer der beiden Walters Selbstexperimente mit Drogen begleitenden Ärzte. Er war Georg Benjamin schon aus der kriegskritischen Ärzteschaft im Weltkrieg bekannt und seit 1926 als

Stadtoberschularzt im Bezirk Kreuzberg einer seiner Kollegen in einem ebenfalls proletarisch geprägten Berliner Bezirk. Er starb noch vor der Eröffnung der Kreuzberger Ausstellung, deren Konzeption er vor ihrer Eröffnung mit Walter Benjamin besprach.

Die leitende medizinische Instanz der Kreuzberger Ausstellung nach Joëls Tod war Ernst Fränkel, ebenfalls an den gemeinsamen Drogenexperimenten mit Walter Benjamin beteiligt, Doras Freund und Georgs Genosse in der KPD und im Proletarischen Gesundheitsdienst. Die Ausstellung fiel im Hauptbereich in Georg Benjamins sozialhygienisches Arbeitsfeld, und es ist kaum vorstellbar, dass er seiner Schwester bei ihrer Gestaltung nicht beratend zur Seite gestanden hat, zumal Dora selbst nach ihrer volkswirtschaftlichen Promotion durch ihr Nebenfach Hygiene an der medizinischen Fakultät der Berliner Universität auch medizinische Kompetenzen einbringen konnte. Dora und Georg hatten, bevor Exil und Haft sie trennten, durchweg ein positives Verhältnis zueinander, nicht nur, weil sie das Verbindungsglied zu seiner Ehefrau Hilde war. Seine Schwester Dora und seine spätere Frau Hilde Lange hatten sich schon in den bezirksübergreifenden Gymnasialkursen für Mädchen kennengelernt. Ihre Freundschaft hatte auch über den Besuch verschiedener Knabengymnasien hinaus Bestand. Hildes Tagebuch der Zeit vor und nach ihrem Abitur vermerkt gegenseitige Besuche in den beiden Elternhäusern, bei denen sie sich intensiv über klassische und moderne Literatur und Malerei austauschten und in ästhetischen Urteilen übereinstimmten.

Im Gegensatz dazu war das Verhältnis von Walter zu seiner Schwester durch familiäre Streitigkeiten belastet und besserte sich erst – trotz weiter zwischen ihnen bestehender finanzieller Probleme – im gemeinsamen Pariser Exil, in dem sie zeitweilig notgedrungen dieselbe Wohnung bewohnten. Der die Geschwisterbeziehungen glättende Satz ihres Neffen Michael Benjamin: „Eine tiefe Gemeinsamkeit verband die Geschwister Benjamin trotz mitunter langer und räumlich weiter Trennung" bedarf in Bezug auf Dora und Walter Benjamin einer Einschränkung. Allerdings fiel die ausführliche Ausstellungsrezension Walter Benjamins unter der Überschrift „Bekränzter Eingang" in der *Literarischen Welt* (1930) uneingeschränkt positiv aus, ohne sich einer Gefälligkeitsbesprechung anzunähern. Es gibt jedoch in Georg Benjamins Schriften und in der Biografie Hilde Benjamins keinen Hinweis auf die weithin Aufsehen erregende Kreuzberger Ausstellung.

Was immer die Gründe für solche Lücken in der nachvollziehbaren Kommunikation zwischen den Geschwistern waren, so gab es schon früh deutliche Unterschiede zwischen Walter und Georg Benjamin in der alltäglichen Verarbeitung von Erfahrungen (neben ebenso sichtbaren Parallelen). Einen für beide zentralen stellte Walter in einen überraschenden kulturtheoretischen Zusammenhang. Sie findet sich in einem der letzten der von ihm bekannten Briefe – in der Korrespondenz mit Theodor W. Adorno – über Adornos Theorie des „regressiven Hörens" in seiner Musiksoziologie. Sie sieht in der modernen Unterhaltungsmusik eine „Erfahrung zerstörende Registrierung" zum Beispiel durch die quasi automatisierte Kopplung von Melodien an Schlagertexte. In seiner Reaktion auf diese Theorie, der er zustimmt, zieht Walter Benjamin eine Erinnerung an seinen Bruder Georg heran. Sie betrifft Sommerreisen mit der Familie kurz vor dem Ersten Weltkrieg: „Wenn wir von Freudenstadt, von Wengen oder von Schreiberhau aus irgendeines der obligaten Ausflugsziele besucht hatten, so pflegte mein Bruder zu sagen: ‚Da wären wir nun gewesen.' Das Wort hat sich mir unvergeßlich eingeprägt."

Für diese Erinnerung nach über einem Vierteljahrhundert war es nicht unwichtig, dass es bei dieser Erfahrungen beschränkenden Registrierungslust – so der kritische Kontext im Brief an Adorno – um ein Thema ging, das an gemeinsame Vorlieben der Brüder für konventionelle Rätselaufgaben und für Listen aller Art angrenzt. Bei Walter etwa die Gewohnheit, eine Auflistung aller von ihm gelesener Bücher zu führen. Hilde Benjamin, die diesen Ausspruch ihres Mannes aus Walters Brief zitiert, sieht ihn als Ursprung von Walter Benjamins Theorie der Erfahrung – nicht zu Unrecht, freilich mit einer Tilgung der kritischen Tendenz in diesem Zitat. Eine Woche vor der Abreise nach Freudenstadt, wo er am 30.6.1913 seine Familie zum Sommerurlaub traf, schrieb Walter einen Aufsatz für die Schülerzeitschrift *Der Anfang*, die auch sein Bruder las. Unter der Überschrift „Erfahrung" rebelliert hier Walter Benjamin gegen den resignativen Begriff von Erfahrung unter Erwachsenen, nicht gegen die Erfahrung an sich. Sie sei eine Maske der Erwachsenen: „Sie ist ausdruckslos, undurchdringlich, die immer gleiche. Alles hat dieser Erwachsene schon erlebt: Jugend, Ideale, Hoffnungen, das Weib. Es war alles Illusion." Für ihn selbst gebe es erfahrungstranszendierende Werte wie die Wahrheit.

Solchen idealistischen Begriff der Wahrheit hatte der spätere Walter Benjamin kaum mehr im Sinn, wenn er die Zerstörung von Erfahrung im bloßen Registrieren seines Bruders im Ausspruch auf den Familienreisen kritisiert. Für das Lexikon seiner Begriffe wurde die Erfahrung zu einem zentralen. Während der junge Walter den konservativen Gebrauch von Erfahrungen durch Erwachsene angreift, verdoppelt Georg sie durch bloße Aufzählung. Durch diesen Konformismus der Oberfläche unterläuft er jedoch gerade dadurch auch ihren ideologischen Nutzen für Erwachsene als Hemmnis jugendlicher Aufgeschlossenheit. Seine Listen halten so bei aller scheinbaren Anpassung eine skeptische Distanz.

Auch Georg Benjamin war mit der Welt der ihn umgebenden Erwachsenen keineswegs zufrieden. Sein Tagebuch vom 5. Januar 1914 wirft ein Licht auf den jungen Mann im sozialen Umfeld seines Herkunftsmilieus im Monat vor dem Abiturzeugnis. Es zeigt ihn in Beobachterstellung inmitten der von ihm geschilderten Silvesterfeier. Dies Profil scheint sich im Foto des Abiturienten Georg Benjamin einen Monat nach der Tagebucheintragung widerzuspiegeln. In ihm fällt die körpersprachliche Distanz des außen in der Reihe seiner Jahrgangskameraden platzierten Georg Benjamin ins Auge, der ernst wie auf fast allen Fotografien und mit verschränkten Armen seinen Abstand hält.

Das Tagebuch Georg Benjamins verbindet frühere für ihn bedeutsame Motive mit seinen späteren Haltungen. In dem Bericht trifft sich die Empathie für die abhängigen Künstler auf der Feier mit einer moralisch scharfen Kritik der wohlhabenden Bürger und ihrer ästhetischen Beschränktheit. Auf einer Seite entsteht so eine satirische Darstellung, wie sie bei kritischen europäischen Schriftstellern im *Fin de siècle*, zum Beispiel Sakis zeitgenössische Geschichten aus dem englischen Großbürgertum, vorkamen. Noch steht allerdings der Erzähler als einsamer Opponent seinem Herkunftsmilieu hilflos gegenüber. Die Identifikation mit den entwürdigten Künstlern deutet erst die spätere Identifikation mit den gesellschaftlich Unterdrückten als möglich nur an.

Früh bahnte sich bei Georg und Walter Benjamin ein folgenreicher Unterschied im Alltagsverhalten an. Er verlief an beiden Polen des Hedonismus. Georgs Disziplin richtete sich nach innen wie nach außen. Sein Bruder war solcher Selbstdisziplinierung gegenüber abgeneigt. Zwar war auch ihm der Antialkoholismus der deutschen Jugendbewegung in der Meißner-Formel vertraut, aber besonders seit seinem Aufenthalt im reformnahen Landschulheim Haubinda in Thüringen war er offen für neue Erfahrungen. Sie sollten ihm später die Reize des Glücksspiels eröffnen, auch die Erkundungen der Rauschmittel, der Liebesbeziehungen und anderer Formen der Transzendenz der Wirklichkeit. Dem stand sein stets disziplinierter Bruder Georg fremd gegenüber, der jedoch später eine Grenze zwischen Selbstdisziplin und Askese ziehen sollte.

Die schon früh in Georg Benjamins Biografie feststellbare Differenz zum älteren Bruder machte sich auch in ihrem Studium bemerkbar, dessen jeweilige Anfänge nur zwei Jahre auseinanderlagen. Der Abstand zwischen ihnen war deutlich am unterschiedlichen Verhalten zum Ausbruch des Ersten Weltkriegs abzulesen. Spontan reagierten beide, wie die überwältigende Masse der Männer ihrer Generation, bestärkt vielleicht auch vom Patriotismus als Zeichen erfolgreicher Integration assimilierter Juden oder des auf ihnen lastenden Rechtfertigungszwangs einer Gesellschaft, in der antisemitische Strömungen stark waren, mit der spontanen Bereitschaft, sich freiwillig der Musterung zu stellen. Bei beiden geschah dies allerdings bald ohne jede militaristische Hochstimmung, im Gegensatz zur Kriegsbegeisterung ihres Vaters; bei Walter bald definitiv in einer depressiven Phase nach dem Bruch mit der Jugendbewegung und dem Selbstmord zweier seiner wichtigsten Freunde. Bei Georg überwog eine zu seiner Umgebung solidarische Haltung und dem darauf bezogenen Pflichtgefühl. Beide waren von dem Kriegsrausch ihres Vaters, den das einzige biografische Porträt Emil Benjamins von Momme Brodersen als wahrscheinlich ansieht, von Anfang an weit entfernt, Georg vielleicht etwas weniger deutlich als sein Bruder.

Tatsächlich überstand Georg Benjamin den Krieg mit zwei Verwundungen und einer Auszeichnung als Frontkämpfer mit dem Eisernen Kreuz – verliehen ausgerechnet im Nationalsozialismus –, aber vor allem mit der erfahrungsgesättigten Überzeugung von der Schrecklichkeit des Krieges. Sie führten ihn schon im Krieg zur Entscheidung für ein Medizinstudium und zum Anschluss an die sozialistische Politik. Sein Bruder hingegen entzog sich mit mehreren teils skurrilen Strategien (dem Verdacht auf Epilepsie, dem gut vorbereiteten Auftreten bei einer der Musterungen, dem schließlichen Weggang in die Schweiz zum Studium in Bern) einem Wehrdienst, dessen Ziele er ablehnte und für dessen Befürwortung durch Gustav Wyneken er mit diesem seinem früheren Lehrer brach. Bei ihm mischten sich kulturkritische Motive

Georg Benjamin als Kriegsfreiwilliger um 1916 mit Eltern und Schwester Dora

mit sehr persönlichen, während Georg zu einer entschlossenen Position fand, die eines übergreifenden Ziels zunächst noch ermangelte.

Wenn beide Brüder Benjamin also nicht von der patriotischen Hochstimmung ihrer Altersgenossen erfasst wurden, für die angesichts einer verbreiteten Krisenstimmung in der späten Kaiserzeit der Kriegsausbruch eine Alternative zu bieten schien – man denke etwa an die Literaten Thomas Mann und Friedrich Gundolf –, so standen sie doch an deren Gegenpol. Die gesellschaftliche Niedergeschlagenheit hat Peter Gay beschrieben: „Auf die Orgie von chauvinistischer Selbstgefälligkeit und Selbsttäuschung folgten Schuld- und Schamgefühl und manchmal das hohle Beharren, daß man von Anfang an recht gehabt habe."

Schwächer für Walter Benjamin, umso stärker für seinen Bruder muss dieses Schuld- und Schamgefühl wirksam gewesen sein. Bei ihm paarte es sich schon früh mit sozialer Scham über die privilegierte Existenz auch in Friedenszeiten im bürgerlichen Elternhaus. So entstand neben der politischen auch eine praktisch-soziale Scham, die am Ende des Krieges zum Eintritt in die 1916 von der SPD abgespaltene Unabhängige Sozialdemokratische Partei (USPD) als Partei der Arbeiterbewegung und zum Auszug aus der Villa der Familie in Grunewald führte.

Schon in der Zeit vor dem Krieg bemerkte Georg Benjamin eine für ihn entscheidende Kluft zwischen der charakteristischen intellektuellen Durchdringung aller Dinge durch seinen Bruder und seiner eigenen Orientierung auf die Tat. In der Jugendbewegung grenzte sich Georg bewusst vom Intellektualismus seines Bruders ab. In der späteren Mitgliedschaft in den linken Parteien der Weimarer Republik, besonders jedoch in der KPD, gewann dies eine zunehmend politische Bedeutung. In der Einleitung zur nicht veröffentlichen Ausgabe der Briefe ihres Mannes über den Sohn Michael betont Hilde Benjamin im Urteil über ihren und ihres Mannes Lebensstil, sie hätten sich nicht als Intellektuelle verhalten, besonders nicht im Umkreis ihrer proletarischen Umgebung des Wedding. Georg Benjamin sei geradezu das Gegenteil eines „Intellektuellen" gewesen.

Zu dieser Distanzierung von ihrer bürgerlichen Herkunft hatten sie im gewählten Milieu allen Anlass, Hilde Benjamin selbst noch beim Rückblick aus der DDR. Einerseits wegen ihrer gehobenen Wohn- und Lebensverhältnisse inmitten des Elends der Mietskasernen, in denen die Behauptung ihres kulturellen Kapitals eine soziale Sonderstellung bewirkte. Vor allem vielleicht im Hinblick auf die kritische Unterscheidung, wie Bertolt Brecht sie begründete, zwischen proletarischen und intellektuellen Revolutionären. Dieser unter den Linken verbreitete Typus des „intellektuellen Revolutionärs" – häufig gerade unter den Ultralinken und parteiinternen Dissidenten der KPD zu finden – verdanke seine politische Option der Einsicht in die Verhältnisse, seine Entscheidung ergebe sich nicht zwangsläufig aus der Not in ihnen.

Nach den Krisen des Weltkriegs nahm die persönliche Stabilisierung der Brüder Benjamin eine unterschiedliche Gestalt an. Bei Georg erfolgte sie durch eine konstant voranschreitende Politisierung, ohne jähe Sprünge, hin zur KPD, und dort in eine Position jenseits der ständigen Flügelkämpfe rechter und linker Fraktionen. Bei Walter Benjamin nahm sie einen komplexen intellektuellen Verlauf mit einer Oszillation zwischen dem Interesse an metaphysischer Transzendenz und dem Zionismus einerseits und andererseits den sich ausbildenden Elementen eines undogmatischen historischen Materialismus. Für ihn entstand eine Sicht

Walter Benjamin, ca. 1929

auf Georg Benjamin als marxistischem Dogmatiker, der auch in seinen persönlichen Beziehungen sein eigenes Profil durchsetzte. Das Kernbeispiel für diese Wahrnehmung war Walter Benjamins zwiespältiges Verhältnis zur Eheschließung seines Bruders im Jahr 1926. Sein brieflicher Kommentar zu dieser Ehe zeugt von einer fixierten Auffassung über Georgs persönliche Eigenschaften. Die betroffene Ehefrau zitiert sie wörtlich, um anschließend fast jede Annahme ihres Schwagers zu widerlegen: „Mein Bruder wird in einigen Tagen ein sympathisches junges Mädchen heiraten, eine Freundin meiner Schwester, die er zur Kommunistin sich herangebildet hat."

Hilde Benjamin setzte sich mit Recht zur Wehr gegen diese Darstellung ihres tatsächlich eigenen, selbstständigen Wegs zur KPD, der erst später abgeschlossen war. Aber der entscheidende Punkt ist hierbei Walter Benjamins Verdacht des Dogmatismus gegenüber seinem Bruder. Das wirft auch Fragen über die sozialen Kontakte beider in der Wohnung des Ehepaars am Schillerpark auf, die Hilde Benjamin ohne inhaltliche Auskleidung notiert. Georg Benjamins feste politische Haltung war in den Folgejahren nach der Heirat auch ein Grund, weshalb sich Walter Benjamin nicht dazu verstand, dem Wunsch seiner Geliebten Asja Lācis nachzukommen, sie bei ihrem längeren Berlin-Aufenthalt mit seinem Bruder bekanntzumachen. Lācis hatte zu dieser Zeit eine ähnlich parteikonforme politische Position wie Georg Benjamin. Daneben entsprach diese Weigerung allerdings auch Walter Benjamins sorgsamer Trennung zwischen den ihm nahen Menschen.

Im Briefwechsel Walter Benjamins mit Gershom Scholem nach Hitlers Machtübernahme setzte er zwar seine eigene Ungewissheit nach Georgs Verhaftung mit der Scholems in Bezug auf dessen Bruder Werner gleich („Du schreibst, daß Du Dir von [Werners] Verhalten kein Bild machen kannst. Von dem meines eigenen Bruders kann ich das ebensowenig."). Nach Georgs Entlassung aus dem KZ Sonnenburg jedoch stellt sich die Gewißheit über dessen unbeugsame Haltung wieder ein, als er an Scholem schreibt: „Im übrigen muss ich es für fast sicher halten, daß er auf die eine oder andere Weise die illegale Arbeit wieder aufnimmt." Bis zum bekannten Brief an Adorno im Sommer vor seinem Tod notieren Walter Benjamins Briefe vor allem die Sorge um das Schicksal des Bruders in der Haft. Der Austausch zwischen beiden musste über Georgs Frau vermittelt werden. Er war vorher trotz der eher spärlichen Treffen nie abgebrochen. Vielmehr gab es durchaus einen intellektuellen Austausch. Schon bei der Schwarzwaldreise der Familie im Jahr 1913 vermerkte Walter Benjamin in einem Brief an einen Freund: „In Freudenstadt las ich meinem Bruder einige Zeilen aus meinem Hauptmann Artikel vor." Das heißt, dass Walter Georg trotz dessen Hang zur „Erfahrung zerstörenden Registrierung" als Gesprächspartner nicht aufgab.

Diese geistige Verbindung riss, trotz der Kargheit der überlieferten Kommunikation, keineswegs ab. Zwölf Jahre nach der Schwarzwaldreise vermerkte Walter Benjamin in einem Brief an Gershom Scholem: „Mein Bruder schenkte mir den ersten deutschen Auswahlband von Lenins Schriften." Die Lektüre blieb nicht ohne Wirkung, denn er setzt fort: „Den zweiten, der die philosophischen Schriften enthalten wird, erwarte ich sehr ungeduldig." Das Bewusstsein geistiger Unterschiede schloss also den intellektuellen Austausch nicht aus. Allerdings hinterließ er in der Sozialfaschismusphase der deutschen KPD nur noch wenige Spuren. Eine Ausnahme stellt hier der familiäre Kontakt mit der Cousine der Benjamin-Geschwister, Gertrud Chodziesner, dar, die als Gertrud Kolmar bis spät in die 1930er-Jahre Lyrik publizierte. In ihrem Nachwort zu einer Ausgabe der nachgelassenen Gedichte Gertrud Kolmars, die im Konzentrationslager Auschwitz ermordet wurde, erinnerte sich Hilde Benjamin an ein Gespräch ihres Mannes mit Walter Benjamin über „Trudchens" [d.i. Gertrud Kolmar] ihr damals selbst unbekannte Gedichte. Die Brüder sprachen bei diesem Treffen, das um 1930 datiert werden kann, auch über Georgs eigene Situation.

Im Exil Walter Benjamins und angesichts der Haft Georgs war die direkte Kommunikation nicht mehr möglich. Die Briefe Walter Benjamins erwähnen an einigen Stellen Buchgeschenke seines Bruders vor dieser Zeit an ihn, die er mit seinen Bewertungen versieht. Bis auf eine Ausgabe Gedichte des Jugendstil-Lyrikers Richard Dehmel, die er nicht schätzte und zum Umtausch vorschlug, sind die Bewertungen positiv; die über eine neue deutsche Dostojewski-Ausgabe, über Lenins Schriften und die Briefe Rosa Luxemburgs, deren „unglaubliche Schönheit und Bedeutung" ihn betroffen machte. Die Geschenke Georgs spiegeln, da er immer seiner eigenen Einschätzung folgte, seine politische Entwicklung von der Jugendstil-Lyrik über eine existenzialistisch getönte moderne Prosa zu linkslibertären und schließlich dogmatisch-marxistischen Texten. Die Bücher las sein Bruder ausnahmslos und nahm sie ernst. In Walter Benjamins komplizierter Annäherung an den Marxismus schlossen sie an andere Einflüsse an und bereiteten unter anderem seine produktive Brecht-Rezeption vor.

Im jeweiligen Verhältnis zu den berüchtigten Folgen der kapitalistischen Industriekultur, die Georg Benjamin nach seinem Umzug in den Wedding umgab, zeigt sich das jeweilige Profil der beiden Brüder, das sich im Hinblick auf die Mietskasernen niederschlug. Es lässt Gemeinsamkeiten und Unterschiede erkennen. Georg Benjamin überwand dabei die Skepsis, die sein Bruder gegen den Versuch der Überwindung der Klassengrenzen durch bürgerliche Intellektuelle richtete. In der Rezension „Die Politisierung der Intelligenz" schrieb Walter Benjamin im Jahr 1930: „Die linksradikale Schule mag sich gebärden wie sie will, sie kann niemals die Tatsache aus der Welt schaffen, daß selbst die

Proletarisierung des Intellektuellen fast nie einen Proletarier schafft." Dagegen spräche vor allem das bürgerliche Bildungsprivileg. Freilich war Georg Benjamin von solchen Illusionen bei aller Identifikation mit seinem proletarischen Umfeld weit entfernt.

Schon im Eingangssatz seiner Dissertation über Ledigenheime legte er die Perspektive seiner Arbeit auf sozialhygienische Probleme der industriellen Wohnweise in den verbreiteten Mietskasernen der Arbeiterbezirke fest. Zu ihnen zählt unter anderem die verbreitete Tuberkulose: „Der innige Zusammenhang von Wohnweise und Lungentuberkulose wurde in letzter Zeit an Hand statistischen Materials mehr und mehr aufgedeckt, und diese von manchem als Wohnungskrankheit im eigentliche Sinn bezeichnet." Dem reformorientierten Impuls bei der Dissertation entsprach hier noch der Akzent auf der Entlastungsfunktion der neuen Ledigenheime sowie die Kritik von Einzelfaktoren wie dem Schlafgängerwesen und dem Alkoholismus.

Dagegen befasste sich Georg Benjamin in seiner späteren reformismuskritischen Phase mehr mit von den Wohnungsverhältnissen betroffenen Säuglingen, Schulkindern und Industriearbeitern. Während das Parteiorgan der KPD, die *Rote Fahne*, und auch die *Arbeiter-Illustrierte-Zeitung* immer wieder die Mietskasernen anprangerten, stehen polemische Ansätze gegen die moderne Wohnungsbaupolitik in Georg Benjamins Schriften nicht im Vordergrund. Der Grund liegt vermutlich darin, dass sich das SPD-geführte Bezirksamt Wedding immer wieder die Erfolge des Neuen Bauens unter dem Stadtbaurat Martin Wagner an die Fahne heftete. Zudem war Georg Benjamin zwar unter die Mietskasernen des Bezirks gezogen, lebte aber in keiner der für sie typischen Wohnungen: weder im Ledigenheim, noch im Jugendstilhaus am Leopoldplatz, noch im Modellfall des Neuen Bauens in der Taut-Siedlung am Schillerpark, noch schließlich im Gebäude der Tresorfabrik Ade-Arnheim in der Badstraße. Die kritischen Beiträge Georg Benjamins zur Sozialhygiene richteten sich durchgängig gegen beeinflussbare Faktoren des Alltagslebens wie Defizite in Ernährung und Gesundheitswesen für die proletarische Bevölkerung. Für sie sollte der Umbau zu einem sozialistischen Gesundheitssystem Abhilfe schaffen.

Im Ergebnis nicht weit entfernt, in der Darstellung jedoch erheblich anders, stellte sich das Problem der Mietskasernen für Walter Benjamin dar. In einer ausführlichen Rezension von Werner Hegemanns kulturkritischer Schrift *Das steinerne Berlin* in der Literaturbeilage der *Frank-*

furter Zeitung hält er dessen „Jakobinertum" einen historischen Materialismus entgegen, der den Produktionsverhältnissen der Epoche entspräche. In Hegemanns scharfer Kritik der Mietskasernen nennt der Autor die Mietskasernen Berlins „Behausungen, wie sie sich weder der dümmste Teufel noch der fleißigste Berliner Geheimrat oder Bodenspekulant übler auszudenken vermochte". Walter Benjamin formuliert seinen eigenen Standpunkt auf der Basis einer erstaunlichen Stellvertretung: „Gewiß, wir leben in diesen Mietskasernen. *Nostra res agitur*" (Es geht um uns). Dies bezeichnet jedoch keineswegs den individuellen Horizont des Schreibenden, sondern einen kollektiven. In ihm wird die Mietskaserne ein zwiespältig interpretierbarer Ort: „Gewiß drückt sich das diabolische Wesen der Mietskaserne heute wie damals im Ehe- und Familienleben, in den Qualen der Frauen und Kinder, in der Borniertheit des Gemeinwesens, der Häßlichkeit seines Alltags aus. Aber ebenso gewiß ist es, daß Boden, Landschaft, Klima und vor allem Menschen – nicht nur Hohenzollern und Polizeipräsidenten – diese Stadt geschaffen und ihrerseits im Bilde der Mietskaserne einen Abdruck des ihrigen hinterlassen haben [...] Die Mietskaserne hat, so fürchterlich sie als Behausung ist, Straßen geschaffen, in deren Fenstern nicht nur Leid und Verbrechen, sondern auch Morgen- und Abendsonne sich in einer traurigen Größe gespiegelt haben, wie nirgends sonst, und daß aus Treppenhaus und Asphalt die Kindheit des Städters seit jeher so unverlierbare Substanzen gezogen hat wie der Bauernjunge aus Stall und Acker."

Ähnelte sich die private wie die berufsspezifische Distanz der Brüder Benjamin in Bezug auf die Mietskasernen – beide haben nie in ihren schlimmsten Beispielen gewohnt –, so gehen sie doch von deren durch das Neue Bauen nicht überflüssig gewordenen Existenz aus. Der eine, Georg Benjamin, als jemand, der praktisch die Verhältnisse in ihnen verbessern möchte; sein Bruder, der in einer intellektuellen Distanz, die seinem Bruder und der Schwägerin stets fremd bleiben mussten, den Vorschein eines gesellschaftlich möglichen Wandels erblickt, auf jeden Fall die Bereitschaft zu ihm auch in den dem bürgerlichen Betrachter fernen Gebäuden des Arbeiterbezirks.

Die Parallelbiografie der Brüder Walter und Georg Benjamin im deutschen Widerstand fand nahezu eine Dopplung in den Brüdern Gershom (1897-1982) und Werner (1895-1940) Scholem. Zusammen belegen ihre Lebensgeschichten ein großes Spektrum von kulturellen und politischen Entwicklungen im jüdischen Bürgertum zwischen deutschem Kaiserreich und siegreichem Faschismus. Eine extreme Spannung bestand dabei zwischen Gershom Scholems früher – durch seine hoffnungslose Sicht auf eine jüdische Existenz in Deutschland und seine zionistische Position motivierte – Emigration nach Palästina im Jahr 1923 und seinem älteren Bruder Werner Scholem.

Werner Scholem war ein charismatischer Reichstagsabgeordneter der frühen KPD, Mitglied ihres Politbüros und eine Zeitlang als Ultralinker ein Befürworter innerparteilicher Demokratie in der Parteiführung vor ihrer bolschewistischen Bürokratisierung. In der Zeit der ultralinken Mehrheit im Bezirk Wedding war er ein Redner mit großer öffentlicher Präsenz, der den Fraktionskämpfen in der KPD schon bald zum Opfer fiel und aus der Partei ausgeschlossen wurde. Seine oft chaotischen Auftritte im Reichstag kommentierte auch Walter Benjamin mit manchmal amüsiertem Befremden als die eines „Lausejungen". Umso merkwürdiger berührte ihn Gershom Scholems Andeutung einer Wahlverwandtschaft zwischen ihm, Walter Benjamin, und Werner Scholem, den er nur flüchtig kannte und mit dem er selbst bei dessen Moskau-Aufenthalt zur Sitzung der Komintern 1926, der sich mit seinem eigenen Besuch in der Stadt überschnitt, nicht in Kontakt kam.

Werner Scholem wurde 1933 schnell von den neuen Machthabern in Gefängnisse und später in das KZ Buchenwald verbracht, wo man ihn 1940 ermordete. Er fiel zwischen sämtliche politische Lager. Während ihn der SPD-*Vorwärts* vor der Reichstagswahl 1924 unter sanftem Rückgriff auf antisemitische Stereotype und in einer krassen politischen Fehleinschätzung als Säugling am Busen der Sowjetunion karikierte, reihte die junge NSDAP vor der gleichen Wahl sein Bild in ein Tableau jüdischer „Volksschädlinge" ein. Später benutzten die Nationalsozialisten 1937 seine Lebendmaske für die Münchener Ausstellung „Der ewige Jude" als rassistisches Belegexponat. Erst in letzter Zeit machten ihn ein Stolperstein und sorgfältige biografische Darstellungen zum Thema.

Das Urteil Gershom Scholems aus dem fernen Jerusalem über die Gemeinsamkeit zwischen Walter Benjamin und Werner Scholem als „säkulare Messianisten" hat den realistischen Hintergrund, dass unter den Intellektuellen der Weimarer Republik, besonders wenn sie jüdischer Herkunft waren, ein utopischer Messianismus verbreitet war. Man denke an Ernst Bloch, Erich Fromm, auch Adorno und Horkheimer. Aber niemand unter ihnen war ein Messianist in dem Sinne, dem Gershom Scholem nach anfänglicher Sympathie für den säkularen Messianismus als großer Kabbala-Forscher selbst näherstand: dass die utopische Hoffnung sich auf einen Gottgesandten richtete. Sein Begriff des säkularen Messianismus war für die beiden Menschen, auf die er ihn bezog – seinen eigenen Bruder und Walter Benjamin –, verfehlt. Weder Scholems Bruder Werner noch sein Freund Walter Benjamin oder gar dessen strikt atheistischer Bruder Georg teilten einen solchen Messianismus. Er taucht nur bei Walter Benjamin, schwächer werdend, am Horizont auf. Es war bei Werner Scholem wie bei Georg Benjamin allenfalls als Hoffnung auf eine Revolution des Proletariats interpretierbar.

Die ideologischen Gegensätze der beiden Brüderpaare untereinander waren nicht symmetrisch. Die einzigen Konstanten in ihren Beziehungen untereinander sind die brüderliche Solidarität und die alles rahmende lange Freundschaft zwischen Gershom Scholem und Walter Benjamin, an deren Korrespondenz auch Informationen über ihre jeweiligen Brüder abzulesen sind.

Die Beziehungen von Walter und Georg Benjamin zu ihrer Schwester entbehrten eines solchen ununterbrochenen kommunikativen Netzwerks. Immerhin riss der briefliche Kontakt zwischen ihnen und Dora nie gänzlich ab und zeugt von einem dauerhaften Interesse an deren Schicksal. Zwischen Georg Benjamin und seiner Schwester konnte nur durch Hilde Benjamin vermittelt werden.

Die Briefe in Hilde Benjamins Nachlass, die Dora Benjamin betreffen, zeugen von einem einfühlsamen Interesse an Doras stark beeinträchtigter Gesundheit. So schrieb Georg Benjamin selbst schon aus dem Untersuchungsgefängnis Berlin-Moabit, kurz vor der Zuchthausstrafe, über Doras fortschreitende Bechterew-Erkrankung: „Was Dodo [d.i. Dora] über ihre Gesundheit schreibt, ist sehr unerfreulich. Ist sie sich eigentlich über die Tragweite der Erkrankung klar?" Zur Behandlung der Krankheit riskierte sie, nach einer Beratung durch das deutsche Konsulat in Paris, eine letzte Reise nach Berlin. Dort traf sie des Öfteren ihre Schwägerin Hilde Benjamin. Georg Benjamins Briefe aus dem Zuchthaus Brandenburg an seine Frau im Jahr 1938, nach Doras Rückkehr nach Paris, enthalten mehrmals Hinweise auf einen zwischen ihnen diskutierten „Gedanken an Übersiedlung zu Dodo". Nur die zu erwartenden Schwierigkeiten für den Sohn Michael bei einem solchen Exil schwächen diese Überlegung ab, nicht jedenfalls Doras eigene Idee einer Emigration in die USA. Ein Brief Georg Benjamins im Oktober 1938 engt die Möglichkeit einer Übersiedlung nach Paris auf Frau und Kind ein: „Du kannst Dir denken, daß die Frage Eurer Übersiedlung zu Dodo mir immer von neuem durch den Kopf geht." Die Verschärfung der internationalen Spannungen im Jahr darauf hatte auch für das Ehepaar Benjamin eine Verlagerung der Exilhoffnungen auf den amerikanischen Kontinent zur Folge.

Georg Benjamin war auch ein Thema in dem sporadischen Briefwechsel zwischen seiner Schwester und seinem Bruder, zunächst zwischen Berlin und den Orten von Walter Benjamins Exil, später auch zwischen Paris und San Remo, dem Wohnort von Walter Benjamins geschiedener Frau, und Svendborg, wo Walter Benjamin in den Sommern der Jahre 1936 und 1938 Bertolt Brecht besuchte. Oftmals ging es um finanzielle Nöte, in denen sich beide Geschwister, auf ungleichem Niveau, im Exil befanden. Aber auch persönliche Zukunftspläne kamen in ihrer Korrespondenz zur Sprache, selbst in den französisch geschrieben Briefen in den Zeiten der Internierung beider Geschwister nach dem Ausbruch des Zweiten Weltkriegs.

Das gemeinsame französische Exil von Dora und Walter Benjamin dagegen verminderte allmählich ihre deutliche Distanz zueinander aus der Berliner Zeit. Eine abschließende Gemeinsamkeit war ihre Flucht aus Paris in einem der letzten Züge in den Süden vor dem Einmarsch der deutschen Truppen im Juni 1940. In Lourdes in den französischen Pyrenäen teilten sie dann für einige Wochen eine billige Unterkunft. Dora war durch ihr Leiden an Bechterew und Arteriosklerose fast bewegungsunfähig, Walter von verstärkten Herzbeschwerden belastet. Im August trennten sich ihre Wege: Walter Benjamin fuhr nach Marseille zur Entgegennahme eines US-amerikanischen Visums, das durch seinen Freitod in Portbou letztlich seinen Nutzen verfehlte. Dora blieb bis zum nächsten Jahr in Lourdes und flüchtete dann in die Schweiz, wo sie ihre beiden Brüder um wenige Jahre überlebte.

Lebensverhältnisse im Wedding

Soziales und persönliches Umfeld

Der Katalog der Reichstagsabgeordneten in der Weimarer Republik und ihr Schicksal im nationalsozialistischen Terror zeichnet ein mit heutigen deutschen Verhältnissen unvergleichbares Bild der stark divergierenden sozialen Zusammensetzung des Parlaments. Unter den 213 vom Katalog erfassten kommunistischen Abgeordneten des Reichstags gab es nur eine kleine Minderheit Bürgerlicher, neben einer großen Mehrheit von fast 90 Prozent industriellen oder handwerklichen Berufen nachgehenden Parlamentariern. Die einzig nennenswerte meist akademisch qualifizierte Berufsgruppe, die unter den Kommunisten in USPD und KPD vorkommt, ist die der „Redakteure", damals meist als „Schriftleiter" bezeichnet. Dies mochten in wenigen Einzelfällen auch Politiker proletarischer Herkunft sein, waren jedoch in fast allen nachprüfbaren Fällen bürgerliche Akademiker.

Selbst Georg Benjamin als Arzt wurde in seinem vom Bezirksamt Neukölln angeforderten Strafregister im Jahr 1932 mit dem Zweitberuf Schriftleiter versehen. Außerhalb dieser in sich recht heterogenen Kategorie kamen nur noch eine Handvoll Universitätsprofessoren und Dozenten im bürgerlichen Bereich des kommunistischen Lagers vor. In keiner anderen Partei gab es ein vergleichbares Spektrum der sozialen Herkunft; Ähnlichkeiten mit der sozialen Zusammensetzung der kommunistischen Parlamentsabgeordneten bestanden nur bei der SPD. Auch fällt die geografische Konzentration der kommunistischen Reichstagsabgeordneten auf die Reichshauptstadt Berlin ins Auge, selbst wenn sie für weit entfernte Wahlkreise kandidierten. Von den Berliner Abgeordneten der KPD waren etliche in den Arbeiterbezirken wie dem Wedding ansässig. Ganz wenige Abgeordnete bürgerlicher Herkunft hingegen hatten dort einen beruflichen Schwerpunkt. Nur Iwan Katz, einer der ultralinken Spitzenpolitiker, verlor wie Georg Benjamin und dessen Schularztkollege Jaruslawski 1933 seine Position im Bezirksamt Wedding, lebte jedoch selbst nicht im Bezirk. Das Spektrum der KPD-Politiker deutet an, wie isoliert sich das Leben bürgerlicher Parteigänger für Außenstehende dargestellt haben muss. Dies betraf Georg Benjamin wie seine ebenfalls aus bürgerlichen Verhältnissen stammende Ehefrau Hilde.

Uwe-Karsten Heyes Familienbild der Benjamins prägt für die Beziehung von Georg Benjamin und seiner Frau den Begriff einer „Liebe auf den zweiten Blick". Ein erster Blick hätte sich für beide natürlich nicht am Wedding ergeben können, sondern beim ersten Zusammentreffen im Ortsteil Grunewald. Tatsächlich fällt die Beschreibung ihres eigenen zweiten Blicks in Hilde Benjamins Biografie ihres Mannes recht karg aus. Er ist stenografisch gedrängt: Nach schon jahrelanger Bekanntschaft durch Hausbesuche bei ihrer Schulfreundin Dora, Georgs Schwester, mindestens seit der Zulassung beider zu für Mädchen eingerichteten Gymnasialkursen an traditionellen Knabengymnasien, drängt sich der Nachvollzug der dauerhaften Verbindung mit ihrem späteren Mann in Hilde Benjamins Darstellung auf ein knappes Protokoll weniger Wochen zusammen.

Auch für Georg Benjamin fiel der erste Blick einer Liebesbeziehung nicht auf Hilde Lange. Tatsächlich stand er bald nach dem Auszug aus dem Elternhaus im Herbst 1920 in einer festen Beziehung zu Grete Kliem, einer Frau aus einer christlichen bürgerlichen Familie im westfälischen Hagen. Diese Beziehung überdauerte seinen Aufenthalt in Friedrichshain und den im Weddinger Ledigenheim, wovon einige unveröffentlichte Briefe zeugen. Walter Benjamin gratulierte ihm zur Verlobung mit Grete Kliem in einem Brief im Januar 1923, der sich nicht in der Gesamtausgabe seiner Briefe findet. In ihm erwähnte er die oftmaligen Reisen Georgs nach Hagen und warf sich selbst vor, nicht den nötigen „Spürsinn in Heirats- und Verlobungsdingen" zu haben, um den Grund der Reisen erahnt zu haben. Er wünscht seinem Bruder und seiner „künftigen Frau Glück" zu ihrem Entschluss zur Heirat. Zu dieser Zeit war Georg Benjamin schon in die KPD eingetreten, und der Angebotstext des Antiquariats, das im Besitz des Briefes ist, vermutet weltanschauliche Differenzen als Grund für die Trennung der Verlobten.

In ihrer Biografie erwähnt Hilde Benjamin nicht die frühere Verlobung Georg Benjamins mit Grete Kliem, sondern nur seine Beziehung zu einer Genossin aus der Charité – ohne einen Namen zu nennen – als eine Verbindung, die ihr späterer Mann nach dem Sommer 1925 beendete. Mit dieser neuen Partnerin gab es bald keine weltanschauliche Differenz mehr. Es handelte sich dabei um die an der Charité angestellte Hilfspflegerin Emma Haase. Georg Benjamin unterstützte sie bei ihrem Antrag auf Beitritt in die KPD, nachdem ihr Vater, ebenfalls KPD-Mitglied, wegen der Vorbereitung zum Hochverrat zu einer Gefängnis-

Hilde Lange als Studentin,
um 1924

haft verurteilt worden war. Tatsächlich trat Emma Haase 1926 in die KPD ein, bestand im Jahr darauf ihr Schwesternexamen im Pflegedienst und begann eine lange Laufbahn in der Krankenpflege. Nach der von 1933 bis 1943 dauernden Entfernung aus ihrem Dienstverhältnis und dem Kriegsende wirkte sie in der DDR erfolgreich als Oberin im Pflegedienst. 2018 entstand eine inoffizielle Aktion an der Charité, die ihren Namen auf einem Straßenschild im Campusgebiet der Charité Mitte an die Stelle eines belasteten Arztes setzte. Der weltanschaulichen Kluft Georg Benjamins zur Verlobten Grete Kliem folgte dann bei Emma Haase eine soziale und danach schließlich eine nur altersbezogene zu Hilde Lange.

Wenn also Walter Benjamin in seinem Kommentar zur späteren Hochzeit seines Bruders mit Hilde Lange die Vermischung politischer Einflussnahme mit der Eheschließung mutmaßt, so traf dies auf die neue Verbindung kaum zu, war aber im Hinblick auf die Beziehung seines Bruders zu Emma Haase nicht abwegig. Auch seine Vermutung, die jüdische Herkunft seines Bruders könnte für die Brauteltern ein Problem sein, traf allenfalls auf die Familie Grete Kliems zu. In der Beziehung zu Emma Haase dagegen war das soziale Gefälle solchem ideologischen Einfluss offensichtlicher förderlich als in der späteren Verbindung mit Hilde Lange. Walter Benjamins Vorbehalt gegen die neue Heiratsabsicht seines Bruders, wie die seiner Mutter, bezog sich der Familienüberlieferung nach auf Hilde Langes Neigung zur Rechthaberei.

Das erste Treffen zu zweit des neuen Paars verdankte sich Thomas Manns *Zauberberg*, den Hilde Lange, die schon vor dem Abitur mit Dora Benjamin über Manns *Tod in Venedig* gesprochen hatte, bei Georg Benjamin auslieh. Nach einigen gegenseitigen Besuchen, auch in Georgs möbliertem Junggesellenzimmer in der Weddinger Nazarethkirchstraße, folgte am Silvestervorabend 1925 „eine Wanderung an die obere Havel und unser Entschluß, schnell zu heiraten, stand fest [...]. Am 27. Februar 1926 heirateten wir." Die Heirat im Standesamt Steglitz, in der Mitte zwischen dem nahen Elternhaus Hildes und ihrer Abiturschule, im gleichen Rathaus, in dessen Ratskeller zwanzig Jahre früher der Steglitzer Wandervogelverein als Keimzelle der Wandervogelbewegung gegründet worden war, hatte für beide Ehepartner Assoziationen mit der Jugendbewegung, die sie unterschiedlich beeinflusst hatte.

Der Rathauskeller war auch noch zurzeit von Hilde Benjamins Teilnahme an Wanderungen der Wandervögel in Steglitz seit etwa 1916 ein Ausgangspunkt von deren Aktivitäten. Im Routenplan der Wanderfahrten war die Havel ein beliebtes Ziel. In diese Richtung verlief auch die das gemeinsame Leben begründende Wanderung der zukünftigen Ehepartner. Gemeinsame Wanderungen durch die Natur blieben ihre liebste Freizeitvergnügung, die durchaus auch in der Arbeiterbewegung eine Entsprechung hatte.

Ungleich ausführlicher schildert Hilde Benjamin dagegen den längeren ersten Blick auf ihren späteren Mann als einen von deutlicher Distanz bestimmten. Schon im Krieg habe ihn „seine fast schwermütige Zurückhaltung" als Kriegsfreiwilliger daran gehindert, schnell zu seinen Kameraden Kontakt zu finden. Dieser Eindruck setzte sich für Hilde und ihre Mitabiturientinnen als Zwiespalt fort: „Wir Mädchen [...] sahen voller Hochachtung zu dem verschlossenen, etwas düster wirkenden jungen Mann auf, der uns kaum zu beachten schien. Er ließ seine Familie nicht in sein neues Lebens hineinsehen." Er schien ihr „kühl, ironisch, überheblich", als jemand, der einen „Panzer der Zurückhaltung und Reserve um sich legte". Die Neigung zur Ironie blieb Georg Benjamin sein Leben lang erhalten. Auch der Eindruck von Kälte und Unnahbarkeit, den er auf andere machte, hielt sich lange. Dieser Eindruck mag in seiner Fernbeziehung zu Grete Kliem gefehlt haben oder weniger auffällig gewesen sein; er verschwand in Hilde Langes Gesichtskreis und zu ihrem Erstaunen nur im Kreis der Genossen im Proletarischen Gesundheitsdienst, in dem Georg Benjamin ein anderer Mensch zu sein schien: „heiter, offen, freundlich, ohne jede Ironie und Überheblichkeit".

Es war diese andere Seite Georg Benjamins, die in der geglückten persönlichen und politischen Verbindung des Ehepaars bestimmend bleiben sollte, besonders auch im Verhältnis zur proletarischen Umgebung im Wedding. Hier galt die gemeinsame Ferne zu jedem Intellektualismus als einem Restbestand bürgerlicher Herkunft auch für die bald verfestigte Synthese gemeinsamer politischer Entwicklung in der Mitgliedschaft in der KPD nach der Heirat. Nur die leitmotivische Erwähnung der Ironie Georg Benjamins in der Erzählung seiner Frau, als eine stets kontrollbedürftige Neigung, blieb im Spektrum seines Verhaltens ein ständiges Risiko. An vielen Stellen ihrer Biografie geht Hilde Benjamin auf dieses potenziell isolierende Zeichen von Intelligenz ein, stets im sozialen Zusammenhang. So etwa im Arbeiter-Samariter-Bund: „Dabei verlor er nicht die Freude am Witz und die Ironie als einen Zug seines Wesens; aber er hatte sie unter Kontrolle, und freundlich und versöhnlich-heiter wird er nie einen Arbeiter damit gekränkt haben." Solche Kontrolle bewahrte das junge Paar in anderer Richtung auch vor jedem Eintauchen in die exzentrischen bis lasterhaften Sphären in Berlins ausgeprägten Parallelgesellschaften der zwanziger Jahre.

Beide Ehepartner teilten, zu solcher kommunikativen Kontrolle und Disziplin passend, eine Zurückhaltung im Ausdruck von gegenseitigen Gefühlen, offenbar jedoch nicht einen Mangel an ihnen. Beide hatten durchaus Erfahrungen in freundschaftlichen Verhältnissen zum andern Geschlecht, wenngleich sie wenig Spuren in ihren überlieferten Erinnerungen hinterließen. Wenigstens als Bewohner eines Zimmers im neuen Weddinger Ledigenheim für Männer musste sich Georg Benjamin auch dessen strikter Disziplinierung im Hinblick auf weibliche Kontakte unterwerfen. Im Weddinger Volksmund wurde das Heim nach seiner Fertigstellung schnell das „Bullenkloster" getauft.

Sieben Jahre nach Georg Benjamins Aufenthalt im Heim griff die *Rote Fahne* das von Anfang an dort herrschende Regime unter der reißerischen Überschrift „Weddinger Ledigenheim als Zuchthaus" an. Die Darstellung lässt trotz ihrer Rhetorik keinen Zweifel an den seinerzeit geltenden Regeln. Der Autor vergleicht das christliche Zölibat mit dem Leben in dem ledigen Männern vorbehaltenem Heim: „[Die Insassen] mußten ein Zölibat eingehen, ohne den ‚Trost' einer Heirat mit Jesus zu haben. Der sozialdemokratische Stadtrat Pfeiffer führt hier ein strenges und sparsames Regiment. Bei ihm ist noch Zucht in der Kolonne. Damenbesuch ist strengstens verboten. Anderer Besuch muß um 8.30 Uhr, im Sommer um 9.30 Uhr das Haus verlassen." Seine Fernbeziehung zu Grete Kliem legt es nahe, dass Georg Benjamin mit dieser Einschränkung kein Problem hatte. Seine Korrektheit im Alltagsverhalten macht auch die Vertrautheit mit Prostituierten höchst unwahrscheinlich, wie sie in der *Berliner Chronik* seines Bruders und in Berichten von dessen Freunden als normaler Bestandteil des überkommenen männlichen Verhaltensregisters erwähnt wird.

Ob die Vermutung über Hilde Benjamin zutrifft, dass die unter Mädchen verbreitete Furcht vor einer Schwangerschaft sie vor jeder sexuellen Penetration bewahrte, wie ihre Biografin Marianne Brentzel annimmt, bleibt der Vermutung überlassen. Ebenso wahrscheinlich erscheint das Fortwirken der Reinheitsideen der Jugendbewegung, besonders ausgeprägt bei den Mädchen der Wandervögel. Noch die entscheidende Wanderung am Silvestervorabend mit ihrem zukünftigen Mann folgte 1925 deren traditionellen Pfaden. Auch ihre korsettlose Reformkleidung nach der Hochzeit besaß einen Anklang an das „Inselkleid" der Wandervogelweiblichkeit. Anscheinend gab es keine Krisen in der persönlich gelingenden und auch politisch folgenreichen Partnerschaft des Ehepaars. Allerdings sind wir für die Kenntnis ihres privaten Lebens wegen des nicht im Privatbereich gelagerten Schwerpunkts von Hilde Benjamins Buch auf die ebenfalls spärlichen Erinnerungen der ihnen Nahestehenden angewiesen.

Unter den seltenen Beispielen solcher Erinnerungen überwiegen die von Hilde Benjamins Mitarbeiterinnen in der Rechtsanwaltskanzlei in der Badstraße 40. Die am stärksten durch persönliche Nähe gekennzeichneten Bilder der frühen Jahre des Ehepaars Georg und Hilde Benjamin finden sich in den Lebenserinnerungen der Juristin Rita Sprengel. Sie besuchte nach ihrem Königsberger Staatsexamen als Kandidatin für eine Anstellung in Hilde Benjamins Kanzlei das Ehepaar Benjamin noch in deren moderner Wohnung am Schillerpark. Ihr Eindruck war sehr positiv: „Hilde, ihr Mann, sogar ihre Wohnung, alles machte starken Eindruck auf mich, bis hin zu den *Roten Pferden*, die über der Couch hingen, auf der Hilde während unseres Gesprächs behaglich kauerte. Einige Male schnipste ihr Mann mit den Fingern gegen die Sohlen ihrer Hausschuhe. Ich empfand es als heiter-scherzhaftes Zeichen ihrer Verbundenheit." Ähnlich war wenig später in der neu bezogenen Wohnung in der Badstraße der erste Eindruck, den Hilde Benjamins Stenotypistin Gittel Weiß hatte: sowohl von der Ehe ihrer Chefin als auch von deren Ehemann als ruhigem, freundlichem Menschen – ein Bild, das auch seine Parteigenossen und seine Patienten als Arzt vielfach bestätigten.

Bürgerliche Außenseiter im Wedding

Dass bürgerliche Intellektuelle als kleine Minderheit im proletarischen Wedding in ihrem Umfeld wie Fremde wahrgenommen wurden und sich, wenn sie keine festen Wurzeln in einer der Arbeiterparteien geschlagen hatten, auch selbst so sahen, überrascht nicht. Und es wäre naiv anzunehmen, dass dies für Intellektuelle im Umfeld der KPD nicht gegolten hätte. Die Stenotypistin Gittel Weiß, die in Hilde Benjamins Büro in der Badstraße angestellt war, beschrieb in ihren Lebenserinnerungen jedoch eher das Gegenteil, nämlich größere Fremdheit gegenüber den vertrauten Klassenfeinden: „Intellektuelle an sich waren mir nicht fremd, und ich trat ihnen gar nicht so unsicher entgegen. Aber die Intellektuellen, die ich bisher kennengelernt hatte, waren keine Kommunisten gewesen [...]. Gewissermaßen hautnah mit Intellektuellen zusammen, deren Gesinnung ich teilte, ich glaube, das war zu viel für Gisela Schreiber aus dem zweiten Hinterhof der Lothringer Straße." (So bezeichnet sie sich selbst, während sie Intellektuelle prinzipiell mit Bürgerlichen gleichsetzt.) Ihr Rückblick bezieht sich ausdrücklich auf Kanzlei und Wohnung der Benjamins in der Badstraße und ihre Bewohner, mit denen es für sie keine nennenswerten Konflikte gab.

Von einer bürgerlichen Perspektive aus stellte sich die Lage sympathisierender Intellektueller am Rande der Kommunistischen Partei nicht viel anders dar. Margarete Buber-Neumann als eine Fabrikantentochter unter ihnen nahm das schmerzlich wahr: „Die kommunistischen Arbeiter behandelten den sympathisierenden Intellektuellen oft herablassend und voller Mißtrauen. Die Parteiintelligenz ließ ihn, wo immer sie nur konnte, ihre Überlegenheit spüren, da er meistens marxistisch ungeschult war. Auch für sie blieb er im Grunde stets ein ‚Salonkommunist',

Hilde und Georg
Benjamin an Pfingsten
1929 auf Hiddensee

der nicht ganz dazu gehörte." Das Misstrauen spaltete in Buber-Neumanns Sicht nicht nur die Klassen unter den Linken, sondern außerdem die Intellektuellen verschiedener Überzeugungen untereinander: „Kommunisten standen selten in freundschaftlicher Beziehung zu Menschen außerhalb der Partei. Daran hinderte sie ihre politische Überzeugung, vor allem die Unduldsamkeit gegenüber jedem Andersdenkenden. Das führte zu einer gesellschaftlichen Abkapselung, zu einer Art Inzucht. Doch auch innerhalb der Partei unterlag der Kommunist noch einer weiteren Beschränkung bei der Wahl seiner Freunde: der Zugehörigkeit zu einer Fraktion. Den ‚Linken‘ und den ‚Rechten‘ trennte eine schier unüberbrückbare Kluft."

Hilde Benjamins Beschreibung des sozialen Lebens am Schillerpark entspricht in ihren Hinweisen auf die Kontaktlosigkeit mit den sozialdemokratischen Nachbarn und Gewerkschaftsfunktionären recht genau dieser Einschätzung.

Eine unter Umständen auch als feindselig interpretierbare Differenz für einen aus einer bürgerlichen Umgebung zugewanderten Linken wie Georg Benjamin stellte das Parteiorgan der KPD, die *Rote Fahne*, in vielen Artikeln bildlich zur Schau. Die Lektüre der Zeitung war für Parteigenossen nahezu obligatorisch. Georg und Hilde Benjamin lasen sie im Abonnement und Georg publizierte in ihr gelegentlich. Die *Rote Fahne* stellte oft privilegierte Szenen aus dem bürgerlichen Berlin gegen Bilder sozialen Elends im Wedding. In stets polemisch zugespitzter Weise betonte sie den sozialen Kontrast zwischen Benjamins Herkunft und seiner gewählten Umgebung ausgerechnet anhand von Beispielen aus ihm vertrauten oder sogar beruflich naheliegenden Bereichen. So stellte sie teuren Auslandsreisen, die auch Georg Benjamin früh attraktiv erschienen, die Ferien am heimischen Plötzensee gegenüber. Sie kontrastierte die bevorzugte Wohnsituationen des Neuen Bauens am Wedding mit den Hinterhöfen der berüchtigten Mietskasernen. Sie konfrontierte die schulische Erziehung in den heruntergekommenen alten Volksschulgebäuden des Wedding ausgerechnet mit dem elitären Grunewald-Gymnasium, das drei Angehörige der Familie Benjamin besucht hatten. Nur sein unmittelbares berufliches Umfeld des Gesundheitswesens war im positiven Bereich begrenzt bildfähig. Hier genügte jedoch der statistische Kontrast zwischen den Zahlen von Diphtheriekranken und Ärzten in Wilmersdorf und im Wedding. Solche kritischen Kontraste förderten eine bürgerliche Schamkultur, die im politischen Binnenklima der KPD auch in der Argumentation über die Rolle und die Funktionen bürgerlicher Intellektueller einen Ausdruck fand.

Nicht alle bürgerlichen Einwohner des roten Wedding waren politisch motivierte Zugewanderte. Zum Beispiel gab es im Umfeld besonders kleinerer Fabriken durchaus deren Weddinger Eigentümer. Auch in anderen Bezirken mit einer vorwiegend proletarischen Bevölkerung gab es Parallelen, so in Friedrichshain im Fall der bürgerlichen Publizistin Gabriele Tergit (Elise Hirschmann), Tochter eines Fabrikbesitzers. Solche Unternehmer wohnten in einigen Fällen in der Nähe ihrer Fabriken oder Verwaltungen, keineswegs immer in Villen, sondern oft in gut ausgestatteten Altbauten aus der Gründerzeit. Unter ihnen war am Gesundbrunnen der Besitzer der Leder- und Handschuhfabrikation Karplus, der einen Betrieb mit seinem Kompagnon Herzberger in der Prinzenallee unweit der Kreuzung mit der Badstraße besaß.

Dort lebte in einem noch erhaltenen Haus (Prinzenallee 60) Albert Joseph Karplus und leitete seit Ende des 19. Jahrhunderts seine Firma, in der vor allem Glacéhandschuhe produziert wurden. Die Fabrik der Familie Karplus war eine von 15 lederverarbeitenden Fabriken aus dem späten 19. Jahrhundert, deren Gerbereien das Flüsschen Panke von beiden Seiten – von der Koloniestraße und von der Prinzenallee – in eine stinkende Kloake verwandelten. Im elterlichen Haus wohnte bis zur Emigration mit ihrem Verlobten und späteren Mann Theodor W. Adorno die Vertraute und Freundin Walter Benjamins, Gretel Karplus. Sie entwickelte sich in einer für Frauen noch neuen Laufbahn zur promovierten Chemikerin und war seit 1930 Mitinhaberin und bis zur Liquidierung des Familienbetriebs Ende 1932 seine Leiterin.

Gretel Karplus und Walter Benjamin kannten sich seit 1928 und führten ab 1930 einen teils offenen, teils geheim gehaltenen Briefwechsel. Anfang 1934 erinnerte sich Gretel Karplus an Diskussionsabende mit Walter Benjamin in der Wohnung an der Prinzenallee, in denen es um Theorien der Sprache und um Bertolt Brecht ging. Dies zu einer Zeit, um 1931/32, als wenige hundert Meter südlich Georg und Hilde Benjamin in der Badstraße wohnten und arbeiteten. Ebenso gering war die Entfernung zwischen den Fabriken Ade-Arnheim, mit deren Betriebsrat Hilde und Georg zusammenarbeiteten, und der Fabrik Karplus & Herzberger. Beide Firmen waren in einer kritischen wirtschaftlichen Lage und standen im Verdacht des Lohndumpings. Die von Gretel Karplus geleitete Firma wurde Ende 1932 liquidiert. Bei der Tresorfabrik Ade-Arnheim bekämpfte die KPD-Abteilung des Wedding, vor allem der Betriebsrat des Unternehmens, die betrieblichen Sparmaßnahmen. Mit dessen in der Gewerkschaftsopposition aktiven Angehörigen kooperierten Georg und Hilde Benjamin in ihren unterschiedlichen Arbeitsfeldern.

Schärfer hätte der familiäre Kontrast im linksbürgerlichen Lager kaum ausfallen können: auf der einen Seite die KPD-Familie Georg und Hilde Benjamin. Sie hatte schon am ruhigen Schillerpark in den eher seltenen Zusammenkünften mit dem meist öffentliche politische Äußerungen vermeidenden Walter Benjamin – trotz seiner marxistischen Interessen und seiner beginnenden Kontakte mit Bertolt Brechts „extremen Denkpositionen" – jedem antiproletarisch wirkenden Intellektualismus abgeschworen. Auf der anderen Seite, selbst noch in der zugespitzten Situation der Zeit: kritische Bürgerliche, die sich mit sprachtheoretischen Fragen auseinandersetzten und für die Brecht eher eine abschreckende Wirkung auf Walter Benjamin auszuüben schien, jedenfalls für seine intensive Gesprächspartnerin Gretel Karplus und deren Verlobten Theodor Adorno. Beides in unmittelbarer Nachbarschaft zueinander: Die Familie Karplus ließ Fotos ihrer Tochter Margarete (Gretel) im Fotografiegeschäft im schönen Jugendstilgebäude des Luisenhauses anfertigen. Wenigstens ein Treffen der Brüder Benjamin in der neben diesem Haus gelegenen Wohnung in der Badstraße 40, dem Gebäude der Firma Ade-Arnheim, scheint gesichert, als Georg und Walter über Gertrud Kolmars Gedichte sprachen.

Zwischen den Menschen unterschiedlicher sozialer Herkunft in der Gegend am Gesundbrunnen lagen Welten. Gretel Adorno (geb. Karplus) gab in ihrer eidesstattlichen Erklärung zum Wiedergutmachungsantrag in der Bundesrepublik ihr persönliches Jahreseinkommen zwischen 1930 und 1933 mit ca. 18-20.000 Reichsmark an. Der Vergleich mit den staatlichen Zuweisungen an die vielen Arbeitslosen im Bezirk Wedding ähnelt heutigen Verhältnissen auf einem unteren Niveau, wie es die Statistik in der *Roten Fahne* in der gleichen Zeit dokumentierte:

Unterstützungssätze pro Tag:

	in den Orten der Ortsklassen		
	A	B	C
1. für Personen über 21 Jahre			
a) alleinstehende	2,5	1,91	1,77
b) nichtalleinstehende, während der ersten acht Unterstützungswochen	1,78	1,67	1,56
c) nichtalleinstehende, vom Beginn der neunten Unterstützungswoche ab	1,96	1,83	1,69
2. für Personen unter 21 Jahren			
a) alleinstehende	1,36	1,27	1,17
b) nicht alleinstehende, während der ersten acht Unterstützungswochen	1,08	1,01	0,95
c) nicht alleinstehende, vom Beginn der neunten Unterstützungswoche an	1,19	1,11	1,03
3. als Familienzuschläge für			
a) den Ehegatten	0,55	0,52	0,49
b) die Kinder u. sonstige unterstützungsberechtigte Angehörige	0,39	0,37	0,35

Arbeitslosenbezüge (*Rote Fahne*, 1930)

Aber auch mit Lohnarbeit beschäftigte Bewohner des Wedding mussten mit einem für 1928 auf 75 Pfennig ermittelten durchschnittlichen Stundenlohn ihr Auskommen finden. Am unteren Ende der lokalen Einkommensskala befand sich im gleichen Gebiet der Familien Karplus und Benjamin die Familie Erich Mielkes, des späteren Leiters des DDR-Staatssicherheitsdienstes. Er war dort beheimatet und repräsentierte ungleich stärker als seine bürgerlichen Parteigenossen das proletarische Milieu des Kiezes. Mielkes Biografin Wilfriede Otto führt seine politischen Anfänge auf elterliche und soziale Kollektiveinflüsse zurück. Er wirkte auf verschiedenen Ebenen des Kommunistischen Jugendverbands, in einer Agitpropgruppe sowie in der Parteischutztruppe des Roten Frontkämpferbundes. Denunziatorische Zwecke wegen seiner späteren Karriere einmal beiseitegelassen, verkörperte Mielke den sozialen Kernbereich des proletarischen Wedding, an dem sich die Identifikation der Benjamins ausrichtete. Dabei waren die Berührungspunkte mit den älteren Genossen offensichtlich. Sie müssen zu einer persönlichen Kenntnisnahme mit Hilde und Georg Benjamin, zum Beispiel in der Straßenzelle in der Buttmannstraße, geführt haben.

So war Mielke bis zu seiner Flucht 1931 in die Sowjetunion wie die Benjamins Mitglied der Roten Hilfe Deutschlands (in deren Vorstand Hilde Benjamin als stellvertretende Vorsitzende fungierte), Schriftführer und Kulturobmann des Roten Frontkämpferbundes, Mitglied der Revolutionären Gewerkschaftsopposition, politischer Leiter einer Straßenzelle am Gesundbrunnen und Mitarbeiter bei ihrer Organisation. In dem Werkzeugmaschinenbetrieb, in dem er arbeitete, war er Instrukteur für die dortige Betriebszelle. Er besuchte Kurse der Marxistischen Arbeiterschule, war Mitglied in der Agitpropgruppe „Roter Wedding" und Delegierter bei Unterbezirkskonferenzen des Bereichs Nord (Wedding und Reinickendorf). In seiner späten Selbsteinschätzung sah Mielke sich als „einfachen politischen Funktionär". Wie Hilde und Georg Benjamin beteiligte er sich am Häuserverkauf politisch nützlicher Literatur. Unter diesen Broschüren war eine mit dem Titel „Wie verteidigt sich der Proletarier in politischen Strafsachen vor Polizei, Staatsanwaltschaft und Gericht?", die sich thematisch offensichtlich mit Hilde Benjamins Tätigkeit für die Rechtsschutzorganisation der Roten Hilfe überschnitt.

In seinen politischen Positionen in der Partei war Mielke ein Funktionär der nach 1925 bolschewistisch gewendeten KPD Thälmanns. Er hob in den persönlichen Fragebögen des ZK in der DDR später seinen

Einsatz gegen im Wedding starke Ultralinke und Trotzkisten hervor. Auch in dieser in den Stalinismus mündenden zentralistischen Position traf er sich mit den Genossen Benjamin, die immer eine Mittellage zwischen den rechten und linken Extremen beanspruchten und sich, als eher spät in der Arbeiterbewegung organisierte Bürger, auf Expertenkompetenzen konzentrierten, in denen sie positive Beiträge zum politischen Kampf leisten konnten.

Eine der sozialpsychologischen Wurzeln von Schamgefühlen – außer denen gefühlter politökonomischer Unterlegenheit – liegt in den sozialen Klüften zwischen verschiedenen Lebensverhältnissen. Für die Intellektuellen im Umfeld der jungen KPD in der Weimarer Republik bestand sie im offenkundigen Widerspruch zwischen bürgerlichen Privilegien und politischer Parteinahme. Die kommunistische Publizistik machte sie sich für einen umfangreichen moralischen Diskurs zunutze, wie zahlreiche Artikel in der *Roten Fahne* zeigen. Auch für Georg Benjamin und seine Frau war dies vom Beginn der Ehe an ein problematisches Thema, vor allem hinsichtlich der Sphären von Bildung, Geld, Wohnen und dem erweiterten Konsum wie den häufigen Reisen.

In Hilde Benjamins Biografie kommen diese Widersprüche zwischen Herkunftskultur und neu gewählter politischer Option im Hinblick auf ihre individuelle Vorliebe für Musik zum Ausdruck, die ihr Mann nicht teilte. Ihre Selbstzweifel über diesen Bereich ästhetischer Privilegien aufgrund von bürgerlicher Bildungserfahrung verwies Georg Benjamin in das Gebiet einer durchaus unnötigen „Solidaritäts-Askese", die er ablehnte. „Dazu aber kamen mir Fragen: Ist diese Musik, sind diese Quartette und Sonaten von Mozart und Beethoven und Schubert eigentlich mit dem Kommunismus zu vereinen? Ist das nicht eine elitäre, dem Proletariat fremde Musik?"

Georg Benjamin beantwortete diese Zweifel höchst praktisch durch das Geburtstagsgeschenk eines neuen Electrola-Plattenspielers für seine Frau. Noch bei seiner Verhaftung im Jahr 1936 fand sich ein Zettel mit Notizen für die Erweiterung der gemeinsamen Schallplattensammlung. Die Verweigerung dieser Solidaritätsaskese traf in der linken, besonders in der kommunistischen Arbeiterbewegung, auf einen ausgeprägt moralischen Diskurs, der etlichen emanzipatorischen Tendenzen der „wilden" zwanziger Jahre widersprach. Viele Themen dieses Diskurses hatten einen potenziellen, teilweise auch praktischen Bezug zum Leben des Ehepaars Hilde und Georg Benjamin.

Wohnverhältnisse: vom Schillerpark zur Badstraße

Das neben der Möglichkeit, den Lebensunterhalt durch bezahlte Arbeit oder öffentliche Wohlfahrt zu sichern, wichtigste Gebiet, in dem sich Klassengegensätze niederschlugen, war die Wohnsituation. Im Wedding der Weimarer Republik bestand durchgehend und krasser noch als heute ein Mangel an bezahlbarem Wohnraum. Eine Abhilfe war oftmals nur durch die problematische Unterbringung von Schlafgängern zu schaffen, also durch die Aufnahme von familienfremden Personen, die viele Familien in finanziellen Notlagen in ihren ohnehin schon beengten Wohnungen unterbrachten. Ansonsten auch für viele Familien durch die notgedrungen geduldete prekäre Dauernutzung von wenig dafür geeigneten Gebäuden der vielen Laubenkolonien. Vor allem jedoch durch die Überfüllung der bezirkstypischen Mietskasernen, die deren mangelhafte Infrastruktur noch verschlechterte. All dies verschärfte den Kontrast zu den Häusern der Bessergestellten und den genossenschaftlich erstellten Neubauten. In solchen Kontrast gerieten auch die bürgerlichen Mitglieder der KPD, die sich im Wedding niederließen.

Die Baupolitik des Bezirksamts Wedding stand im Zentrum der von der SPD forcierten Reformen unter dem hochangesehenen Stadtbaurat Martin Wagner. Sie erbrachte durchaus viele vorzeigbare Ergebnisse. In den umfangreichen Bauakten des Weddinger Bezirksamts, die das Landesarchiv der Stadt Berlin speichert, wird im Detail nachlesbar, wie intensiv sich der Bezirk um die Korrektur der „Mietskasernenhölle" bemühte. Er stützte sich dabei hauptsächlich auf die gewerkschaftlichen Wohnungsbaugesellschaften. Sie beschäftigten einige der bedeutendsten Exponenten des Neuen Bauens, die am Wedding und in einigen anderen Berliner Bezirken die Mittel für ihre Reformexperimente erhielten, die heute zum UNESCO-Weltkulturerbe zählen. Unter diesen Architekten waren Walter Gropius, Mies van der Rohe und vor allem Bruno Taut. Sie erhielten die seltene Gelegenheit zur Planung und zum Neubau ganzer Siedlungen auch in Arbeitergebieten in der Periode der vorübergehenden Stabilisierung der wirtschaftlichen Verhältnisse nach 1924.

Georg Benjamin war schon am Anfang seiner Zeit im Wedding bei seinen sozialhygienischen Studien mit der lokalen Wohnsituation vertraut. Aber Einzelmaßnahmen wie die Ledigenheime, die er in seiner Dissertation behandelte, stießen an Grenzen: einerseits in der Kritik der Architekten selbst, vor allem jedoch in der Kritik der KPD, die sich auf soziale Defizite der Siedlung am Schillerpark und bald danach der größeren Friedrich-Ebert-Siedlung im Afrikanischen Viertel richtete.

Die für KPD-Mitglieder nicht unumstrittene Wohnsituation des Ehepaars Hilde und Georg Benjamin in der idyllischen Schillerparksiedlung verdeutlicht – nachdem sie im April 1931 in die in jeder Hinsicht unvergleichbare Wohnung in der Badstraße umgezogen waren – ein Bericht in der *Arbeiter-Illustrierte-Zeitung*. Die *AIZ* ließ einem früheren Artikel über die positiven Wohn- und Lebensverhältnisse einer Moskauer Metallarbeiterfamilie einen Parallelbericht über den Weddinger Bauarbeiter Fournes aus der Kösliner Straße folgen. Der Artikel erschien unter der Überschrift „Die deutschen Filipows" nach dem Namen der im vorhergehenden Artikel porträtierten russischen Familie Filipow. Der erste Artikel preist die Vorzüge des sowjetischen Alltagslebens in Fotografien und Kommentaren. In dem zweiten, den deutschen Verhältnissen gewidmeten Artikel stellt er den lichtlosen Hinterhof der Kösliner Straße 10 – damals schon lange ein Extremfall unter den Weddinger Mietskasernen – gegen das Paradebeispiel des Neuen Bauens in der Friedrich-Ebert-Siedlung. Sie sieht er als unerreichbares Ziel für eine durchaus nicht von extremer Arbeitslosigkeit betroffene proletarische Durchschnittsfamilie wie die des Arbeiters Fournes.

Der *AIZ*-Text unter den Bildern der Neubausiedlung im Afrikanischen Viertel polemisiert gegen die von der SPD häufig und zu Recht als städtebauliche Leistung reklamierte Genossenschaftssiedlung: „Die ‚gesunden Wohnsiedlungen', deren sich die SPD rühmt, [sind] für den heute beschäftigten, morgen aber wahrscheinlich schon wieder arbeitslosen Vater Fournes ebenso unerschwinglich wie für seine nun erwachsenen Kinder. Weil die bescheidenste 2 ½-Zimmerwohnung in der pompösen Friedrich- Ebert-Siedlung 94-104 Mark Miete plus 300 Mark ‚Genossenschaftsbeitrag' kostet, ganz egal, was der Bewohner verdient und nicht wie in der Sowjet-Union, wo der Mietpreis nach dem Einkommen gestaffelt wird [...] Weil das alles so ist, lebt die 7köpfige Familie weiter in der Kösliner Straße und nicht in der feinen Friedrich-Ebert-Siedlung."

Vor der Errichtung der Friedrich-Ebert-Siedlung war die Siedlung des Neuen Bauens am Schillerpark, in dessen ersten fertiggestellten Bauabschnitt das junge Ehepaar Benjamin Mitte 1926 einzog, der erste Genossenschaftsbau des Berliner Spar- und Bauvereins als innerstädtisches Bauprojekt. Die Baubetreuung wurde der GEHAG (Gemeinnützige Heimstätten Spar- und Bau-AG) übertragen, die nach der Planung 1924 mit der schon damals im Berliner Baubetrieb üblichen Verzögerung ihre Leistungen erbrachte. Die nötigen Eigenmittel aufzubringen war für Georg und Hilde Benjamin nach seiner Verbeamtung als Stadtschularzt kein Problem, auch wenn Hilde sich noch in der juristischen Ausbildung befand.

Die soziale Mischung in den ersten beiden Bauabschnitten der Schillerparksiedlung war erheblich sozialdemokratisch geprägt, mit später verschwundenen Elementen einer „Künstlerkolonie". Die Siedlung wurde im Weddinger Volksmund bald als „rote Bonzenburg" bekannt. Dieses Profil verstärkte sich mit der Fertigstellung des dritten Bauabschnitts für Mitglieder des Baugewerbebundes und des Metallarbeiterverbands 1928, deren Funktionäre kaum Sympathien für die Revolutionäre Gewerkschaftsopposition der KPD in deren Sozialfaschismusphase aufbrachten.

Dadurch verschärfte sich für die Benjamins das Gefühl einer politisch-sozialen Minderheitsposition und auch durch die parteiinterne Kritik an der privilegierten Wohnsituation in der schönen neuen Welt der Neubausiedlungen. Hieraus erklärt sich der soziale Druck, unter dem KPD-Genossen wie die Benjamins lebten, die sich eine der Neubauwohnungen leisten konnten. Die ersten beiden Bauabschnitte der Siedlung am Schillerpark mochten zwar von ihrem Architekten Bruno Taut „Volkswohnungen" genannt werden. Jedoch waren ihre 96 Wohnungen eher noch weiter von Erschwinglichkeit für proletarische Durchschnittsverdiener entfernt als die Wohnungen der weit größeren Friedrich-Ebert-Siedlung, die schon etwas weniger aufwändig gebaut wurden. Dabei gab es in beiden Neubausiedlungen KPD-Mitglieder.

Architektonisch setzte Bruno Taut am Schillerpark viele progressive Akzente. Er machte Schluss mit den für den Wedding charakteristischen Mietskasernen mit ihren Hinterhöfen. Die Kombination von Blockrandbebauung und Zeilenbau schuf eine nicht hierarchische Vorder- und Rückseite der Häuser mit einem halboffenen Gemeinschaftsbereich zwischen den Blöcken, als Rasenfläche zur Erholung oder überschaubarem Spielplatz. Für Georgs und Hildes KPD-Genossen in der Siedlung waren die Gemeinschaftsbereiche jedoch so wenig soziale Treffpunkte wie für die meisten der späteren Bewohner, die mit ihren Balkonverglasungen für Abgrenzungen sorgten. Der Architekt Bruno Taut war aufgeschlossen gegenüber Kritik. In der Schillerparksiedlung umging er die Kritik an zu viel Farbe, den die *Rote Fahne* an seinen Zehlendorfer Häusern monierte. Er beließ es bei Farbeffekten an den Eingangstüren.

Die Benjamins waren von solcher Kritik in ihrer Sicht auf die ästhetischen Qualitäten der Neubausiedlung nicht sichtbar berührt. Im Gegenteil, sie verwendeten betonte Farben für die drei Zimmer ihrer Wohnung. Natürlich strahlte auch die Reproduktion des Bildes von Franz Marc, *Rote Pferde*, eine intensive Farbigkeit aus. Für Georg Benjamin stieß dieses Bild auf Erinnerungen an ein mit zahlreichen von seinem Vater erworbenen Pferdebildern behängtes Wohnzimmer in der elterlichen Villa. Ansonsten beschränkt sich Hilde Benjamins Beschreibung der fünf Jahre lang bewohnten Unterkunft auf funktionale Aspekte, und die Erinnerung ihrer Mitarbeiterin Rita Sprengel betont die einfache Gemütlichkeit ihres Wohnzimmers.

Der scharfe Kontrast zwischen den neuen Häusern der Schillerparksiedlung und den eigentlich illegalen, aber geduldeten Behausungen der Laubenkolonie Freudental auf der anderen Seite der Dubliner Straße fiel durch die Fenster des Treppenaufgangs zur Wohnung der Benjamins buchstäblich ins Auge. Er war stadtplanerisch nicht unproblematisch. Denn das Neue Bauen stand in solcher Mischbesiedlung vielerorts in Berlin, so auch hier am Wedding, in einer räumlichen Konkurrenz. Schon im ausgehenden Kaiserreich wurde der Schillerpark auf dem Boden der elenden wilden Laubenkolonien entlang der Barfußstraße angelegt, und ähnliche Anlagen in der gleichen Gegend dienten noch auf Jahrzehnte als urbanes Bauerwartungsland.

Die der Wohnung von Georg und Hilde Benjamin gegenüberliegende Kleingartenkolonie Freudental hielt dem Druck der Stadtplanung bis heute stand, nicht jedoch ihre Nachbarkolonie Albrechtsruh, die für Stenbock-Fermors Sozialreportage *Deutschland von unten* als Modell proletarischen Elends, für die Gestapo wenige Jahre später als kommunistisches Reservat erschien. Die Kooperation mit den kommunistischen Genossen in der Laubenkolonie Freudental war für die Benjamins die Brücke, welche die soziale Kluft zwischen den Wohnsituationen in ihrer täglichen Sichtbarkeit erträglich machte.

Weshalb Georg und Hilde Benjamin im April 1932 aus der von ihnen stets als angenehm empfundenen Wohnung am Schillerpark auszogen, begründete Hilde lediglich mit praktischen Überlegungen. Ihre seit 1927 begründete Rechtsanwaltskanzlei war stetig angewachsen und hatte sie von zwei kleinen Zimmern neben dem neu gebauten Rathaus Wedding in der Müllerstraße in das Verwaltungs- und Wohngebäude der Tresorbaufirma Ade-Arnheim geführt. Arnheim war eine jüdische Firma, die das massive Doppelhaus in der Badstraße 40/41 1892 für ihre Verwaltung und für Wohnungen ihrer Angestellten errichtet hatte, in wirtschaftlichen Schwierigkeiten jedoch, neben der vorangegangenen Fusion mit der Konkurrenzfirma Ade, immer mehr Fremdvermietungen in den Stockwerken oberhalb ihrer Verwaltung im Erdgeschoss vornahm. Nach dem Zwangsverkauf der Firma durch ihre letzte Eigentümerin im Jahr 1938, die selbst Räumlichkeiten unter der Wohnung der Benjamins nutzte, diente das Haus im Zweiten Weltkrieg als Unterkunft für ausländische Zwangsarbeiter.

Auf der der neuen Wohnung der Benjamins gegenüberliegenden Seite der Badstraße gab es vierstöckige Mietshäuser mit Ladengeschäften, links von dem großen Ausbesserungswerk für Straßenbahnen der BVG. Dem alltäglichen Konsum diente die frühe Filiale der US-amerikanischen Firma Woolworth im Haus unter Georg Benjamins Arztpraxis. Ihr gegenüber in der Badstraße 61 befanden sich auch eine Bäckerei der nahen Wittler-Brotfabrik, ein Reformhaus und eine Metzgerei, im Hinterhof auch eine Tankstelle, an der Georg Benjamin sein Motorrad für die Fahrten zu den Arbeitersamaritertreffen auftanken konnte, und mietbare Garagen. Insgesamt also nicht nur Quellen des täglichen Massenbedarfs, sondern auch des gehobenen Konsums und des modernen Verkehrsbetriebs.

Der Umzug der neuen Rechtsanwaltskanzlei kam ihren wachsenden Aufträgen entgegen. Neben Standardbereichen wie Ehescheidungen befasste sich Hilde Benjamin in den drei Kanzleiräumen neben den drei privat genutzten Zimmern der Wohnung immer häufiger mit Hilfsaufträgen für die Rote Hilfe. An ihnen beteiligte sich auch Georg Benjamin, für den der Umzug auch eine Intensivierung der politischen Kontakte durch die größere Nähe zu Parteiinstitutionen und Gewerkschaftsformationen ermöglichte, welche die von ihm unterstützte revolutionäre Opposition gegen die sozialdemokratisch orientierte Leitung teilten. Der zentrale Gesundbrunnen war ein zentrumsnäheres, durch die neue U-Bahnverbindung zum Alexanderplatz mit der Mitte Berlins besser vernetztes Gebiet. Es war zwar erheblich lauter als die ruhige Schillerparksiedlung im Nordwesten des Bezirks, jedoch besaß es auch in sozialer Hinsicht eine für die Benjamins passendere Mischung. Selbst wenn vom Luisenbad am Rande des Haushofes nur noch das Café an der Panke erhalten war und auch die früheren Erntefeste im Hof nicht mehr stattfanden, so gab es an gleicher Stelle doch die Möglichkeit der Treffen mit dem KPD-dominierten Betriebsrat der Tresorbaufirma. Deren Mitglieder und andere von Hausbewohnern bald darauf der Gestapo denunzierte Besucher der Kanzlei Hilde Benjamins waren offensichtlich KPD-Parteigenossen.

Die Badstraße am roten Wedding galt als proletarische Variante dessen, was nach Hobrechts Bebauungsplan für Berlin von 1858 ganz woanders, am Kurfürstendamm, einen Anspruch auf Metropole gestaltete. Für den Ortsteil Gesundbrunnen war es tatsächlich eine Art Boulevard mit seinem Ausbau entlang der ins Zentrum führenden Brunnenstraße und der Badstraße als ihrer Verlängerung. Heute zeugen von diesem auf Repräsentation schielenden Anspruch noch einige erhaltene wilhelminische Luxusaltbauten wie Bankgebäude und das Luisenhaus auf der nördlichen Straßenzeile der Badstraße. Als die Benjamins in das Haus Badstraße 40 einzogen, waren einige der boulevardesken Attraktionen schon verschwunden, wie Ballschmieders Ballhaus unterhalb von Georg Benjamins späterer Arztpraxis.

Die Badstraße blieb bis zur Machtübernahme der Nazis ein geselliges Zentrum des Lebens am Gesundbrunnen, mit zahlreichen politischen Demonstrationen, aber auch einer blühenden Feierabendkultur. Diese Szene beschrieb aus einheimischer Perspektive die Ortsaufnahme eines Flaneurs in der Wochenendbeilage der *Roten Fahne*: „Und abends in die Badstraße. Am Bahnhof Plumpe [Gesundbrunnen] beginnt der Reigen. Eine Straße nur in Berlin, die Sonnabends zu später Stunde noch diesen Verkehr aufweist, vom Humboldthain angefangen bis zur Arschbackenschweiz [wohl der Laubenkoloniebereich um die heutige Osloer Straße], wo es langsam öde wird. Armselige Anspannung in der rauchgeschwängerten Großdestille, armseliges Vergnügen auf weiland Tante Annas Witwenball, die Jubelpfanne existiert ja nicht mehr, der U-Bahnbau hat sie verschluckt." Es ist ein nostalgischer Blick auf ein vergangenes Unterhaltungsparadies, mit dessen Restbeständen um die ihm vertrauten KPD-Lokale herum Georg Benjamin sich kaum beschäftigte. Die in ihrem unpolitischen Lokalkolorit für die *Rote Fahne* wenig typische Beschreibung entspricht mehr den dokumentarischen Passagen von Arbeiterliteratur, wie dem seinerzeit noch nicht veröffentlichten Roman Otto Nagels *Die weiße Taube oder Das nasse Dreieck*.

Familienökonomie

Auch wenn ein bürgerlicher KPD-Genosse im roten Wedding seinen Wohnsitz nahm, war es den proletarischen Parteimitgliedern klar, dass dies nicht aus Not geschah, sondern sich einer politischen Entscheidung verdankte. Genau dies sah Brecht als Charakteristikum des „bürgerlichen Revolutionärs". Vom Misstrauen gegen Georg Benjamin aus diesem Grund ist deshalb zwar nirgends die Rede, aber die ökonomischen Unterschiede zwischen den Neuzugezogenen und ihrer im Verlauf der zwanziger Jahre immer mehr aus Arbeitslosen bestehenden Wählerschaft, den gewerkschaftlich organisierten Arbeitern als KPD-Mitgliedern und den Funktionären der Partei waren nicht zu verbergen.

Hilde Benjamin macht rückblickend auch kein Hehl aus solchen ökonomischen Vorteilen der früheren sozialen Lage. Sie spricht an einigen Stellen von einer „äußerlich gesicherten Existenz", im Gegensatz zu einigen anderen Darstellungen der Familienökonomie ihres einstigen Haushalts am Wedding. Diese fokussieren sich auf die wirtschaftliche Lage nach den Entlassungen Georg Benjamins aus allen öffentlichen Ämtern, als Hilde, unterstützt von ihren Eltern, allein für den Lebensunterhalt für ihren Sohn und sich selbst verantwortlich war. Selbst in dieser schwierigen Situation hebt sie die wirtschaftliche Situation der Familie als unkritisch hervor. Freilich belässt es ihre Biografie ihres Mannes bei gelegentlichen Hinweisen auf die Sicherheit der Familie vor krassen wirtschaftlichen Einbrüchen. Sie spart die ökonomische Basis dieser Situation ansonsten vollständig aus.

Georg Benjamin hatte sich sofort nach dem Abschluss seines Medizinstudiums um eine bezahlte Stellung in der Säuglingsfürsorge und bald darauf im Bezirksamt Wedding bemüht – mit promptem Erfolg. Sein Ehrgeiz, der durchaus auch die Bemühung um gut besoldete Positionen in der Gesundheitspflege einschloss, war auch an anderem Ort den engeren Mitarbeitern in den KPD-Nebenorganisationen bekannt. Zunächst zielte dabei sein Bestreben auf die persönliche Unabhängigkeit von seiner Familie, die sein Studium finanziert hatte und, wie bei seinem Bruder, die jeweiligen Ausgaben notierte, wozu sie auch die Inflationszeit mit erheblichen Verlusten veranlasste. Georgs Eheschließung verstärkte die Notwendigkeit der wirtschaftlichen Vorsorge, da das junge Ehepaar nicht unbedingt hinter ihr kulturelles Anspruchsniveau zurückfallen wollte. Hilde Benjamin war hier scheinbar unsicherer als ihr Mann – sie hatte sich zum Teil schon ihr Studium durch eigene Arbeitsverdienste ermöglichen müssen.

Kurz nach der Hochzeit konnte Georg dann wie seine Geschwister, nach dem Tod von Emil Benjamin, über einen Erbteil von 16.800 Reichsmark verfügen. Zusätzlich entfiel auf ihn wie für seine Schwester Dora ein weiterer Anteil von 13.000 RM. Das entsprach halbwegs den laufenden Zuwendungen, die sein Bruder schon jahrelang von seinem Vater bezogen hatte. Dieser Erbschaft folgten in den Jahren nach dem Tod der Mutter Pauline im November 1930, mit erheblicher Verzögerung, die jeweiligen Anteile der drei Geschwister am Verkauf der Villa in der Grunewalder Delbrückstraße. Von denen fiel Walter Benjamins geschiedener Frau Dora Sophie nach der Scheidung der Anteil ihres Mannes zu. Sie übernahm die anderen beiden Anteile von ihrer Schwägerin Dora Benjamin und Georg Benjamin und war seit 1933 im Berliner Adressbuch als Eigentümerin des Mietshauses Delbrückstraße 23 eingetragen. Sie selbst schätzte vorher das nach der Scheidung auf sie entfallende Drittel des Erbes optimistisch auf 100.000 bis 120.000 Reichsmark.

Zwar gelang es ihr, die Villa im Jahr 1935 zu verkaufen, aber doch nur unter dem ihre Position schwächenden Druck der Erwartung von jüdisches Eigentum bedrohenden Gesetzen, so dass ihr Erlös wohl erheblich unter ihren ursprünglichen Einschätzungen lag. Immerhin vermochte sie die ihr verbleibende Kaufsumme vor dem Zugriff der bald eingeführten Restriktionen und vor allem vor der bereits seit 1931 erforderlichen Steuerabgabe für Auslandstransfers aus Deutschlands zu bewahren. Innerhalb Deutschlands waren ähnliche finanzielle Transaktionen selbst für die jüdische Bevölkerung noch auf einige Zeit möglich.

Im Vergleich mit solchen Summen, die nach heutiger Währung in Euro etwa mit fünf multipliziert werden müssten, nahmen sich die regelmäßigen Einkünfte, ab 1928 auch die Einkünfte Hilde Benjamins in ihrer Rechtsanwaltskanzlei, relativ moderat aus. Nach Georgs Entlassung aus der Stadtschularztposition 1931, noch mehr nach der Entfernung beider Eheleute aus allen öffentlichen Verdienstmöglichkeiten, wurde ihre ökonomische Basis zwar erheblich schmaler, aber bis zu Georgs Zuchthausstrafe 1936 verfügten beide noch über kürzere (Georg) oder längere (Hilde) Einkünfte aus Tätigkeiten für die sowjetische Botschaft bzw. deren Handelsabteilung, beides mit einer Besoldung, die meist erheblich höher war als bei vergleichbaren deutschen Arbeitsstellen.

Insgesamt litt die Familie Georg und Hilde Benjamin bis zur vollständigen Durchsetzung des faschistischen Regimes keine wirtschaftliche Not. Hilde Benjamin erwähnt ihre Möglichkeit, bei verschiedenen Gelegenheiten einige ihrer Parteigenossen zu unterstützen. Dies bestätigen Äußerungen von einigen der Mitarbeiter und Genossen Georg Benjamins. Im eigenen Leben sparten die Benjamins auch nicht in Bereichen gehobenen Konsums, an den sie gewöhnt waren. Dies galt etwa bei ihren Erholungsreisen, von denen im Vergleich zum späteren kapitalistischen Massentourismus einige nicht sehr aufwändig, andere unverhältnismäßig teuer waren. Für beide waren diese regelmäßigen Reisen ans Meer und in die Alpen ein starkes Bedürfnis. Bis 1933 reisten sie beide zu Ostern, im Sommerurlaub und im Winter an ihre Lieblingsziele an der Ostsee, in Tirol, im Riesengebirge und an den Seen Oberitaliens. Georg nutzte nach der Entlassung aus dem KZ Sonnenburg und der üblichen vorübergehenden Entlastung von Parteiaufgaben die Zeit zu einer ausgedehnten Reise in die Schweiz und an die oberitalienischen Seen. Eine kürzere Reise bezog auch den Sohn Michael ein.

Ein weiterer, nicht sehr aufwändiger Bereich modernen Konsums war die Mobilität. Georg benutzte in den Jahren vor der ersten Haft des Öfteren ein Motorrad für Parteitermine und Einsätze des Arbeiter-Samariter-Bundes. Eine neue Zündapp, für die im *Vorwärts* geworben wurde, kostete kaum mehr als 1000 RM. Er entschloss sich auch angesichts des für Juden in Deutschland noch bis 1935 möglichen Führerscheinerwerbs für Fahrstunden. Es kam jedoch nicht mehr zum Erwerb eines Autos. In gewerblichen und freiberuflichen Bereichen schon verbreitet war das moderne Kommunikationsmittel Telefon, das für beide Ehepartner beruflich und auch für die politische Arbeit unumgänglich war. Bei all dem ist zu berücksichtigen, dass die Kluft zwischen gehobenem Konsum des Bürgertums, der auch am Wedding möglich war, und den Lebensverhältnissen der proletarischen Umgebung, nicht nur der Arbeitslosen, ungleich größer war als in der westdeutschen Gesellschaft nach 1945, in der sich erst neuerdings diese Schere wieder weiter öffnet.

Was immer vom Erbe der Grunewald-Villa übrig blieb und später den Enteignungsmaßnahmen der Nationalsozialisten gegen jüdisches Eigentum entging: Die wirtschaftlichen Verhältnisse Hilde und Georg

Georg Benjamin
im Jahr 1935

Benjamins bedurften spürbar steigender Sorgfalt. Ihrer Stenotypistin in der Anwaltskanzlei, Gittel Weiß, konnte Hilde Benjamin bei Weitem nicht die 250 Reichsmark Monatslohn anbieten, die Gittel vorher bei der sowjetischen Botschaft erhalten hatte. Der Betrieb der Arztpraxis im proletarischen Kernbereich des Gesundbrunnens, der nur auf wenige zahlungskräftige Patienten außerhalb der Kassen aufbauen konnte, veranlasste Georg Benjamin zur Vertretung eines Kollegen in der Neuköllner Säuglingsfürsorge. Sie erbrachte so eben die Miete und Reinigungskosten von 117 Reichsmark für die drei Räume der eigenen Praxis.

Nach einer Aufstellung Michael Benjamins in einem Text über das jüdische Leben im Wedding trug die kassenärztliche Praxis seines Vaters im ersten Jahr wegen der anfänglichen Investitionen, aber auch wegen der oft kostenlosen Behandlung bedürftiger Patienten und der seltenen Privatpatienten deutliche Verluste ein. So wurde die medizinische Ausstattung der Praxis auf Teilzahlungsbasis angeschafft. Nach dem Verlust der gewohnten Einnahmequellen durch die Machtübernahme der Nationalsozialisten bemühten sich beide Eheleute um gut entlohnte medizinische bzw. juristische Tätigkeiten für die sowjetische Botschaft in Berlin, die zu dieser Zeit weit über 2000 deutsche Mitarbeiter finanzierte. Nach Georgs Antritt seiner Zuchthausstrafe 1936 waren es dann seine Frau selber und ihre Eltern, auf denen die Bürde der regelmäßigen Versorgung für seine Frau und seinen kleinen Sohn lastete. Die für Hilde Benjamin nach dem Tod ihres Mannes mögliche Rückgabe des obligatorischen NS-Arbeitsbuchs Ende 1942 sah sie jedoch als Befreiung von einer Last, nicht als Erschwernis.

Über die wirtschaftlichen Bedingungen der Familie bestand während Georg Benjamins Zuchthaushaft nicht immer Klarheit. Als es eine Zeit lang möglich schien, nach seiner Entlassung aus dem Zuchthaus gemeinsam nach Bolivien oder in die USA zu emigrieren – eine Hoffnung, die sich bald zerschlug –, musste Hilde Benjamin zunächst die finanziellen Voraussetzungen erkunden, die dieses Ziel realisierbar machen könnten. In einem seiner Briefe des Jahres 1941 konnte Georg Benjamin erleichtert auf die Nachricht reagieren, dass dieses Problem wohl geklärt sei. Zu vermuten ist, dass dies mit Hilfe von Hildes gutsituierten „arischen" Eltern, bei denen sie gemeldet war, darstellbar gewesen sein dürfte, oder auch mit einer Intervention der jüdischen Hilfsorganisationen für die Auswanderung.

Einer der letzten Kassiber Georg Benjamins für seine Frau bei der Arbeit im „Arbeitserziehungslager" Wuhlheide, datiert auf den 30. Juli 1942, wird in seiner Biografie unvollständig reproduziert: Hilde Benjamin veröffentlichte eine Kopie der ersten von insgesamt vier Seiten und transliteriert aus der Sütterlinschrift ihres Mannes die erste und die letzten zwei Seiten des Textes. Ohne jede Markierung der Auslassung übergeht sie die eine ganze Manuskriptseite umfassende Passage, die sich auf die zukünftige Ausbildung des gemeinsamen Sohnes Michael bezieht.

Die Passage erlaubt einen erstaunlichen – bei einer Aufnahme in die Veröffentlichung der Biografie Georg Benjamins für DDR-Leser wohl verwirrenden und für das korrekturlesende ZK der SED vermutlich anstößigen – Blick auf die finanziellen Ressourcen der Familie: „*Mischa*

[Michael]: Wäre ein Schweizer Internat möglich, was gleichzeitig Dir größere Bewegungsfreiheit geben würde? Oder ist das devisenmäßig unmöglich? Dann wäre ich sehr für 4-6 stündigen wöchentlichen Privatunterricht in Fächern, die ihm besser liegen. Jedenfalls sollte man auch bei kurzer Prospektion seine Begabung nicht lang liegen lassen." Das ZK der SED bewahrte den Kassiber im Archiv des Instituts für Marxismus-Leninismus auf. Schon sieben Jahre vorher hatte Walter Benjamins geschiedene Frau Dora Sophie nach der Abmeldung des gemeinsamen Sohnes Stefan vom Grunewald-Gymnasium für ihn einen ähnlichen Plan gehabt, jedoch bald festgestellt: „Die Schweiz ist prohibitiv teuer."

Die berechtigte Frage nach Devisenproblemen setzt das Vorhandensein von Finanzmitteln ebenso voraus wie früher schon die Überlegungen im Briefwechsel zwischen Georg und Hilde Benjamin zu einer vielleicht möglichen Emigration. Ihre Sorge bei der Durchsicht der Biografie ihres Mannes war sicher berechtigt, dass der Kassiber – ein weiterer Beleg für Georg Benjamins väterliche und auf die Ehefrau bezogene Fürsorglichkeit kurz vor dem Abtransport in das KZ Mauthausen – zum hämischen Vorwurf unpassender bürgerlicher Privilegien des kommunistischen Widerstandskämpfers funktionalisiert werden könnte. Doch Georg Benjamins Widerstand wird keineswegs durch sein bürgerliches Erbe entwertet. Dies hebt natürlich die Problematik eines solchen Umgangs mit Dokumenten nicht auf.

Kultur und Konsum

Über die „äußerlich gesicherte Existenz" hinaus, von der Hilde Benjamin im Rückblick auf ihre frühen Ehejahre im Wedding spricht, standen auch die erweiterten kulturellen Bedürfnisse der beiden Ehepartner miteinander im Einklang. Wenn am Beginn ihrer intensiven Beziehung die Lektüre von Thomas Manns *Zauberberg* als Bestseller stand, so verschob sich im gemeinsamen Leben am Wedding doch das Schwergewicht in Bezug auf Bücher als wichtigstem gemeinsamen Medium entscheidend. Die Liebe Hilde Benjamins aus der Jugendzeit zur Musik, Georgs zu Rätselaufgaben und zum Schachspiel blieben unvermindert bestehen. Aber ihr literarischer Bildungshorizont erweiterte sich um russische Klassiker und moderne sowjetische Werke wie die von Pantelejew, Gladkow, Fedin und Makarenko.

In der zeitgenössischen deutschen Literatur traten Werke mit unmittelbarem politischem Bezug in den Vordergrund. Unter ihnen natürlich auch das Buch von Klaus Neukrantz, *Barrikaden am Wedding*, über den Polizeiterror im Mai 1929. Vor allem jedoch lasen beide die Bücher der neuen Arbeiterschriftsteller im Umkreis des Bundes proletarisch-revolutionärer Schriftsteller wie Willi Bredel, Karl Grünberg und Hans Marchwitza. Besonders schätzte Georg Benjamin Kurt Kläbers halbdokumentarische Erzählungssammlung *Barrikaden an der Ruhr*. Aber auch bürgerlich-humanistische Literatur wie die Werke von Henri Barbusse, Ludwig Renn sowie Arnold Zweig und die frühen Bücher von Anna Seghers gehörten zur gemeinsamen Lektüre. Im Vergleich mit Walter Benjamin zeigt sich in diesem Spektrum nur die Lücke in der modernen Weltliteratur in der deutschen, westeuropäischen und amerikanischen Literatur (Thomas Manns *Zauberberg* sollte hier eine Ausnahme bleiben). Es fehlt etwa jeder Hinweis auf Franz Kafka, der sich in Hilde Benjamins Studienzeit in Steglitz aufhielt und dessen allmählich bekannt werdende Schriften nach seinem Tod für Walter Benjamin und auch Bertolt Brecht ein wichtiger Bezugspunkt wurden.

Für Theaterveranstaltungen mussten die Benjamins den Bezirk Wedding meist in Richtung Berlin-Mitte verlassen. Dort sahen sie die legendäre Inszenierung von Bertolt Brechts *Dreigroschenoper* im Theater am Schiffbauerdamm, dort erlebten sie die Hörfassung der *Maßnahme*. Am Theater am Kurfürstendamm sahen sie die Berliner Inszenierung von Brechts *Aufstieg und Fall der Stadt Mahagonny*. Dies, obwohl Brecht – politisch deutlich von Karl Korsch beeinflusst, der als Oppositioneller aus der KPD ausgeschlossen worden war – nicht zum Kreis der ihnen Vertrauten zählte. Wie Brechts fanden auch Erwin Piscators Inszenierungen, die sie besuchten, nicht am Wedding statt, aber gelegentlich zumindest trat das von Piscator geleitete „Proletarische Theater" auf seinen Tourneen auch im Wedding auf; und gelegentlich ebenfalls Gustav von Wangenheims Aufführungen der „Truppe 31" auf ihren Tourneen durch die Berliner Arbeiterbezirke. Den Benjamins entgingen natürlich auch nicht einige der lokalen Auftritte der KPD-Agitproptruppe „Der rote Wedding", an denen auch Erich Mielke, in benachbarten Parteizellen des Soldiner Kiezes heimisch, beteiligt war.

Aus dem russischen Exil beschrieb Friedrich Wolf 1935 in seiner Studie „Schöpferische Probleme des Agitproptheaters" die politische Funktion des Arbeitertheaters als zwar parteilich, aber nicht im Sinne eines Parteitheaters: „Das Arbeitertheater war kein Parteitheater in dem Sinn, daß ausschließlich Mitglieder der KPD für ihre Genossen Aufführungen veranstalteten. Ganz anders: Auch viele ‚Indifferente' (wie damals uninteressierte und unerfahrene Arbeiter genannt wurden) schlossen sich den Arbeiterspielgruppen an, aber sie blieben nicht lange indifferent; auch viele parteilose, sozialdemokratische, christliche Arbeiter, Angehörige der Mittelschichten und Bauern gehörten zum Publikum des Arbeitertheaters, aber sie begriffen angesichts dieses Theaters etwas von der Kraft und den Zielen der revolutionären Partei." Stärker entlang ästhetischer Traditionen beschrieb Béla Balázs solche Aufführungen: „Es war *commedia dell'arte* auf dem Wedding oder in Neukölln 1931", und nannte als ihre Voraussetzung die restlose Homogenität von Spielern und Publikum, ein Hinweis, der an die Außenperspektive aller Benjamins erinnerte.

Der enthusiastische Bericht in der *Roten Fahne* vor den Reichstagswahlen im September 1930 über eine Aufführung der Truppe „Der rote Wedding" am Hauptort der Unruhen des Blutmai in der Kösliner Straße am Wedding bezog sich ausdrücklich auf eine Hausaufführung, die an das Geschehen ein Jahr zuvor erinnerte. Der Bericht betont die soziale Geschlossenheit von proletarischen Spielern und Publikum.

Oftmals nutzten auch der Arbeitersänger Ernst Busch und der populäre Lyriker und Kabarettist Erich Weinert den roten Wedding als ein ihnen kongeniales Terrain. Eine Sonderstellung unter den von Hilde und Georg Benjamin besuchten Theateraufführungen nahm Friedrich Wolfs Drama *Cyankali* als Stück über die verhängnisvollen Folgen des § 218 ein, weil hier die politische Kampagne des Autors mit Georg Benjamins agitatorischer und auch ärztlicher Praxis zusammenfiel.

Noch nach Jahrzehnten erinnerte sich Hilde Benjamin an ihre Begeisterung beim Besuch von Piscators Inszenierung von Ehm Welks *Gewitter über Gottland* im März 1927. Das Stück thematisiert den historischen Konflikt aus dem 14. Jahrhundert zwischen dem proletarischen Vitaliener-Bund und der protokapitalistischen Hanse. In ihm verwandelte sich Klaus Störtebeker, der Anführer der Vitalienbruderschaft, durch filmische Einspielungen, in Lenin. Auch die in der Aufführung gezeigten Zwischentitel „Diktatur des Proletariats" und „Erste sozialistisch-bolschewistische Bewegung" mussten der sozialdemokratischen Intendanz der Volksbühne übel aufstoßen. Die Aufführung nahm die Tendenz der KPD-Sozialfaschismusthese und ihrer Einheitsfront „von

Aufführung der Agitprop-Gruppe *Roter Wedding* im Hinterhof einer Mietskaserne

unten" der folgenden Jahre vorweg, den Versuch mithin, die Arbeiter gegen den parlamentarischen Reformismus in Stellung zu bringen.

Die Politisierung der Medien war für die Weimarer Zeit charakteristisch und in vielen Fällen für die emotionale Wirkung der Medien ausschlaggebend. Der Film war hierfür in der zweiten Hälfte des Jahrzehnts von herausragender Bedeutung. Besonders die sowjetischen Filme waren in der Lage, soziale Botschaften wirkungsvoll zu vermitteln und massentauglich zu werden. Daher auch die Verbotsaktivitäten der Behörden im Fall von Sergej Eisensteins Film *Panzerkreuzer Potemkin* von 1925 und bald danach gegen Piel Jutzis *Mutter Krausens Fahrt ins Glück*, ein Film über den Wedding der Gegenwart von 1929. Friedrich Wolfs Skandalstück *Cyankali* wurde ebenso von Verboten begleitet wie seine 1931 folgende Filmversion. Hilde und Georg Benjamin waren schon lange vorher am neuen Medium Film interessiert. Am Beginn ihrer engeren Beziehung stand der Leninfilm *Sein Mahnruf* im November 1925, dem sie eine gleichsam symbolische Bedeutung zuerkannten. Er passte zu ihrem Filter der „Teilnahme an allem, in dem sich die Kunst des Proletariats manifestierte". So wie auch Sergej Eisensteins Film mit seiner Feier kollektiven Widerstands im russischen Revolutionsjahr 1905, der stärker als der Leninfilm zu einer spontanen Identifikation einlud.

Unter den Künsten gab es im Interesse der Benjamins eine deutliche Lücke im Feld der bildenden Kunst. Von zeitgenössischen Malern erwähnt Hilde Benjamin, im politischen Zusammenhang, Käthe Kollwitz. Und natürlich unter den expressionistischen Malern Franz Marc, dessen Bild *Rote Pferde* sie in einer noch erhaltenen Reproduktion in das gemeinsame Zimmer der Wohnung am Schillerpark und in alle späteren Familienunterkünfte hängte. Aber von der für den Wedding herausragenden Ausstellung unter dem Namen des Bezirks Wedding von 1926/27, die in ganz Berlin zirkulierte, findet sich in Hilde Benjamins Texten keine Spur. Um diese Ausstellung drehte sich eine linke kunsttheoretische Debatte zwischen John Heartfield als Vertreter einer sozialistischen Tendenzkunst (bei allem Modernismus seiner Collagen und Fotomontagen) und Befürwortern einer dem Proletkult nahen Kunstauffassung, die stärker die malerischen Qualitäten des Mediums betonte. Selbst die überaus fruchtbare revolutionäre konstruktivistische Malerei und ihre Gegentendenzen hinterließen bei den Benjamins kaum Wirkung. Sie enthielten sich offensichtlich der zeitgenössischen Kontroversen auf diesem Gebiet, die für viele der Intellektuellen um die KPD von erheblicher Bedeutung wurden.

Trotz der großen, wenn auch stark fluktuierenden Wählerschaft der KPD im Wedding bestand bei der Partei nie die Erwartung, dass sie die angestrebte Hegemonie über einen massenhaften Eintritt in die Partei oder auch nur in ihre Nebenorganisationen würde erreichen können. Dies trotz ihrer regelmäßigen Werbemaßnahmen, die jedoch die erstaunliche Fluktuation der Mitgliedschaft nicht nennenswert begrenzen konnten. Auch die Häuserblock- und Betriebszeitungen unter Führung der

Fotografie der Reproduktion von Franz Marcs *Roten Pferden* in der Pankower Wohnung Ursula Benjamins, der Schwiegertochter von Georg und Hilde Benjamin

KPD konnten jeweils nur einen begrenzten Einfluss auf nicht in der Partei Organisierte ausüben. In der Phase der Weltwirtschaftskrise ab 1928 mit ihrer Zuspitzung der politischen Konflikte gewann ein neues bzw. erneuertes Mittel der politischen Persuasion an Bedeutung, das eine zwar punktuelle, aber direkte Beziehung zwischen Partei und Publikum mit populärkulturellen Mitteln herstellen konnte. Es handelte sich dabei um die früher schon in der Arbeiterbewegung bekannten Sprechchöre und Agitpropgruppen, die nicht auf die ansonsten massenwirksamen Schauplätze linker Parteien angewiesen waren (wie die Pharussäle in der Müllerstraße und die inzwischen am Wedding verbreiteten Kinos). Sie konnten öffentliche Plätze ebenso benutzen wie die zahlreichen Hinterhöfe der dicht besiedelten Mietskasernen. In diesem Bereich waren die Sprechchöre das einfachste und früheste Medium.

Im Zuge einer Wiederbelebung der Sprechchorstrategie schrieb 1926 Maxim Valentin einen Sprechchor für eine Lenin-Liebknecht-Luxemburg-Gedächtnisfeier, die im Januar mit Jungkommunisten im Wedding aufgeführt wurde. Diesen Chor übernahm in veränderter Form Ende des Jahrzehnts die Truppe „Das Rote Sprachrohr", ergänzte ihn um szenische Elemente und das von Hanns Eisler komponierte „Kominternlied". Dies Medium benutzten ebenfalls die Agitpropgruppe „Der rote Wedding", eine der vielseitigsten unter etlichen in Berlin aktiven Agitpropgruppen, wie auch die „Sturmtruppe Alarm", „Die junge Garde", die „Tempo-Truppe", „Die roten Blusen" und „Die roten Trommler". Sie dienten meist der Haus- und Hofagitation und spielten auch in Gasthäusern, Kinos, Freibädern und Laubenkolonien, in der S-Bahn, vor Fabriktoren und während Demonstrationen auf Straßen und Plätzen. Sie konnten sich auf die Unterstützung durch Parteikünstler und bürgerliche Intellektuelle verlassen. Auch für den „Roten Wedding" war Hanns Eisler als Komponist tätig, und vom beliebten Rezitationslyriker Erich Weinert stammte der Text für das gleichnamige Lied, das sich bald vom unmittelbaren Anlass des Entstehungskontextes löste und eine internationale Wirkungsgeschichte bis zum Spanischen Bürgerkrieg und weiter nach sich zog.

Das Lied „Der rote Wedding" wurde zum Kampflied der internationalen Arbeiterbewegung in zahlreichen Übersetzungen. Seine Wirkung stützte sich besonders auf die kämpferische Eingangsstrophe, die in ihren Wiederholungen zum Refrain wird:

Links, links, links, links! Die Trommeln werden gerührt!
Links, links, links, links! Der „Rote Wedding" marschiert!
Hier wird nicht gemeckert, hier gibt es Dampf,
denn was wir spielen, ist Klassenkampf
nach blutiger Melodie!
Wir geben dem Feind einen kräftigen Tritt,
und was wir spielen, ist Dynamit
unterm Hintern der Bourgeoisie.

In einer der Strophen gibt es den einzigen aktuellen Bezug auf den Weddinger „Blutmai" 1929. Ihr Pathos stellt eine Verbindung zu dem, was die Zuhörer kannten, her:

Links, links, links, links! Trotz Zörgiebels Polizei!
Links, links, links, links! Wir gedenken des Ersten Mai!
Der herrschenden Klasse blut'ges Gesicht,
der rote Wedding vergißt es nicht
und die Schande der SPD!

Sie wollen uns das Fell über die Ohren ziehn,
doch wir verteidigen das rote Berlin,
die Vorhut der Roten Armee.

Die Metaphorik und der Rhythmus dieses von Weinert in großer Hast geschriebenen und von Eisler komponierten Liedes stellen eine Verbindung zu der paramilitärischen Schutztruppe der KPD, dem Roten Frontkämpferbund, her. Etliche der Mitwirkenden dieser Agitpropgruppe gehörten dieser Organisation tatsächlich an. Die Farbe Rot wird zum Symbol des Opfers wie zugleich des Widerstands. Damit wurde die Entgrenzung des Begriffs „roter Wedding" von einer in Bezug auf andere proletarische Zentren Deutschlands nur geografischen in eine internationale zeitliche Dimension übertragen. Dies geschah bald in den Internationalen Brigaden im Spanischen Bürgerkrieg. Einige der an die nationalsozialistischen Besatzer Frankreichs ausgelieferten republikanischen Verlierer dieses Bürgerkriegs traf Georg Benjamin am Tage seiner Einlieferung ins KZ Mauthausen am 15. August 1942. Hilde Benjamin wählte das Lied noch 1965 als eine Begleitmusik zu einem Rundfunkinterview des Deutschlandsenders, in dem sie auch zu ihren Erfahrungen ihres Lebens im Wedding befragt wurde.

Georg Benjamins Politik

Im heutigen Wedding sind nur Reste seiner architektonischen Vergangenheit aus der roten Blütezeit zu sehen: das neue Rathaus von 1930, die Gartenstadt Atlantic, das Ledigenheim am Brunnenplatz, die Siedlungen des Neuen Bauens am Volkspark Rehberge, am Schillerpark und an anderen Stellen des Bezirks. Alle diese Orte waren mit den Reformen nach der Revolution von 1918 und mit der Berliner Arbeiterbewegung an ihren Höhepunkten der 1920er Jahre verbunden. Der Wedding als dritter Bezirk des 1920 neu kartierten Groß-Berlin, aber schon Bestandteil des alten Berliner Stadtgebiets, versammelte revolutionäre wie reformerische Bestrebungen der Linken und ihres intellektuellen und politischen Vorhofs. Hier gewann sozialistische Politik massenwirksame Gestalt und nahm auf den Straßen wiederholt gewaltförmige Formen an. Hier spitzten sich die Konflikte zwischen den Parteien im sozialistischen Umfeld zu – bis zu ihrer Auslöschung durch den nationalsozialistischen Terror, in den das Misslingen aller Einheitsbestrebungen in der deutschen Arbeiterbewegung schließlich mündete.

Schon vor der Weimarer Republik war der Wedding ein Zentrum von Organisationen der Arbeiterbewegung. Im Nordberliner Reichstagswahlkreis erreichte die SPD schon zwei Jahre nach ihrer Gründung mit Wilhelm Liebknecht eine sozialdemokratische Stimmenmehrheit. Sein Sohn Karl Liebknecht wurde 1908 mit großer Mehrheit als sozialdemokratischer Landtagsabgeordneter in Preußen gewählt und kämpfte gegen das undemokratische preußische Dreiklassenwahlrecht. Der den Wedding einschließende Nordberliner Reichstagswahlkreis war 1916 nach einer Äußerung der Politischen Abteilung des Polizeipräsidiums mit „durchweg waschechten extrem radikalen Genossen" besetzt. Dies machte sich in Streiks von kriegswichtigen Industriebetrieben wie der AEG, Schwartzkopff und anderen bemerkbar, deren Beschäftigte mit der Antikriegspolitik Karl Liebknechts sympathisierten.

Der erste radikale Zusammenschluss revolutionärer Kräfte, die sich im Wedding bei Initiativen zur Parteigründung auf den Kommunismus beriefen, kam dennoch durch eine Intervention von außen zustande. Seine zentrale Figur war der Bremer Linksradikale Johann Knief, der im Sommer 1917 Delegierte für die geplante Gründung einer Internationalen Sozialistischen Partei Deutschlands im Lokal von Paul Dietze in der Weddinger Barfusstraße um sich versammelte. Die Polizei verhinderte die Gründung der ISPD, jedoch nicht die Bildung einer Folgegruppe, die sich Internationale Kommunisten Deutschlands (IKD) nannte und sich als Ziel die gewaltsame „unmittelbare Herbeiführung des Kommunismus" setzte. Der Eingriff des von der Kommunistischen Internationale nach Berlin entsandten Karl Radek – eine weitere Intervention von außerhalb – konnte diese Gruppe aus ihrem Sektierertum befreien, sie vom Anschluss an den Spartakusbund überzeugen und damit in die Gründung der KPD zum Jahreswechsel 1918/1919 integrieren.

Wie in den Spaltungen der sozialistischen Parteien Deutschlands im Ersten Weltkrieg, so entstand auch am Wedding in den großen Industriebetrieben eine folgenreiche Spaltung innerhalb der Arbeiterbewegung, nachdem die wichtigsten von ihnen einen „Zentralrat der sozialistischen Republik" als Versuch einer proletarischen Einheitsbewegung ausgerufen hatten. Sie scheiterte an der Koalition zwischen der SPD-geführten Regierung und dem kaiserlichen Militärapparat, die zusammen die Revolution des Spartakusbundes blutig niederschlugen. Besonders am Wedding trieb dies einen Keil zwischen die Mehrheits-SPD und die erstarkende kommunistische Bewegung.

In dieser linken Szene kam der Begriff „roter Wedding" zu seiner vollen Bedeutung. Er entfaltete einen Assoziationshof um sich herum, der ihn für andere Regionen mit proletarischer Bevölkerung anziehend machte. Unter den zahlreichen kleinen, fast immer kommunistischen Zeitschriften, die im Titel „der Wedding" trugen, waren etliche überhaupt nicht im Wedding lokalisiert, sondern zum Beispiel in Bremen, Köln, Essen, Berlin-Spandau und Charlottenburg. Der Name des Bezirks wurde so zu einem mit politischem Gehalt assoziierten.

Der parlamentarische Kampf zwischen SPD und KPD um die Meinungsführung im Bezirk band viele Energien in allen kommunalen Gremien, vor allem in der neu eingerichteten Bezirksverordnetenversammlung, die bis 1930 im Ledigenwohnheim zusammentrat. Die Bedeutung der politischen Konkurrenz war jedoch für die beiden führenden Parteien unterschiedlich: die SPD brauchte ihre Mehrheiten im Bezirk und im preußischen Landtag für die Durchsetzung einer sozialdemokratischen Reformpolitik in der Weimarer Republik. Sie erzielte hierin nach der Überwindung von revolutionären Aufständen und der Inflation eine am Wedding stets gefährdete und unvollständige Wirkung in Beschäftigungsprogrammen für die zahllosen Arbeitslosen und in der Wohnungsbaupolitik mit aufgeschlossenen modernen Architekten.

Für die KPD dagegen war die parlamentarische Demokratie nur ein schlechter Ersatz für die erhoffte Revolution mit der erstrebten Diktatur des Proletariats nach dem erfolgreichen Vorbild der Sowjetunion. Dieser Anspruch überdauerte die Phase seiner realistischen Perspektiven auf regionaler Ebene in einigen Industriezentren. Bei der KPD entstand ein ständiges Schwanken zwischen der punktuellen Unterstützung einiger sozialer Initiativen im gegebenen kapitalistischen Rahmen, dem Versuch einer Mehrheitsgewinnung in Einheitsverbindungen und im radikalen Protest gegen die Fortschreibung des bestehenden Systems und seiner parlamentarischen Formen, für die sich in radikaler Polemik der Begriff „Affentheater" verbreitete. Dieser Zwiespalt nahm im roten Wedding krasse Formen an, gerade weil sich hier die KPD allmählich, bei allen Absplitterungen und sektiererischen Neubildungen und bei aller Fluktuation ihrer Mitglieder und Wähler, zur stärksten Partei entwickelte. Der Wedding wurde zu ihrer Hochburg und sie vereinigte ab 1928 stets die meisten Stimmen aller Wahlen auf sich. Jedoch blieb im Wedding diese Mehrheit immer knapp unterhalb der absoluten. Das Amt des Bezirksbürgermeisters blieb bald durchweg in der Hand der SPD, die sich dabei auf den geschlossenen Block aller bürgerlichen Parteien stützen musste.

Für bürgerliche Sympathisanten und radikale Parteigänger besaß der alte Berliner Arbeiterbezirk eine nahezu magnetische Ausstrahlung, mehr als die anderen Brennpunkte der proletarischen Bewohner in den Berliner Industriegebieten. So motivierte das Profil des Bezirks auch Georg Benjamins Umzug von der Friedrichshainer Fruchtstraße an den Wedding. In seinem Fall waren es die Reformen und revolutionäre Vorstöße zulassenden Politikverhältnisse, die Benjamin neben seinem medizinischen Studienschwerpunkt an den Wedding zogen. Seine Verortung in der sich entfaltenden komplizierten politischen Gemengelage zwischen der USPD und der SPD, bald jedoch innerhalb der zur Massenpartei gewordenen KPD fand hier, neben den beruflichen Möglichkeiten des Arztberufs, geeignete Bedingungen, die seinem Drang nach Selbstbestätigung entgegenkamen.

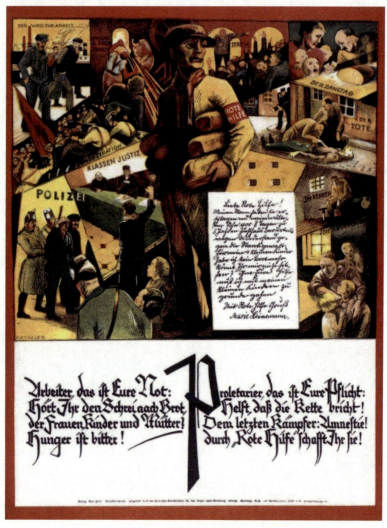

Plakat der Roten Hilfe, ca. 1924

In den Wahlen zur Nationalversammlung und zum preußischen Landtag nach der Ausrufung der deutschen Republik waren die linken Parteien im Bezirk Wedding absolut dominierend. USPD und SPD zusammen kamen auf fast 80 Prozent der Stimmen gegenüber 20 der bürgerlichen Parteien. Die USPD hatte sich während des Ersten Weltkriegs

1916 von der SPD abgespalten und verweigerte die Zustimmung zu den Kriegskrediten im Reichstag. Sie war nach dem Krieg ein linker Flügel der Arbeiterbewegung, bevor sie sich erneut spaltete und sich mehrheitlich mit der KPD zur „Vereinigten Kommunistischen Partei Deutschlands" zusammenschloss und so eine sozialistische Massenpartei mitbegründete. Von der restlichen USPD schloss sich eine Mehrheit wieder der SPD an; eine kleinere Gruppe setzte eine eigenständige Existenz bis zur Auflösung der Partei 1931 fort.

Für jemand, dessen Zukunftshoffnungen sich auf den Sozialismus richteten, war diese politische Situation attraktiv. In den beiden Wahlen zum Reichstag und preußischen Landtag nach Kriegsende war das Stimmenverhältnis im Wedding zwischen der USPD und der durch die Duldung der Kriegskredite belasteten SPD etwa gleichbleibend acht zu fünf, das heißt die USPD verfehlte insgesamt nur knapp die absolute Mehrheit aller im Abstand einer Woche abgegebenen Stimmen. Bei den ersten Bezirksverordnetenversammlungswahlen im Wedding von 1920 verschob sich solches Wahlverhalten auch auf kommunaler Ebene zugunsten der USPD: sie erhielt 58,6% der Stimmen, die SPD 15,7%. Erst nach der Spaltung der USPD und dem Zusammenschluss ihrer linken Mehrheit mit der neuen KPD und der anschließenden Rückkehr des rechten Flügels in die SPD wurde die KPD für einige Jahre zur stärksten Partei im Bezirk Wedding.

Der Weg Georg Benjamins in den roten Wedding als einem Schmelztiegel politischer Krisen der Weimarer Republik war nicht nur biografisch weit, sondern auch in seinem politischen Gehalt. Im Gegensatz jedoch zur Entscheidung, rückhaltlos aus dem Elternhaus auszuziehen, verlief seine Integration in das linke Parteienspektrum in allmählichen Verschiebungen vom liberalkonservativen Milieu der Herkunft hin zur festen Verankerung in einer kommunistischen Mehrheitsposition am Ende des roten Jahrzehnts. Die anfängliche Differenz innerhalb des Elternhauses vor Ausbruch des Ersten Weltkriegs zwischen den Generationen war durchaus nicht ungewöhnlich in der deutschen Jugendbewegung. Hier gab es noch wenig Unterschiede zwischen den Geschwistern Benjamin, wohl jedoch in ihren weiteren Entwicklungen. Als Emil Benjamin, ihr Vater, nach anfänglichem Kriegsrausch noch im späteren Verlauf des Krieges spekulativ Kriegskredite zeichnete, war hier schon eine Entfremdung zu seinen Söhnen vorbereitet, die sich bei Walter Benjamin nie auflöste. Für Georg war das Kriegserlebnis, wie bei vielen seiner

Kriegskameraden, für die Entfernung von den kulturellen Gewissheiten der alten Gesellschaft des Kaiserreiches bestimmend. Eine ideologische Wendung folgte aus solchem Krisenbewusstsein erst im Umfeld der Sozialen Arbeitsgemeinschaft an der Universität Marburg. Als bewusste Brückenbildung zwischen Menschen bürgerlicher Herkunft und Arbeitern stand diese praktisch wenig folgenreiche Gruppierung dennoch der SPD nahe. Ihre ideologische Basis wurde von den religiösen Sozialisten um Paul Tillich und der Sozialpädagogik Paul Natorps beeinflusst.

In Berlin wurde eine verwandte Gruppe in der Sozialen Arbeitsgemeinschaft Berlin-Ost von dem Theologen Friedrich Siegmund-Schultze geleitet und mit sozialreformerischen Ideen in Verbindung gebracht. In diesen Kreisen dominierten bürgerliche Mitglieder, für die Georg Benjamins Eintritt in die USPD Ende 1920 eine Überraschung bedeutete. Hilde Benjamin zitiert amüsiert seine Erinnerung an die überraschte Reaktion einer Frau in der Sozialen Arbeitsgemeinschaft auf seinen Parteieintritt: „Unser Herr Benjamin in der USP!"

Es gab jedoch durchaus andere SAG-Gruppen, die nicht wie in Berlin-Ost der rechten SPD nahestanden. Hier im Kreis um den religiösen Sozialisten Karl Mennicke, dem Autor des Buches *Proletariat und Volkskirche* (1920), war eine starke Politisierung mit größerer Nähe zur USPD verknüpft. In die Zeit der Berührung mit dieser Gruppierung fiel auch Georg Benjamins Umzug von Friedrichshain ins neue Ledigenheim am Wedding. An diesem Ort erfolgte dann auch der Eintritt in die KPD, aber auch dies zunächst noch nicht in unbegrenzter Radikalität, die sich auch in der dort verfassten Dissertation nicht bemerkbar macht. Auf jeden Fall ist es naheliegend, auch ohne jeden Versuch einer Denunzierung der späteren politischen Impulse Benjamins als im Kern religiös bestimmt, auf solche Wurzeln seiner Biografie hinzuweisen. Sie sollten sich im weiteren Verlauf unter anderem im Verhältnis zur Autorität ebenso niederschlagen wie in einer moralischen Strenge, die durchaus in der eigenen Identität ansetzt, aber auch Auswirkungen auf politische Identifikationen hatte.

Benjamins politische Entwicklung wurde zurzeit seines Eintritts in die USPD von der Radikalisierung in dieser Partei überholt, die sich schon im Krieg als einzige nennenswerte Opposition gegen den Militarismus erhoben hatte. Später folgte sie nach der Vereinigung mit der KPD Lenins Vorschlag an die deutschen Kommunisten auf dem zweiten Weltkongress der Kommunistischen Internationale, eine proletarische Einheitsbewegung zu begründen. Benjamin schloss sich zunächst jedoch der restlichen USPD außerhalb dieser Vereinigung an. Aber die Kämpfe in Mitteldeutschland im Jahr 1921, und auch sein Studium Lenins und der marxistischen Klassiker, begleiteten bald die endgültige Festlegung auf die neue Massenpartei, ohne dass ein genauer Anlass für diese Entscheidung genannt werden könnte.

Auf diesen zögerlichen Anschluss an die erweiterte KPD folgte in charakteristischer Weise, gerade unter den an Konflikten und linken Radikalisierungsprozessen reichen Verhältnissen am Wedding, eine erstaunlich stabile dauerhafte Positionierung jenseits der sich bekämpfenden linken und rechten Fraktionen innerhalb der schnell wachsenden, jedoch von rapider Mitgliederfluktuation belasteten proletarischen Partei. Gerade die internen Konflikte in der neuen politischen Heimat scheinen das bürgerlich sozialisierte junge Mitglied zu einer festen Disziplin veranlasst zu haben. Sie sollte in der bolschewisierten Wandlung der kommunistischen Parteien bald Stalins Direktiven in seiner dogmatischen Auslegung des Leninismus folgen. Stalin legte die zentralistische Disziplin als unverzichtbares Element der Umerziehung kleinbürgerlicher Parteimitglieder fest und baute so einen moralischen Druck auf, in dem sich unter anderem auch Gefühlsstrukturen des religiösen Sozialismus wiederfinden mochten.

In einem programmatischen Aufsatz „Partei und Intellektuelle" formulierte 1928 der einstige expressionistische Lyriker Johannes R. Becher, im späteren Leben als Autor der DDR-Hymne bekannt, die Konsequenz der parteilichen Disziplin für bürgerliche Überläufer. Es ist eine extreme Selbstkasteiung: „Der Intellektuelle, der zum Proletariat kommt, muß den größten Teil dessen, was er seiner bürgerlichen Abstammung verdankt, verbrennen, bevor er in Reih' und Glied mit der proletarischen Kampfarmee mitmarschieren kann. [...] Er muß auf seine Individualität, auf seinen Bildungsdünkel verzichten, er muß eine Unmenge falscher Theorien, falscher Vorstellungen aufgeben, die ihm seine Herkunft, seine Hochschule eingeprägt haben. Er muß von vorne anfangen. [...] Gefordert wird: Unbedingtheit."

Für Becher, bei dem dieser nötige Exorzismus wenige Jahre früher ein extremes Schwanken zwischen Kommunismus, Katholizismus und Selbstmordplänen beendete, zieht der Intellektuelle „durch keine Triumphpforte in die Partei ein". Es sei vielmehr ein mühseliger Prozess der alltäglichen Reinigung: „Der Verschmelzungsprozeß des Intellektuellen mit dem Proletariat ist ein verzweifelter und langwieriger. Das, was die meisten Intellektuellen von der Partei abstößt: das Mitgehen mit dem Proletariat, nicht nur in den großen und heroischen Augenblicken, sondern auch in den kleinsten Alltagsfragen: gerade diese Kleinarbeit ist es, die unmerklich und dauernd den Intellektuellen umformt, ihn restlos von der alten Vergangenheit ablöst, ihn immer unlösbarer, zwingender mit der neuen Klasse, in deren Dienst er sich gestellt hat, verbindet."

Von solcher hohen Prosa waren die öffentlichen Äußerungen von Georg und Hilde Benjamin immer entfernt. Ihnen lag die Rhetorik eines Aufrufs „An alle Intellektuellen" – ebenfalls in der *Roten Fahne* erschienen wie Bechers Aufsatz – näher. Dort unterzeichnete Becher im September 1930 gemeinsam mit „Dr. jur. Hilde Benjamin, Rechtsanwalt" und anderen einen Aufruf zu einer Kampfgemeinschaft mit der Kommunistischen Partei als Rettung vor dem „Dritten Reich", im Sinne der Einheitsfrontpolitik, die auch Georg Benjamin vertrat, wenngleich mit dem klaren Führungsanspruch der KPD. Hier verschwand der religionsnahe Oberton der früheren Programmatik.

Natürlich war bei Georg Benjamin schon seit seiner Schulzeit als Primaner die emphatische Ablehnung aller organisierten Religion eine konstante Haltung, bis hin zum späteren Beharren auf seiner Bezeichnung als Dissident im Zuchthaus Brandenburg. Wenn auch die Gleichsetzung von revolutionärem Sozialismus und messianisch oder anders definierter Religion ein frühes Stereotyp wurde, kann doch kaum die Affinität zwischen Parteitreue und religiöser Bindungsgewohnheit übersehen werden, die sich über Zweifel fast stets hinwegsetzt und eine große Beharrungskraft besitzt. Auch in des Antikommunismus unverdächtigen Analysen taucht die religiöse Tendenz der frühen KPD auf, so in Ossip Flechtheims Beschreibung ihrer Weimarer Periode: „Die KPD [...] war eine zwar anfangs noch relativ offene und lebendige, aber dennoch quasi religiöse Gemeinde, die schon den Keim der Verselbständigung und Bürokratisierung in sich trug. Die Tendenz wurde durch die Abhängigkeit von der Komintern und SU bis ins Extrem gesteigert." Die Abweisung aller – rechten wie linken – Abweichungen von der Parteilinie als parteifeindlich blieb noch über Georg Benjamins Tod hinaus ein verbindendes geistiges Verbindungsglied mit seiner Frau, die ihrerseits aus dem Elternhaus mit einer christlich-liberalen Weltanschauung vertraut war.

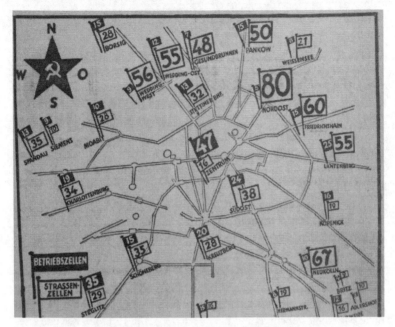

KPD-Zellen in Berlin 1932 (aus: *Rote Fahne*)

In der Zeit, in der Georg Benjamin das Zimmer am Leopoldplatz bewohnte, wurde er auch familiär in die KPD einsozialisiert. Dies geschah zum Beispiel in der Familie des jungen Arbeiters Max Frenzel und in der beiden gemeinsamen Straßenzelle im Arbeiterlokal von Otto Naß in der Maxstraße. Frenzel gehörte in den Auseinandersetzungen am Wedding zeitweilig zur Gruppierung der sogenannten „Versöhnler" und stand oppositionell gegen den Sozialfaschismuskurs der KPD seit 1928, wurde im Gegensatz zu vielen Gleichgesinnten jedoch nicht aus der Partei ausgeschlossen. Er wirkte nach 1933 in der Illegalität, aber bald nicht mehr in der Gruppe der in der KPD isolierten Versöhnler. Er wurde im Nationalsozialismus zu einer Zuchthausstrafe verurteilt, die er wie Georg Benjamin im Zuchthaus Brandenburg-Görden verbüßte. Sein Sohn erinnerte sich später an den positiven Kontakt mit Georg Benjamin als dem für ihn zuständigen Weddinger Schularzt.

Eine für den roten Wedding in den 1920er Jahren entscheidende Spaltung ergab sich in internen Fraktionierungen in der KPD selbst. In der Mitte des Jahrzehnts hatte vor allem im Wedding, vor der Bolschewisierung und Stalins Bürokratie und dem Sieg der Komintern, eine ultralinke Fraktion die Mehrzahl der Parteimitglieder hinter sich gebracht, ähnlich wie nur noch in der Pfalz und in Westsachsen. Ihre wechselnden, zum Teil untereinander oft uneinigen Führer wie Arthur Rosenberg, Ruth Fischer, Arkadi Maslow, Werner Scholem und andere waren ihre hochartikulierten Vertreter im preußischen Landtag und im Reichstag. Ruth Fischer etwa, die aus Wien zugewanderte bürgerliche Revolutionärin aus der Eisler-Familie, war auch in Versammlungen auf Plätzen und Straßen eine charismatische Rednerin. Ihre effektvollen Ansprachen besaßen eine – für die Redner nach ihr belastende – populäre Wirkung.

Diese Opposition hielt dem zentralistischen Impuls aus der Sowjetunion und dessen Verhärtung unter Stalin Widerstand entgegen, auch dessen deutscher Repräsentanz in der Kommunistischen Internationale. Wegen ihrer Stärke im Bezirk Wedding wurde sie auch als „Weddinger Opposition" bezeichnet. Im Jahr 1925 befürchtete ein Bericht eines KPD-Mitglieds der moskautreuen Führungsgruppe der Partei, dass es in der anstehenden Bezirksdelegiertenkonferenz des Wedding eine ultralinke Mehrheit geben könne. Ihre Vertreter seien Hans Weber und Riese. Hauptgegenstand der Kontroversen mit ihnen sei unter anderem ihre Bevorzugung der räte- oder basisdemokratisch orientierten Straßenzellen gegenüber den stärker zentralistisch disziplinierbaren Betriebszellen. Tatsächlich gab es in den internen Abstimmungen der KPD im Wedding noch bis 1927 immer wieder ultralinke Mehrheiten gegen die Linie des Zentralkomitees.

Die Verbindung zwischen der obersten Entscheidungsebene der Partei, den Parteitagen, und den kommunistischen Zellen war in den Betriebszellen leichter herzustellen. Von den Parteitagen gefasste Beschlüsse mussten auch von den Genossen in den unteren Einheiten umgesetzt werden, denn es galt in der KPD der „demokratische Zentralismus". Zu diesem Thema schrieb einer der Spitzenfunktionäre, Heinz Neumann: „Der Zentralismus ist nichts anderes als die Organisationsform [der kommunistischen Parteien], in der das revolutionäre Gesetz der Disziplin verwirklicht wird. Es gibt nicht nur eine Disziplin aller Kommunisten vor der durch den Parteitag gewählten Zentrale, sondern die bolschewistische Disziplin verpflichtet jedes Parteimitglied auch zur bedingungslosen Durchführung aller Beschlüsse der mittleren und unteren Parteiorgane, unter deren Leitung er arbeitet."

Durch ein Netzwerk von Parteiausschlüssen drängte die von Thälmann ab 1925 geführte Partei den Einfluss der Ultralinken, bald auch der des Trotzkismus Verdächtigten zurück. Aber noch auf einer Parteiarbeiterkonferenz Ende November 1928 kam die Weddinger Opposition vereinzelt zu Wort. Einer ihrer Redner bemängelte das Fehlen „jeglicher revolutionären Perspektive" im Referat Heinz Neumanns. Dies war ein problematischer Vorwurf in der Periode einer durchaus nicht revolutionären Lage in der kapitalistischen Stabilisierungsphase. Der gleiche Redner warf der Auswahl der Kandidaten für die Weddinger Kommunalwahlen jedoch auch vor: „Es fand keine Wahl der Delegierten durch Mitgliedsversammlungen statt, sondern sie wurden nach dem Ermessen der Partei dazu bestimmt." Ihm drohte Franz Dahlem als Mitglied des ZK der KPD für diese „Kampfansage an die Partei" mit rücksichtsloser Bekämpfung.

Dahlem, der später auch in der DDR Mitglied des Zentralkomitees der SED wurde, konnte sich inzwischen der Macht auch in dieser Hochburg der ultralinken Fraktion sicher sein. Denn schon im März des Jahres hatte die Parteileitung in einem Schreiben an alle Parteimitglieder im Wedding den Abstieg der Weddinger Opposition und ihres intellektuellen Umfelds festgestellt: „Die ehemaligen leitenden Funktionäre der ‚Weddinger Opposition' Weber und Riese sind dort gelandet, wo sie auf Grund ihrer politischen Kampfstellung gegen Sowjet-Union, Komintern und KPD enden mußten: bei den ärgsten Feinden der Partei, den Renegaten in der Maslow-Ruth Fischer-Organisation." Die letztgenannten Namen zielten wahrscheinlich auf den – von inzwischen aus der Partei ausgeschlossenen ehemaligen Funktionären gegründeten – kurzlebigen Leninbund. Dabei stünde dagegen der Anspruch dieser und weiterer Renegaten – hinzugefügt wurden hier die Namen Levi, Friesland [d. i. Ernst Reuter], Katz, Karl Korsch und Werner Scholem –, sie wollten Komintern und KPD vor dem Reformismus und Opportunismus retten mit der irrwitzigen Behauptung: „Die Politik der ‚Stalinisten' führe zum offenen und zum bewußten Übergang der KPD zur Partei der Scheidemann-Noske durch das jetzige Zentralkomitee." Dies war eine frühe, aber bald verbreitete Verwendung des Worts Stalinismus als kritisch-abwertendem Begriff.

Georg Benjamin und seine Frau, die erst im Dezember 1927 von der SPD zur KPD übergetreten war, hielten sich aus solchen innerparteilichen Fraktionskämpfen weitgehend heraus. Hilde Benjamin war wegen ihres erst Ende 1927 erfolgenden Eintritts in die KPD und ihrer Konzentration auf den ebenfalls erst anstehenden Berufsbeginn als Rechtsanwältin nicht in der Lage, zu mehr als der lokalen Meinungsbildung beizutragen. Georg Benjamin war gleichfalls mit seinen beruflichen Aufgaben ausgelastet; seine Publikationen blieben lange ganz im Gebiet der Gesundheitspolitik – in der Krisenzeit nach 1928 nicht das Zentrum der Politik seiner Partei. Seine Beiträge in diesem Bereich verdienen deshalb eine separate Diskussion.

Allerdings war die politische Position der Ehepartner im innerparteilichen Spektrum nur allzu deutlich. Noch in späteren Jahren, lange nach ihrem Briefwechsel mit ihrem Mann, spricht Hilde Benjamin in dessen Biografie nur gelegentlich von der „parteifeindlichen Fischer-Maslow-Clique", ohne auf die Gründe von deren Popularität am Wedding einzugehen. Dem unbedingten parteilichen Disziplinanspruch beider Eheleute entsprachen Habitus und Parteitreue, trotz der vereinzelten dokumentierten leisen Zweifel an der KPD-Linie zurzeit des Hitler-Stalin-Paktes.

Solcher Disziplinierung, die zuallererst bei ihnen selbst ansetzte, mochte selbst die Wahrnehmung ihrer unmittelbaren Umgebung zum Opfer fallen. Wird in Hildes Biografie von Georg an die Versammlung des Roten Frontkämpferbunds auf den Schillerwiesen unweit ihres Wohnhauses erinnert, so fehlt jede Erwähnung der 500 Anhänger Arkadi Maslows, die der Ultralinke Werner Scholem nach Maslows Entlassung aus dem Gefängnis Tegel im Jahr davor auf die gleiche Wiese im Schillerpark führte, wo er eine seiner mitreißenden Reden hielt. Georg Benjamin vollzog allerdings bald darauf auch widerspruchslos die Wendung der KPD mit, die nach der Weltwirtschaftskrise und Stalins Schwenk zur Losung „Sozialismus in einem Land" die Übernahme einiger vorher als ultralinks ausgegrenzter Positionen mit sich brachte.

Die neuerliche Wende der bolschewistischen Politik zu radikalen Positionen, die in den Vorjahren zu vielen Parteiausschlüssen geführt hatten, schlug sich auch in der Weddinger KPD nieder. Für die Wahlperiode nach den Bezirksverordnetenwahlen im November 1929 berichtete die Kompol-Abteilung des Unterbezirks Nord der KPD das folgende Ergebnis der Weddinger Bezirksverordnetenversammlung: auf die KPD als stärkste Fraktion entfielen 19 Sitze, auf die SPD 14 (unter Einschluss der Stadtverordneten des Bezirks verschob sich dies entsprechend auf ein Verhältnis 27 zu 19). Die elf Mandate der „Bürgerlichen

Vereinigung", auf die sich bei den meisten Abstimmungen, die nicht einmütig erfolgten, das vom SPD-Bürgermeister Carl Leid geführte Bezirksamt stützen musste, besetzten fünf Deutschnationale, zwei Abgeordnete der linksliberalen Staatspartei, zwei der Wirtschaftspartei und je einer der Volkspartei, des katholischen Zentrums und ab 1929 erstmals der NSDAP. An diesem Kräfteverhältnis sollte sich, mit Ausnahme der dramatisch wachsenden Mandate der Nationalsozialisten, bis zur schnellen Auflösung der Bezirksverordnetenversammlung im faschistischen Einparteienstaat wenig ändern.

In der Weddinger Bezirksverordnetenversammlung lag das Zentrum von Georg Benjamins kommunalpolitischer Arbeit. Dabei war die ständige Kontroverse mit der SPD das zwangsläufige Leitmotiv. So enthält zum Beispiel der sogenannte Kompol-Bericht der KPD eine Beschwerde über die Blockade ihrer Anträge durch die regierende SPD. Die KPD-Fraktion habe Anträge gestellt, „um auch vom Bezirksparlament aus die breiten Massen der Arbeiter, Angestellten, Kleingewerbetreibenden, Erwerbslosen, Wohlfahrtsarbeiter und Unterstützungsempfänger usw. für den Kampf gegen die kapitalistische Gesellschaft zu mobilisieren und den jeweiligen Kampagnen der Partei Rechnung zu tragen." Die SPD habe dies behindert: „Die Sozialdemokraten im engsten Einvernehmen mit den Bürgerlichen versuchten jedoch dadurch, dass sie zu den von uns gestellten Anträgen Ergänzungs- und Zusatzanträge stellten und Übergang zur Tagesordnung beantragten, ihr arbeiterfeindliches Verhalten zu verschleiern."

Ganz anders die Beurteilung der Bezirksverordnetenversammlung im Vorstandsbericht des SPD-Bezirksverbandes Wedding für das Jahr 1929. In ihm steht: „Ein Teil der Sitzungen konnte durch das Verhalten der Kommunisten nicht ordnungsgemäß zu Ende geführt werden, sondern mußten vorzeitig geschlossen werden. Die letzte Sitzung artete sogar in Tätlichkeiten aus." Solche Störungen seien in früheren Jahren nicht geschehen. Dies war bestimmt ein Indiz der Zuspitzung der Auseinandersetzung zwischen den Arbeiterparteien in der Zeit der Sozialfaschismusthese der KPD. Unter den unsinnigen Anträgen der KPD sei nicht einer gewesen, „der die Möglichkeit einer sachlichen Beratung" geboten hätte. Dies Bild der kommunistischen Bezirksverordneten glich überraschend der Einschätzung eines der frühen Sprecher der ultralinken Fraktion, Arthur Rosenberg, der nach seiner Abwendung von dieser Position schrieb, die Mehrheit der arbeitenden Menschen hielte die

Partei KPD „für einen konfusen Haufen von Thesenfabrikanten, Radaumachern und Putschisten."

Dem Bericht der SPD über das folgende Jahr der Beratungen zufolge steigerte sich das Verhalten der kommunistischen Opposition. Sie habe die ordnungsgemäße Durchführung der Versammlung, die noch vor der Fertigstellung des neuen Rathauses im Ledigenheim Brunnenplatz stattfand, verhindert. Dort sei es in ungeeigneten Tagungsräumen zu grotesken Szenen gekommen, die parlamentarischen Gepflogenheiten widersprächen. Die Beschreibung scheint späteren Bildern der außerparlamentarischen Opposition in der deutschen Studentenbewegung vorwegzugreifen. In den Berichten des Bürgermeisters Leid für den Magistrat der Stadt Berlin über KPD-Kandidaten für kommunale Ämter fällt auf, wie er sich bemühte, zwischen bloßen „Krakeelern", kompetenten und inkompetenten Genossen zu unterscheiden. Bei den mit einem neuen amerikanischen Lehnwort als „Rowdies" bezeichneten Kandidaten sorgte das Bezirksamt durch seine Zuarbeiten für den ebenfalls mehrheitlich sozialdemokratisch orientierten Berliner Magistrat für die Nichtbestallung der Kandidaten der KPD für die zur Diskussion stehenden Ämter.

In der KPD gab es tatsächlich auch am Wedding Parteimitglieder, welche die Bezirksparlamente als bloßes Agitationstheater zur Vergrößerung ihrer Wahlerfolge sahen. Sie interessierten sich nicht primär für konkrete Reformmaßnahmen des von der SPD geführten Bezirksamts. Für Georg Benjamin hingegen bestand dieser Gegensatz nicht. Dies entsprach um die Mitte der 1920er Jahre durchaus den neuen Richtlinien der Parteizentrale für die kommunistischen Gemeindevertreter. Sie strebte nach einer proletarischen Einheitsfront, die von der SPD abgelehnt wurde. Die Kommunalpolitiker der KPD wurden in diesen Direktiven angewiesen, bei der häufigen Ablehnung weitergehender kommunistischer Anträge in den Kommunalvertretungen dennoch begrenzten sozialdemokratischen Anträgen zuzustimmen.

Tatsächlich gab es offensichtliche Verhaltensunterschiede unter den kommunistischen Stadt- und Bezirksverordneten. Georg Benjamins Name taucht hier in den Unterlagen des Berliner Landesarchivs nicht auf, auch nicht sein Lebenslauf. Die auf ihn bezogenen Personalakten wurden dem für Neukölln eingesetzten nationalsozialistischen Staatskommissar vom Weddinger Bezirksamt übermittelt. Nach der Rücksendung in den Wedding sind sie im Zweiten Weltkrieg vernichtet worden. Ein „Krakeelen" jedenfalls wurde Benjamin nie vorgeworfen. Es scheint, dass die auffälligen Störer der Bezirksverordnetenversammlung meist unter den Arbeitslosen zu finden waren, für die der Parlamentarismus keine sinnvolle Option gegenüber der von der offiziellen KPD aufrechterhaltenen Revolutionserwartung darstellte. Zwischen solcher von der gesellschaftlichen Entwicklung nicht gestützten Utopie und der alltagspraktischen Frustration mag ein schmaler Grat bestanden haben, der sich sein Ventil suchte.

Gleichwohl bestätigen Bürgermeister Leids Berichte an den Magistrat und andere Oberbehörden wie auch seine Beleidigungsklage gegen Georg Benjamin seine Abkehr von seinen eigenen Ursprüngen in der USPD. Leid schätzte die Reformmöglichkeiten innerhalb des bestehenden gesellschaftlichen Systems unter der Beibehaltung der überkommenen Eigentums- und Besitzverhältnisse zwar skeptisch ein. Er versuchte sie jedoch mit etlichen Sozialmaßnahmen voranzutreiben: Volksspeisungen, Unterhaltungsabende, Wärmehallen, Bezugskarten für diverse Lebensmittel, Kohlen- und Bekleidungsscheine, Jugendwanderungen. Obwohl Benjamin in seinem eigenen Berufsfeld solche Einzelreformen nicht ausschloss, vertrat er dennoch die Position der revolutionären Theorie der KPD, dass ein grundsätzlicher Wandel geschaffen werden müsse.

Gegen Carl Leid gab es öffentliche Kampagnen mit Parolen, die ihn an die Laterne wünschten. Sie wurden zum Teil von in den Arbeitsbeschaffungsmaßnahmen bei der Anlage des Volksparks Rehberge Beschäftigten artikuliert. Solche Rhetorik lag Georg Benjamin zwar fern, aber sie wurde von seinen Widersachern im SPD-Apparat mit seiner Politik gleichgesetzt. Das hinderte den sozialdemokratischen *Vorwärts* jedoch nicht, seine publizistische Arbeit als Stadtschularzt ebenso positiv zu würdigen wie die juristische Argumentationspraxis Hilde Benjamins im Prozess gegen einige Beteiligte am Tod des von den Nationalsozialisten zum Märtyrer stilisierten Horst Wessel.

Auf der unteren Ebene parlamentarischer Arbeit konnten im revolutionär gestimmten Wedding die Gegensätze zwischen der republiktreuen SPD und der KPD krassere Formen annehmen als in höheren Gremien. Gerade weil bürgerliche Intellektuelle in der KPD unter einem kontinuierlichen Rechtfertigungsdruck schienen, musste Georg Benjamin etwaige Vorbehalte gegenüber seinen proletarischen Genossen, bei denen er und seine Frau alles vermieden, was sie hätte befremden können, sorgfältig einhegen. Vor allem sein Hang zur ironischen Distanz bedurfte hier offensichtlich ständiger Wachsamkeit. Diese Vorsicht war für ihn ebenfalls als Mitarbeiter in der Schulabteilung des Bezirksamts angebracht. Sie behinderte zwar nicht seine Aktivität in einer kommunistischen Betriebszelle im Bezirksamt, setzte aber doch bestimmten Formen des oppositionellen Protests – insbesondere allen nichtverbalen – Grenzen. Deren Verletzung führte schließlich auch zu mindestens zwei Disziplinarverfahren, einem eingestellten und einem mit seiner Entlassung als Weddinger Stadtschularzt 1931 abgeschlossenen. Das letztlich erfolgreiche Disziplinarverfahren im rechtslastigen, seit der Kaiserzeit kaum reformierten Justizsystem stützte sich auf eine ausführlich dokumentierte, auf Veranlassung des Bürgermeisters Leid zustande gekommene Darstellung, die nicht überliefert ist.

In den noch verfügbaren Quellen findet sich kein Hinweis auf Dissense zwischen Georg Benjamin und den anderen KPD-Genossen in der Weddinger Bezirksverordnetenversammlung. Weder für die Sitzungen im Ledigenheim bis 1930, noch für die Zeit danach im neugebauten Rathaus in der Müllerstraße. Selbst noch in der Phase der Sozialfaschismustheorie mit ihrer unseligen Ausdehnung des Faschismusbegriffs und seinen politischen Folgen trug Benjamin offensichtlich in seiner Sphäre aktiv die Strategie der KPD mit. Sie vertrat in einer Reichstagssitzung 1932 der vorher oft auch am Wedding gegen ultralinke Tendenzen in der KPD auftretende Walter Ulbricht im Vorfeld der Reichspräsidentenwahlen: „Die Kommunistische Partei ist die einzige politische Klassenpartei des Proletariats, die die Präsidentschaftswahlen benutzt, um die Millionen Massen der Arbeiterschaft auf Grund ihrer Tageskämpfe für die bolschewistischen Ziele aufzurütteln und die Einheitsfront des Proletariats als Führer zu erweitern und zu festigen, um die Parteien der sich faschisierenden bürgerlichen Diktatur und ihrer zuverlässigsten Stütze, der Sozialdemokratie, als die Todfeinde der Arbeiterklasse zu entlarven."

Unter den Bezirksverordneten des Wedding führte diese Strategie zu ständig die Finanzmöglichkeiten der Verwaltung überfordernden Anträgen neben sozial voll gerechtfertigten, die beide immer wieder Pattsituationen oder Abbrüche bewirkten. Die tumultartigen Begleiterscheinungen solcher Auseinandersetzungen und das aus ihnen entstehende Chaos müssen dem bürgerlichen Habitus Georg Benjamins widersprochen haben. Sie lesen sich heute im Jahresbericht der SPD filmreif: „Im alten Sitzungssaale fand zwischen KPD Fraktion und ihrem Anhang ein regelrechter Wechselverkehr statt, der soweit führte, daß fehlende KPD-Verordnete einfach durch Tribünenbesucher, die die Schranke überstiegen, ersetzt wurden. Der Vorsitzende mußte eine Versammlung schließen, weil es sich herausstellte, daß mehr KPD Stimmen abgegeben waren, als KPD Verordnete anwesend waren." Grund für diese chaotische Taktik sei die agitatorische Fremdbestimmung der KPD-Abgeordneten.

Über die Politik der KPD im Wedding, besonders nach dem Blutmai 1929, gibt eine der Häuserblockzeitungen *Rund um den Sparrplatz*, also im Sprengelkiez, in dem Benjamin zweimal wöchentlich Sprechstunden für die von ihm betreuten Volksschulen der Gegend abhielt, Auskunft über die kommunalpolitische Perspektive der Parteigenossen in der Bezirksverordnetenversammlung. Das Pamphlet formuliert klar die Konsequenz der Wendung gegen den „Sozialfaschismus" für die Kommunalpolitik der Weddinger KPD: „Die Sozialdemokraten im Bezirksparlament Wedding haben alle Anträge, die im Interesse der besseren Lebensmöglichkeiten der Werktätigen gestellt wurden, mit Hilfe der nationalen und bürgerlichen Vertreter abgelehnt, und nur Anträge bewilligt, die mit Geldauswendungen [sic] verknüpft waren angenommen, und deren richtige Durchführung hintertrieben." Als Beispiel wird die Wohnungsbaupolitik genannt.

In der zweiten Ausgabe dieser Häuserblockzeitung benennt der Wahlaufruf für die Bezirksratswahlen im November 1929, in der erneut Georg Benjamins Mandat bestätigt wurde, die gespaltene Strategie der KPD. Der Kampf zur Verwirklichung des Kommunismus könne nicht mit dem Stimmzettel geführt werden, sondern nur „durch den Sturz der kapitalistischen Gesellschaft und Errichtung der proletarischen Diktatur verwirklicht werden". Die Beteiligung an der Wahl dagegen diene lediglich dazu, „um an den Tagesnöten der Arbeiterklasse anknüpfend die bürgerliche Mehrheit im Rathause zu beseitigen [...], den Schacher der Sozialfaschisten und bürgerlichen Parteien aufzudecken und den Sozialdemokraten als den sogenannten Arbeitervertretern die heuchlerische Maske vom Gesicht zu reißen". So wird nicht nur der parlamentarische Prozess instrumentalisiert, sondern zugleich die Tagesnöte der arbeitenden Menschen selbst. Dies konnte Georg Benjamin selbst in seiner praktischen Arbeit wie auch in seinen Veröffentlichungen kaum vorgeworfen werden. Es entsprach auch kaum seiner Selbsteinschätzung als jemand, dem die Argumentation eines Juristen nahelag, trotz aller Vorliebe für die praktische Tat.

Andererseits war Benjamin von den Auseinandersetzungen direkt persönlich betroffen. Im Bericht der Kompol-Abteilung der KPD wurde als Begründung für seine Entlassung als Stadtschularzt festgestellt: „Die Sozialdemokraten haben es sogar fertiggebracht gegen unseren Genossen Benjamin, weil er in einer Rede Teile aus dem Kommunistischen Manifest zitiert hatte, ein Disziplinarverfahren beim Oberpräsidenten zu beantragen, worauf Benjamin sofort seines Postens als Stadtschularzt enthoben wurde." Die Unrichtigkeit dieser – einer von mehreren – Varianten des Entlassungsgrundes wegen Beleidigung einer öffentlichen Person war für Georg Benjamin klar. Aber es fragt sich, wie leicht ihm die Anpassung an die von der Parteiführung vorgegebenen Anweisungen fiel. Auch, wie weitgehend ihm die auch unter Linken der Weimarer Republik festgestellte Neigung zu autoritären Einstellungen ein Problem war oder ob er sie mehr als nur strategisch teilte. Die Ergebnisse der empirischen Untersuchung des Frankfurter Instituts für Sozialforschung 1929/30, die eine weitgehende Autoritätsfixierung unter Arbeitern wie unter Angestellten, an beiden Polen des politischen Spektrums, ergaben, wurden allerdings bis weit nach dem Zweiten Weltkrieg unter Verschluss gehalten. Sie waren ihm wahrscheinlich nicht bekannt, auch wenn sein Bruder über die Untersuchung von seinen Kontakten im Frankfurter Institut informiert sein mochte – wie unterschiedlich auch immer er und sein Bruder sie bewertet hätten.

Benjamins Übergang als bürgerlicher Intellektueller zum disziplinierten KPD-Genossen musste durchaus Schranken überwinden, „die ihm Herkommen und Veranlagung noch setzten", wie seine Frau dies formulierte. Jedenfalls war es kein punktueller Bekehrungsprozess, den er durchlief, sondern eine ideologische und alltagspraktische Entwicklung über mehrere Jahre. Auf Seiten der Partei, mit der sich Georg Benjamin 1922 „unabwendbar" und dauerhaft verband, kam in der Weddinger Zeit einiges der Annäherung von bürgerlichen Personen entgegen. Thalheimer, einer der frühen KPD-Führer, vermutete, dass die großen Streiks des Jahres 1922 die Ablösung von Teilen der Intellektuellen und Kleinbürger von der militärisch-imperialistischen Ideologie bewirkt haben. Dies war freilich eine Position, die Benjamin längst überwunden hatte. Für ihn war es im Hinblick auf seinen eigenen Entwicklungsgang deutlich attraktiver, in den ersten Jahren der neuen Republik Abkommen mit Gewerkschaften und anderen sozialistischen Gruppierungen zu schließen, mit einer Einheitsfrontstrategie gegen den ultralinken Flügel der KPD. Das Zentralorgan der KPD, die *Rote Fahne*, ging in dieser Phase 1921 so weit zu behaupten, dass „die Arbeiterschaft das Recht und die Pflicht hat, den Schutz der Republik vor der Reaktion zu übernehmen".

Im Zielpunkt der politischen Entwicklung Georg Benjamins stand eine Synthese persönlicher und weltanschaulicher Aspekte, in deren Beschreibung durch seine Frau religiöse Anklänge nicht getilgt scheinen: „Er war der Partei kompromißlos und ohne jede Abweichung im leninschem, in Thälmannschem Sinne ergeben. Seine von Jugend an geübte Selbstdisziplin verband sich nun mit seiner Parteidisziplin. Die Partei war seine politische Heimat. In den Straßen und Arbeiterlokalen des Wedding war er zu Hause." Dass diese Gewinnung eines festen Standpunktes keine einfache Leistung war, gerade in den am roten Wedding lang anhaltenden innerparteilichen Konflikten, kann diese Programmprosa nicht verhehlen. Dagegen übergeht sie, dass es ein weiter Weg war zur aggressiven Zuspitzung einer Einheitsfrontpolitik im stalinistischen Sinne in der Endphase der Weimarer Republik.

Am wenigsten war diese Radikalisierung ausgerechnet im Gebiet der organisierten Religion spürbar, weil hier ein konstantes Verhältnis zwischen Georg und Hilde Benjamin und ihrer Partei im Widerstand gegen religiöse Unterweisung an den Schulen bestand. In der kommunalpolitischen Arbeit hatte Georg Benjamin die Position der KPD in der Schulfrage unterstützt. Er setzte sich stets für die relativ erfolgreichen Versuche der Partei ein, Weddinger Gemeindeschulen in weltliche Schulen ohne Religionsunterricht umzuwandeln. Ein positives Ergebnis solcher Reformen konnte Georg Benjamin vor seiner zeitweiligen Haustür am Leopoldplatz in der Gemeindeschule 308 sehen. Im Wedding war die „Freie Schulgemeinde" eine aktive Elternvereinigung, die einige weltliche Schulen gegen kirchlichen Widerstand durchsetzen konnte. Auf ihrer Seite standen auch die Freidenkerorganisationen, auch schon gegen nationalsozialistische Kritik. In der neu gegründeten „Lebensgemeinschaftsschule" sollte ein natur- und wirklichkeitsnaher Unterricht erteilt werden.

Vor der uns heute vertrauten und immer wieder von Rückfällen bedrohten Verschiebung gesellschaftlicher Gewalt in strukturelle, mit meist individueller oder kleingruppenbezogener Überschreitung zivilisierten Verhaltens, herrschte auf den Straßen und in den Mietskasernen des roten Wedding eine fast überall spürbare Gewaltförmigkeit. Dafür

3. Reichstreffen des Roten Frontkämpferbunds (RFB) am 5. und 6. Juni 1927 in Berlin-Wedding; vorne links: Ernst Thälmann

sorgten unter anderem die paramilitärischen Kolonnen der größeren Parteien, des Stahlhelm der Deutschnationalen, des Reichsbanner der SPD, bald auch der nationalsozialistischen SA. Auch die KPD verfügte mit dem um die 110.000 Männer umfassenden Roten Frontkämpferbund über eine solche Organisation, die der Abwehr feindlicher Angriffe bei Massenveranstaltungen und Demonstrationen diente. Er war die kleinste unter den paramilitärischen Organisationen. Er war oft, wie die SA und seltener als der Stahlhelm, von Verboten begleitet.

Gewalt herrschte besonders im Umfeld größerer Menschenansammlungen. So war auch Georg Benjamin bei einem Einsatz im Sanitätsbereich von ihr betroffen und auf der Straße niedergeschlagen worden. Vermutlich entschloss er sich im Gefolge dieses Vorfalls zum illegalen Erwerb einer Schusswaffe, für deren Besitz er 1932 zu einer gelinden Geldstrafe verurteilt wurde, die schon bald, nach einer Reduzierung von 100 auf 70 Reichsmark, amnestiert wurde.

Gewalt herrschte auch im Umfeld der gewerkschaftlichen Auseinandersetzungen und der Streiks im roten Wedding. Der letzte solcher Konflikte, bei dem Georg Benjamin Partei nahm, war im November des Jahres 1932 der große, schließlich scheiternde Streik bei der Berliner Verkehrsgesellschaft (BVG). Seine Zentren im Bezirk waren der große Straßenbahnhof in der Müllerstraße, in Sichtweite der im Jahr vorher

Berlin, Karl-Liebknecht-Haus, am 14. September 1930, dem Tag der Reichstagswahl

von den Benjamins aufgegebenen Wohnung am Schillerpark, und auch das Straßenbahnausbesserungswerk unmittelbar gegenüber ihrer anschließenden Wohnung in der Badstraße. Der Diskurs der Sozialfaschismustheorie fand hier ein konkretes Bezugsfeld, denn die KPD ging hier eine, intern nicht unumstrittene, strategische Allianz mit Hitlers NSDAP ein, welche sich gegen die Leitung des öffentlichen Betriebs richtete. Diese sich verheerend auswirkende Allianz sollte noch Jahrzehnte später als praktischer Beleg für einen „totalitären" Angriff auf die Weimarer Demokratie genommen werden. Die drei Parteien SPD, KPD und NSDAP als an den Konflikten Beteiligte warfen sich je die Kooperation mit den beiden anderen vor, sei es wegen der oft übertriebenen Rolle der NSDAP in dem Streik, sei es wegen seiner Niederschlagung durch die von der SPD gestützte Aussperrung und Entlassung vieler Betriebsangehöriger der BVG.

Der Streik gegen die von der BVG geplanten Lohnkürzungen machte sich buchstäblich vor der Haustür der Familie Benjamin und Hilde Benjamins Kanzlei bemerkbar. Hier spitzten sich die Auseinandersetzungen zu, denn direkt gegenüber dem Haus Badstraße 40 befand sich entlang der Panke, an der Uferstraße eine der wichtigsten Werkstätten der BVG.

Hier waren nahezu eintausend Arbeiter und Angestellte beschäftigt, fast einhellig im Gesamtverband der Arbeitnehmer der öffentlichen Betriebe organisiert. Von ihnen konnte die Revolutionäre Gewerkschaftsopposition nur eine Minderheit von 150 Werksangehörigen zur Beteiligung an dem geplanten Streik gewinnen, gegen 509 Gegner eines von der preußischen Regierung als „wild" erklärten Streiks. Dieser Wahlbezirk war einer der einzigen beiden gegen den Streik votierenden in ganz Berlin, den um die 80 % der Gewerkschaftsmitglieder in der Urabstimmung unterstützten. Das machte die Besetzung der Streikposten schwierig, und es kam bald zu Versuchen der Wiederaufnahme des Betriebs der Straßenbahnen und Busse, gegen eine mit dem Streik zunächst weitgehend sympathisierende Bevölkerung, unter ihnen auffallend viele Frauen. Der Vorsitzende des KPD-Bezirksverbandes Berlin-Brandenburg, Walter Ulbricht, setzte deshalb Arbeitslose als betriebsfremde Streikposten ein.

In dem wenige Tage dauernden Streik kam es immer wieder zu gewalttätigen Auseinandersetzungen, Steinwürfen auf fahrende Straßenbahnen, Blockierungen der Schienen und einem Schusswaffengebrauch durch die Polizei, zum Beispiel vor der AEG in der Brunnenstraße. Die Aggressivität des Konflikts in den Straßen zeigte, dass selbst hier im sozialistischen Kernbereich des Gesundbrunnens keine homogene politische Atmosphäre herrschte. Im gleichen Jahr 1932 wurde Georg Benjamin von Mitgliedern des sozialdemokratischen Reichsbanners niedergeschlagen. Der BVG-Streik bewirkte die erste größere Sichtbarkeit der Nationalsozialistischen Betriebszellen-Organisation (NSBO) im Bezirk Wedding, als Konkurrenz der kommunistischen RGO. Sie erlebte bald danach in den folgenden Jahren eine kurze Blütezeit.

Gittel Weiß, in der Rechtsanwaltskanzlei Hilde Benjamins ihre Stenotypistin und später ihre Sekretärin in ihrer Zeit als DDR-Justizministerin, berichtet in ihren Erinnerungen über die Reaktion einer jungen Kollegin in der Kanzlei in der Badstraße 40 auf das Scheitern des BVG-Streiks: „Als infolge der demagogischen Phrasen der Nazis der BVG-Streik Ende November 1932 zu Ende ging, die erste Straßenbahn anfuhr, stand sie gerade auf dem Balkon unseres Büros. Das erste, beste Stück, das gerade zu Hand kam, warf sie gegen die Bahn und rief, so laut sie konnte: ‚Streikbrecher!' Genosse Berger stand auch auf dem Balkon und war entsetzt über ihre Unbesonnenheit."

Dass Georg Benjamin in seiner Arztpraxis zwei Straßenecken weiter diese Vorsicht des Mitarbeiters seiner Frau, des späteren Spanienkämpfers Götz Berger, vollständig geteilt hätte, erscheint im Lichte seines demonstrativen Aushängens einer großen roten Fahne der KPD noch im Wahlkampf Anfang März 1933 eher unwahrscheinlich.

Politische Medizin

Mit einem treffsicheren Titel erschien 1962 in der DDR die erste längere biografische Darstellung über Georg Benjamin, Irina Winters *Georg Benjamin. Arzt und Kommunist.* Sie enthält ein Konvolut von Georg Benjamins medizinischen Schriften, die sämtlich im Weddinger Jahrzehnt seines Lebens entstanden. Einen ähnlichen Akzent, nur allgemeiner, setzte später auch die umfassende Biografie Hilde Benjamins über ihren Mann in der Reihe: *Humanisten der Tat. Hervorragende Ärzte im Dienste des Menschen.* Dies verallgemeinert die Absichten des so Geehrten über seine Entscheidung für die proletarischen Einwohner des Wedding hinaus und auch über die gesundheitspolitischen Umstände seiner medizinischen und arztpraktischen Leistungen.

Benjamins Berufsentscheidung und seine Festlegung auf eine sozialistische Position waren gleichen Ursprungs in den Erfahrungen des Weltkriegs. Der rote Wedding diente, nach seiner Niederlassung, als Transformator der stets eng zusammenfallenden Entwicklungen Georg Benjamins als Arzt, als Wissenschaftler und als aktiv an der politischen Entwicklung Beteiligter. Letzteres geschah vorrangig in den Nebenorganisationen der KPD, in die er 1922 eintrat, wie dem Proletarischen Gesundheitsdienst, dem Verband sozialistischer Ärzte, der Roten Hilfe und der Internationalen Arbeiterhilfe. Zwar reichten dort seine Aktivitäten auch an eine nationale und internationale Ebene heran, aber die gesundheitspolitischen Positionen der Partei wurden in den parlamentarischen Gremien des Reichstags und des preußischen Landtags vorrangig von anderen Genossen und Genossinnen vertreten wie vor allem von Martha Arendsee.

Seit den Anfängen der jungen KPD in den Haushaltsberatungen des preußischen Ministeriums für Volkswohlfahrt im November 1921 stand die Gesundheitspolitik hoch auf der Tagesordnung der Partei. Ihre Anträge zur Erhöhung der Etatmittel für die Bekämpfung von Volkskrankheiten hatten im Arbeiterbezirk Wedding ein offenkundiges Begründungsfeld, schon wegen der dortigen Wohnungsnot, in deren „Elendshöhlen" Krankheiten und „Seuchen" erzeugt wurden. In Martha Arendsees Diskussionsbeitrag „Volkswohlfahrt und Kapitalismus sind zwei

Dinge, die sich völlig ausschließen" formulierte sie radikal die Unvereinbarkeit von Teilreformen im Rahmen der Weimarer Republik. Dieser Widerspruch musste im Alltag gerade der gesundheitlich elendsten Gebiete des Landes Probleme für alle im Gesundheitswesen Tätigen aufwerfen.

Mit solcher grundsätzlichen Negation von Verbesserungen innerhalb der bestehenden Verhältnisse hatte sich Georg Benjamin schon im Proletarischen Gesundheitsdienst auseinanderzusetzen. Er optierte hier eindeutig für die von ihm unmittelbar Betreuten, bei aller Identifikation mit den stets fortgeschriebenen revolutionären Zielen seiner Partei. Auch das gesundheitspolitische Kommunalprogramm der KPD von 1923 hatte einen Kurs gehalten zwischen der Behauptung ihrer revolutionären Perspektive und möglichen gesundheitspolitischen Fortschritten, die bald in der Stabilisierungsphase der kapitalistischen Wirtschaft seit 1924 erreichbar waren.

Dies war auch die Basis von Benjamins kommunalpolitischen Initiativen in der Weddinger Bezirksverordnetenversammlung seit seiner Wahl im Jahr 1925. In ihnen überforderte er oftmals programmatisch die Bereitschaft der sozialdemokratischen Führung des Bezirksamts zu Zugeständnissen an radikale Veränderungen auch im bezirklichen Gesundheitswesen. Er war parallel zu seiner schulärztlichen Zuständigkeit auch durch seine Wahl als Bürgerdeputierter in der Deputation für das Gesundheitswesen im Bezirk Wedding in einer Kontrollfunktion gegenüber dem Gesundheitsamt des Bezirks. Ihm stand der Bürgermeister Carl Leid als Gesundheitsdezernent persönlich vor. Sein Stellvertreter in dieser Funktion, der oft in Kontroversen mit Georg Benjamin verstrickte Salo Drucker (SPD), hatte die praktische Leitung in dieser Abteilung des Bezirksamts.

Die Konflikte zwischen dem 1922 als Stadtarzt im Bezirk Wedding eingesetzten Arzt Salo Drucker und dem unter seiner Zuständigkeit im Gesundheitsamt des Bezirks als Stadtschularzt angestellten Georg Benjamin waren ein markantes Beispiel für die Auswirkungen der Spaltung der deutschen Arbeiterbewegung durch zwei konkurrierende große Parteien. Bei der KPD, aber auch bei der SPD, überlagerten die von den Parteizentralen vorgegebenen Direktiven immer stärker die individuellen Profile ihrer Vertreter in den Sachgebieten auch der kommunalen Arbeit. In ihnen entfielen im Wedding über ein Drittel der Haushaltsaufwendungen auf den Gesundheitsbereich. Nominell war der Bürgermeister daher qua Amt Leiter der Gesundheitsabteilung, wurde aber in der Praxis durch den angesehenen Arzt Salo Drucker vertreten.

Zwischen Druckers professionellem und weltanschaulichem Profil und dem von Georg Benjamin gab es auffällige Überschneidungen, und es war auch nirgends von einem fachmedizinischen Dissens zwischen den beiden jüdischen Ärzten die Rede. Drucker war ein Mitarbeiter von Benjamins Doktorvater Alfred Grotjahn und teilte dessen Spezialkompetenz im Bereich der Sozialhygiene. Er war ein organisierter Freidenker und Abstinenzler. Wie Georg Benjamin war er ein Mitglied des Vereins sozialistischer Ärzte. Er hatte einen Interessensschwerpunkt im Feld der Kinderpädiatrie und beteiligte sich an schulpolitischen Entwicklungen. Alle diese Überschneidungen vermochten jedoch nicht, die besonders in der Radikalisierungsphase der ultralinken KPD größer werdenden Klüfte auf der kommunalen Alltagsebene zu vermindern. Erst als Opfer des Nationalsozialismus trafen sich die Biografien der gesundheitspolitischen Kontrahenten: Drucker wurde 1933 aus seinem Amt als Stadtarzt entfernt und fand 1940 im KZ Sachsenhausen den Tod.

Benjamins Forderungen richteten sich vor allem auf die Verbesserung der am Wedding vorgefundenen Situation der proletarischen Massen, unter ihnen besonders, und im Einklang mit Benjamins Funktion als Schularzt, die von Kindern und Jugendlichen. Sie waren oft der Ausgangspunkt seiner gesundheitspolitischen Untersuchungen und seiner praktischen Expertise als Arzt. Auch die Übernahme des Amtes als Stadtschularzt im Wedding stand in enger Beziehung zum KPD-Kommunalprogramm von 1923. In ihm galt im Abschnitt zum Gesundheitswesen einer der Punkte der Schulhygiene. Er sah vor: „Für jede Schule ist haupt- oder nebenamtlich ein besonderer Schularzt (Schulärztin) zu bestimmen, dem eine besondere Schulschwester beizuordnen ist." Das Bezirksamt Wedding hat dieser Forderung voll entsprochen, auch im Hinblick auf die Stelle einer Schulschwester, die, wie Georg Benjamin einmal notierte, gelegentlich für eine Ärztin gehalten wurde.

Auf der Grundlage des Kommunalprogramms verfasste Benjamin nach seiner Verbeamtung als Stadtschularzt einen Artikel zum „Ausbau der Schulhygiene" für die Parteizeitschrift *Die Kommune. Zeitschrift für kommunistische Kommunalpolitik*. In ihm lieferte er eine Zusammenfassung der Mindestforderungen auf dem Gebiet der Schulgesundheitspflege im Arbeiterbezirk. Sie war basisdemokratisch durch einen Be-

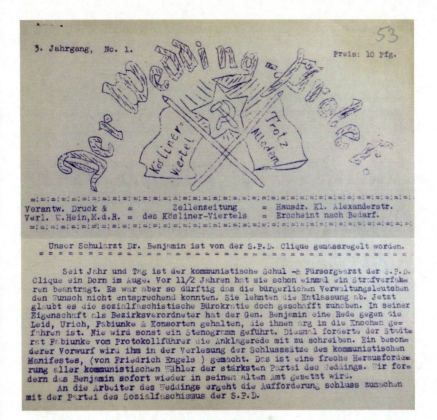

Der Wedding-Prolet (Ausschnitt)

schluss der Elternversammlung einer Berliner Schule untersetzt. Das Programm hob besonders die Notwendigkeit der Behandlung solcher Kinder hervor, bei denen keine Kranken- oder Familienversicherung vorlag. Auch die medikamentöse und fachärztliche Versorgung der Schulkinder sei sicherzustellen.

Benjamin fand einen weiteren Rückhalt für seine Gesundheitspolitik als Stadtschularzt in den Stadtteilzeitschriften seines Umfeldes. So sollte 1931 die Gebietszeitschrift *Der Wedding-Prolet* des Kösliner Viertels gegen seine vom Bürgermeister verfügte Entlassung als Stadtschularzt protestieren, in einer heftigen Polemik gegen die SPD als „Partei des Sozialfaschismus": „Seit Jahr und Tag ist der kommunistische Schul- und Fürsorgearzt der SPD-Clique ein Dorn im Auge. Vor 1 ½ Jahren hat sie schon einmal ein Strafverfahren beantragt. Es war aber so dürftig, dass die bürgerlichen Verwaltungsleutchen dem Wunsch nicht entsprechen konnten." Anlass des neuen, jetzt erfolgreichen Verfahrens sei eine Rede gegen die SPD-Leitung der Bezirksverordnetenversammlung, in der Benjamin u.a. wegen seiner Verlesung der Schlusssätze des *Kommunistischen Manifests* gemaßregelt worden sei. Darin liege eine „freche Herausforderung aller kommunistischen Wähler der stärksten Partei des Weddings."

Vor dieser Kontroverse am Ende von Georg Benjamins Amtszeit als Stadtschularzt hatte seine gesundheitspolitische Entwicklung einen anderen Ausgangspunkt. Der erste und zugleich dauerhafte Ort seiner Integration in die politischen Aktivitäten war, aus seiner medizinischen Ausbildung hervorgehend, der Sanitätsdienst. Hier war er – im Proletarischen Gesundheitsdienst, im Arbeiter-Samariter-Bund (ASB) und dessen linker Opposition, in praktischen Funktionen und bald auch als Mitglied der Reichsfraktionsleitung – an den wichtigsten Kernpunkten des Geschehens am Wedding im Einsatz, zum Beispiel als Leiter einer Kolonne zur sanitären Versorgung der Opfer der blutigen Polizeimaßnahmen in der Kösliner Straße in den ersten Maitagen 1929. Es war dies zugleich auch zunächst eine Sphäre eines unverkennbaren persönlichen Ehrgeizes, für den diese kleine Organisation, mit ihren etwa 50 Ärzten unter einer großen Mehrzahl von Sanitätern, ein günstiges Feld bot. Aber im Vordergrund der praktischen Arbeit standen hier die im Verlauf des Jahrzehnts zunehmenden Hilfstätigkeiten in den Auseinandersetzungen auf der Straße und bei den Maidemonstrationen der Arbeiterbewegung. Unter ihnen waren die Ereignisse um den „Blutmai" von 1929 auch publizistisch am folgenreichsten und verliehen dem Begriff des „roten Wedding" eine neue, düstere Bedeutung.

Der Proletarische Gesundheitsdienst stand von seiner Gründung an im Zentrum der Kämpfe um die Einheit der deutschen Samariterbewegung an zwei Fronten: als klassenbewusste Konzentration auf die Arbeiterschaft gegen den traditionell bürgerlichen Sanitätsdienst des Roten Kreuzes, und auch als Abwehr der reformistischen Haltung der sozialdemokratisch orientierten Mehrheit im Arbeiter-Samariter-Bund. In der Zeit der Verhärtungen im Rahmen der Sozialfaschismus-Politik der KPD führte dies auch bei Georg Benjamin zu einer unversöhnlichen Opposition gegen die klassenübergreifende ältere Sanitätsbewegung. Es war jedoch eine Opposition von Ausgeschlossenen, die eine Einheitspolitik unter ihrer ideologischen Führung durchzusetzen versuchten.

Ein Bericht in der *Roten Fahne* fasste Benjamins Referat als Mitglied des Vorstandes der revolutionären Opposition im ASB, auf der Erfurter Bundestagung der Organisation zusammen: „Ueber das Thema: Rotes Kreuz-ASB-Aufgaben der Opposition im ASB referierte der Genosse Benjamin, der folgende Ausführungen machte: Die Leitung des ASB hat bisher keinen Finger gerührt, um den Kampf gegen das Rote Kreuz zu organisieren. Das Rote Kreuz, eine Organisation von vier bis fünf Millionen Mitgliedern, ist die Kriegs- und Bürgerkriegstruppe der herrschenden Klasse. Hunderttausende irregeleitete Arbeiter und Arbeiterfrauen befinden sich in seinen Reihen. Die Organisierung des Kampfes gegen das Rote Kreuz ist eine der wichtigsten Aufgaben der klassenbewussten Arbeiter-Samariter."

Der Text mit seiner klassenkampforientierten Rhetorik muss befremdlich klingen in einer späteren Zeit, in der das Rote Kreuz in globalisierten Zusammenhängen operiert. Im historischen Kontext muss ihm zwangsläufig ein sektiererischer Gestus anhaften. Auch steht er nicht mehr gegen die von den Nazis erzwungene Einheit der Sanitätsdienste als Stütze des Militarismus oder, in einer veränderten Situation, gegen die heutige vielfältige Kooperation aller Sanitätsorganisationen inklusive des wiederbelebten Arbeiter-Samariter-Bundes. Seine Voraussetzungen waren jedoch anders gelagert: Im Wedding der Weimarer Republik war die Konkurrenz auch in den linken Sanitätsorganisationen aggressiv aufgeladen und führte beim Arbeiter-Samariter-Bund immer wieder zu Ausschlüssen, die auch Georg Benjamin persönlich betrafen.

Zu solchen politischen Kontroversen standen die Anfänge von Georg Benjamins wissenschaftlicher Laufbahn am Anfang in etwas größerer Distanz. Während in seiner Dissertation das neue Weddinger Ledigenheim am Brunnenplatz analytisch vor allem dem Vergleich mit anderen solcher Heime in Berlin und in anderen Städten diente, konzentriert sich schon das kurze Nachwort zur Veröffentlichung der Arbeit 1923 auf die kritischen Verhältnisse im Weddinger Heim während der Inflationswirtschaftskrise: „In dem Berliner Heim am Brunnenplatz liegen die Verhältnisse gegenwärtig so, daß die Lieferung von Licht an die Mieter eingestellt ist, daß ferner die Gasküchen geschlossen wurden, Reparaturen nur in ganz ungenügendem Maße vorgenommen werden, kurz, Zustände, wie sie aus der Bewirtschaftung städtischer Mietshäuser in

Titelseite von Georg Benjamins Broschüre *Tod den Schwachen? Neue Tendenzen der Klassenmedizin*

ähnlicher Weise allenthalben bekannt sind." Aussichten zu einer Verbesserung sah Benjamin zu dieser Zeit kaum. Die Berichte in der *Roten Fahne* über die Lage in diesem Ledigenheim – wenn nicht unter Benjamins Autorschaft, dann jedoch auf der Basis seiner lokalen Expertise aus nächster Nähe – häuften sich nach seinem Umzug. Mieterbeschwerden waren bis hin zu einigen Streiks jahrelang ihr Thema.

Sie spiegeln sich auch in Georg Benjamins weiter ausgreifenden Analysen der Klassenmedizin der Weimarer Republik. Die ehrgeizigste seiner Schriften auf diesem Gebiet wurde von Willi Münzenbergs Verlag der Internationalen Arbeiterhilfe in Berlin im Jahr 1925 zunächst als Flugschrift *Krieg den Kranken?* publiziert, bald darauf jedoch in erheblich erweiterter Form in zweiter Auflage unter dem Titel *Tod den Schwachen? Neue Tendenzen der Klassenmedizin*. Das Titelblatt zeigt eine hochmoderne Grafik, die wirkt, als sei sie vom russischen Konstruktivismus angeregt.

Die Schrift unterstellt sich dem Kampf der Internationalen Arbeiterhilfe gegen den Abbau der sozialen Fürsorgeeinrichtungen in Deutschland nach 1920. Zugleich entfaltet sie eine Auseinandersetzung mit neu auftauchenden rassenhygienischen Ideen, die zu allererst proletarische Bevölkerungsschichten betrafen. Ausgangspunkt der Schrift ist die Feststellung: „Der von der Bourgeoisie verkündete Wiederaufbau des Gesundheitswesens stagniert oder geht höchstens im Schneckentempo voran." Dafür sammelt Benjamin Belege aus verschiedenen Bereichen des Gesundheitssystems, die er als Formen eines einzigen Kampfes sieht: „des Kampfes, den an der Spitze der deutschen Bourgeoisie das Unternehmertum führt um das Recht, über die der sozialen Hygiene zur Verfügung stehenden Mittel in rücksichtsloser Verfolgung seiner eigenen Interessen auf Kosten des Proletariats zu verfügen." Die Arbeiterbevölkerung des Wedding betraf unter den von Georg Benjamin untersuchten Einzelbereichen des Gesundheitswesens besonders die ständige Bemühung der Krankenkassen um billigstmögliche Heilverfahren, etwa wenn von den im Wedding angesiedelten Fabriken wie AEG und Osram zu hohe Ausgaben für ihren Krankenstand durch die Betriebskrankenkassen bemängelt wurden.

Von solchen Versuchen der Mittelkürzung war auch das Versorgungswesen der Unfall- und Kriegsopfer im Rentensystem berührt. Auch im Gebiet der gesundheitlichen Jugendfürsorge machte sich das Bestreben bemerkbar, „hygienische Leistungen mit wirtschaftlicher Rentabilität in Einklang zu bringen". Das gleiche Prinzip unterwarf allgemein die Erhaltung der Arbeitskraft der abhängig Beschäftigten unter Rentabilitätskriterien, zum Beispiel in den Konflikten über Arbeitszeitregelungen. Eine Seitenpolemik bezieht sich in Benjamins Kritik der akademischen Ernährungswissenschaft auf deren Geringschätzung der Abstinenzbewegung und der schädlichen Folgen des proletarischen Alkoholismus: „Auch gegen die Abstinenzbewegung kämpfen unsere Unterernährungsprofessoren an ... Augenscheinlich wollen sie den verblödenden Alkohol dem Volk erhalten wissen."

Als Fazit seiner scharfen Kritik beschließt Benjamin seine Schrift mit Forderungen humaner Gesundheitspolitik („Nicht Erhaltung der Arbeitskraft, d.h. der Ausbeutbaren, sondern Erhaltung des Menschenlebens") und nach deren politischer Kontrolle: „Nicht Borsig und Thyssen sollen bestimmen über den Umfang der sozialen Fürsorge, nicht Pfaffen und Börsenminister sollen sie beaufsichtigen, sondern Sozialpolitik unter Leitung und Aufsicht proletarischer Organe." Standen solche Schlussforderungen voll auf der Linie der KPD, jenseits der in der Partei gleichzeitig verschärften Auseinandersetzungen zwischen linken und ultralinken Positionen, so ging Georg Benjamin in den ausführlichen Eingangsabschnitten des Pamphlets selbstständige, noch nicht in der Parteipublizistik verbreitete Wege. Sie hatten ihren Bezug zwar nicht speziell im roten Wedding, dafür jedoch einen Widerhall im heraufziehenden deutschen Faschismus und im Widerstreit mit seinen ideologischen Grundlagen. Es ging dabei um die Frage einer nach dem Ersten Weltkrieg aufblühenden Rassenhygiene. Der einzig nennenswerte Beitrag zu dieser Debatte auf der Linken nach Georg Benjamins Pamphlet *Tod den Schwachen* erschien in der *Roten Fahne* und stammt ebenfalls von ihm selbst.

Die medizinische Diskussion über die Unfruchtbarmachung sogenannter „minderwertiger" Personen und aus ihr abgeleitete Euthanasiekonzepte der Nachkriegszeit stellte Benjamin gerade auch aus der Perspektive eines seiner speziellen Arbeitsgebiete, der Säuglingsfürsorge, unter dem Aspekt der systematischen Kürzungen im Gesundheitswesen dar. Sie ist für ihn noch ein bloßer Vorwand eines nicht reformierten Systems: „Unter dem Vorwande der Rassenhygiene werden von einer großen Zahl von ärztlichen Gesundheitsbeamten Vorschläge gemacht, die auf einen umfangreichen Abbau sozialhygienischer Einrichtungen hinzielen mit der Begründung: Auslese der körperlich Robusten!" Neben den Säuglingen nennt der Artikel die „Krüppelfürsorge" als von diesem brutalen Sozialdarwinismus bedrohten Bereich. Solche Gesundheitspflege stünde unter anderem im Widerspruch zur Bemühung um die Aufhebung des Abtreibungsverbots durch die gleichen Ärztevertreter.

Benjamins Position im Blick auf die Rassenhygiene war selbst im linken Lager keineswegs unumstritten. Schon im Ersten Weltkrieg benutzte eine Berliner Gesellschaft für Rassenhygiene die pseudowissenschaftliche Theorie als Begründung für ihren Vorschlag eines Eheverbots für Geistes- und Geschlechtskranke. Auch Benjamins sozialdemokratischer Promotionsgutachter Alfred Grotjahn argumentierte in der Weimarer Republik für einen „Ausschluß der Minderwertigen" von der Fortpflanzung. Aber selbst Friedrich Wolf, das Vorbild Benjamins im Kampf um die Abschaffung des § 218, sah in der Diskussion über Rassenhygiene nur einen Sport oder Spleen. Benjamins späterer Artikel in der *Roten Fahne* über „Rassenhygiene der Klassenmedizin" betont dagegen stärker als sein vorheriges Pamphlet die politische Reichweite der modernen Rassenhygiene. Sie arbeite dem offenen Rassismus der NSDAP zu: „Unter den Gebieten medizinischer Forschung verdient die moderne Rassenhygiene ganz besonders Beachtung der Arbeiterschaft, weil sie in immer stärkerem Maße politische Bedeutung gewinnt. Ist schon der Begriff der Rasse selbst bestimmt von den politischen Verhältnissen im bürgerlichen Staat – man denke nur an die wechselnde Rolle des Antisemitismus, der ‚Negerfrage' usw. in Ländern wie Polen, Deutschland, Vereinigte Staaten von Amerika – so gewinnt das praktische Ziel der ‚Reinhaltung' der Rasse und der Gesunderhaltung des ‚Volkes' erst recht ein politisches Gewicht."

In solcher Ausweitung des analytischen Horizonts auf die internationale Ebene rassistischer Ideologie stellte Benjamin einen Anschluss an spätere gesundheitspolitische Positionen seiner Partei her. Sie kam im Bericht des Zentralkomitees der KPD nach dem Parteitag von 1929 zum Ausdruck, der wegen der Weddinger Ereignisse um den „Blutmai" nach Berlin und dort in den Wedding verlegt wurde. Der Parteitag hob radikal von den ökonomischen Phasen der Weimarer Republik ab und sah in den auch am Wedding begonnenen Reformen keine im kapitalistischen System erreichbare Verbesserung der Gesundheitsverhältnisse der arbeitenden Bevölkerung. Aber auch in dieser Epoche der Sozialfaschismustheorie der KPD lag Georg Benjamins Argumentationsziel in seiner umfangreichen Publikationstätigkeit eher in der Kritik von Einzelphänomenen des Gesundheitswesens im Fürsorge- wie im Arbeitsbereich, so wenig er sich von der kommunistischen Globalkritik am sozialdemokratischen Reformismus je absetzte. Seine medizinische Forschung blieb immer politisch orientiert – unter seinen beruflichen Verhältnissen und erkenntnisleitenden Interessen war ihm weder die reine Grundlagenforschung möglich noch eine unpolitische Faktorenanalyse.

Ein auf das Jahr 1926 datierbares Manuskript Georg Benjamins über Kinderarbeit in Deutschland beschreibt, welche ihrer Erscheinungen auch im proletarischen Wedding auf den Straßen und selbst in den Zellenlokalen der Partei wahrzunehmen waren: „Zum Austragen von Zeitungen, von Backwaren u.a. werden [Kinder] gern verwendet, nicht selten auch entgegen den gesetzlichen Bestimmungen, vor dem Vormittagsunterricht. Sehr häufig werden Kinder in Gastwirtschaften noch in späten Abendstunden beim Kegelaufsetzen angetroffen [...] Andere Kinder finden Verwendung bei Musik- und Varietéaufführungen, ebenfalls weit über die gesetzlich zulässige Arbeitszeit – 8 Uhr abends – hinaus. – Friseure bedienen sich ihrer zu Hilfsarbeiten (Einseifen u.a.) besonders in den Hauptverkehrszeiten." Die gesundheitlichen Folgen solcher Beschäftigungen, verstärkt noch durch die verbreitete Unterernäh-

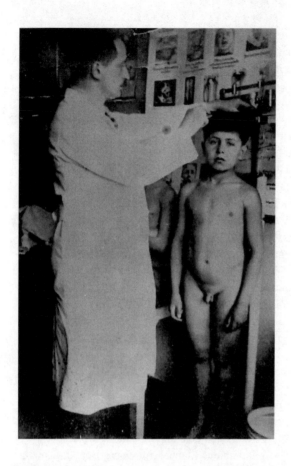

Georg Benjamin
bei seiner Arbeit
als Schularzt, 1927

rung in den vielen Familien von Arbeitslosen oder alleinerziehenden Elternteilen, und solcher Ausbeutung kamen Benjamin durch seine Aufgaben als Schularzt nur zu deutlich vor Augen. Davon geben die erhaltenen Fotografien seiner Amtstätigkeiten ein recht geschöntes Bild.

Die Beispiele für Kinderausbeutung, die Georg Benjamin in seinem Manuskript anführt, waren aus ganz Deutschland, besonders aus den Industriezentren Westsachsens und des Ruhrgebiets. Die politischen Konsequenzen, die er zog, waren ganz und gar nicht revolutionär, sondern systemimmanent und reformorientiert: die Forderung ausreichender Löhne und hinreichender Erwerbslosenunterstützung, die nach strikter Einhaltung schon geltender Gewerbeordnungen und, am Schluss, die nach stärkerem Einfluss der Schulärzte: „Überdies werden die Schulärzte es ohne Zweifel begrüßen, wenn ihnen [...] wie es auch in Berlin seit einiger Zeit gehandhabt wird, überall die Möglichkeit verschafft wird, gegen die Ausstellung der Arbeitskarte bei gesundheitlichen Bedenken Einspruch zu erheben."

Von einer Parteiposition ist hier, im engeren beruflichen Feld, nicht die Rede, so dass verständlich wird, dass der Aufsatz mit seiner scheinbar systemkonformen Tendenz zu Lebzeiten seines Autors nicht publiziert wurde. Insofern bilden, gegen Ende der Weimarer Republik, Benjamins Aufsätze in der Zeitschrift *Proletarische Sozialpolitik* quasi einen Quantensprung aus eigenen Erkenntnissen und aus den Berichten zum gleichen Thema Kinderarbeit aus der Feder der staatlichen Gewerbeaufsichtsbeamten von 1930. In der Reaktion auf diese Berichte der Gewerbeaufsichtsbeamten über Kinderausbeutung in vielen deutschen Regionen, wie der Ausbeutung von Lehrlingen und Jugendlichen überall, kam Benjamin zu Forderungen, die er, bei aller Übereinstimmung mit der Parteilinie der KPD, immer noch an einem bewahrenden, in diesem Sinn konservativen Handlungsziel entlang formulierte: „Aufgabe aller Institutionen der proletarischen Jugend und der Arbeiterkinder ist es, in viel größerem Maße als bisher die jugendlichen und die erwachsenen Arbeiter aufzurütteln zum Kampf gegen Ausbeutung und Mißhandlung des kindlichen und jugendlichen Körpers, um nichtwiederherstellbare Schäden zu verhüten, die nicht zuletzt auch die Kampfkraft der kommenden Generationen schwer beeinträchtigen müssen."

In der von der KPD herausgegebene Zeitschrift für kommunistische Kommunalpolitik, *Die Kommune*, brachte Benjamin in einem Aufsatz zum „Ausbau der Schulhygiene" seine medizinische Expertise zu einer Synthese mit seiner Schularztposition. Darin entwickelte er Forderungen als Gegengewicht zu den vorwiegend privatwirtschaftlichen Interessen der praktischen Ärzte sowie der mangelhaften Ausstattung der öffentlichen Gesundheitsämter in den Bezirken Berlins. Sie hatten in den proletarisch geprägten Bezirken wie dem Wedding die sichtbarsten Folgen. In den zehn Punkten, in die er seine Forderungen untergliedert, nennt er Mindestbedingungen einer sinnvollen Schulhygiene wie die Versorgung mit hauptamtlichen Schul- und Fürsorgeärzten, Fachärzten, Erholungsheimen, Schulbrausebädern und die Schulspeisung besonders für Kinder von Arbeitslosen und Kurzarbeitern. Als Schularzt mit genauer Kenntnis der Unterrichtspraxis in den Weddinger Volksschulen nannte er die Zahl 30 als eine gesundheitlich vertretbare Klassenfrequenz. Wiederum nimmt sich keine von Benjamins Forderungen aus heutiger Sicht weitgehender als reformbezogen aus; sie stießen jedoch unter den ökonomischen Verhältnissen Berlins in der Weimarer Republik auf enge Grenzen.

In der alltäglichen Arbeit als Stadtschularzt – einer von neun im Bezirk Wedding in dieser Funktion angestellten Ärzte, die zusammen für zwölf Schulen verantwortlich waren – geriet Georg Benjamin schnell an Grenzen bei der Absicht, sinnvolle Konsequenzen aus seiner Tätigkeit zu ziehen. Dies zeigte sich sowohl im Bereich der Schulhygiene als auch bei demografischen Überlegungen. In einer Interpretation schriftlicher Äußerungen von Schulkindern zum Sinn schulärztlicher Untersuchungen, die er anregte, zog Benjamin Schlüsse aus den 112 eingereichten Aufsätzen Weddinger Schulkinder: „Die Äußerungen der Kinder lehren vor allem, daß es zweckmäßig ist, regelmäßig an die Reihenuntersuchungen einige hygienische und anatomisch-physiologische Belehrungen zu knüpfen; sei es, daß das durch den Lehrer oder aber durch den Schularzt geschieht, sofern allerdings dem Schularzt Zeit dafür zur Verfügung steht!" Dafür ließe freilich die Überwachung von 6000 Kindern wie in seinem eigenen Fall keine Gelegenheit.

An ähnliche Grenzen war schon einige Jahre vorher (1926) die demografische Verarbeitung einer Untersuchung der Kinderzahl in Arbeiter- und Mittelstandsfamilien gestoßen. Diese empirische Untersuchung regte Benjamin dazu an, für zwei benachbarte Arbeitsfelder hauptamtlicher Schulärzte im Wedding – darunter in seinem eigenen Zuständigkeitsgebiet in der Tegeler Straße im Sprengelkiez – einen statistischen Überblick über die Kinderzahl an konfessionellen und weltlichen Schulen zu geben. (An einer der Schulen dieses Gebiets arbeitete später der der KPD zumindest nahestehende Lehrer und Widerstandskämpfer Kurt Steffelbauer.) In den von Benjamin selbst unter anderem wegen der Abschaffung des obligatorischen Religionsunterrichts bevorzugten „weltlichen Schulen", die sämtlich in sein Arbeitsgebiet fielen, war die Kinderzahl wegen der Armut der Familien höher als in den evangelisch geprägten Schulen und etwa gleich hoch wie in den katholisch ausgerichteten Schulen mit ihrer großen Zahl aus Polen eingewanderter Familien.

Den Grund für die statistisch greifbaren Unterschiede vermutet diese Untersuchung in den sozial verursachten Verhaltensweisen bei der Familienplanung, die von höheren Schichten in die Minderheit der Weddinger Mittelstandsfamilien vermittelt worden sei, wobei sich der Trend zur Ein- oder Zweikinderehe nicht auf sozial minderbemittelte Familie ausgedehnt habe. Die soziale Konsequenz solcher statistischen Erhebungen bleibt allerdings unklar, wenngleich ihr Einblick in die „Abhängigkeit der Kinderzahl von der wirtschaftlichen und sozialen Lage der Familie" soziologisches Gemeingut war. Mag dabei die aus ihr abgeleitete Soziologie der Kinderhäufigkeit auf wackligen Füßen stehen und nicht problematisiert werden, so überrascht doch der Versuch eines demografisch begründeten Plädoyers – besonders angesichts der häufigen Polemik der Weimarer KPD gegen die neue Institution der weltlichen Schulen als banale sozialdemokratische Minimalreform. Wie andere Themen spiegelt sich hierin die widerspruchsvolle und zwischen revolutionärem Anspruch und solidarischer Reformfürsprache wiederholt schwankende Haltung Georg Benjamins wie auch seiner Partei.

Ungleich handfester waren in der späten Krisenzeit des Weimarer Parlamentarismus dann Benjamins schulhygienische Forderungen, etwa die zur Verbesserung der Schularchitektur, zur Schulspeisung und zur schulischen Arztbetreuung. Hier stellten sich, besonders im Hinblick auf Schulspeisung und Ernährung auch leichter Anschlüsse an die aktuelle politische Diskussion ein, so in der vom Sozialfaschismusdiskurs der KPD bestimmten Polemik gegen den von der SPD letztlich geduldeten Bau eines neuen Panzerkreuzers. Es sei „kennzeichnend für die Rolle der Sozialdemokratie als Sachwalterin der Interessen der herrschenden Klasse, daß sie dieselben 5 Millionen für Kinderspeisung, die sie noch 1927 selbst beantragte, 1929 ablehnt. Die Sozialdemokratie, die den Wahlkampf unter der heuchlerischen Parole ‚Kinderspeisung statt Panzerkreuzer' führte, regiert heute unter der Parole des deutschen Imperialismus: Panzerkreuzer statt Kinderspeisung!"

Neben der Intervention in der Panzerkreuzer-Debatte war die am offenkundigsten aktuelle Problematik in Georg Benjamins Berufserfahrungen der publizistische und praktische Umgang mit dem § 218 des Strafgesetzes. Die Beschäftigung mit den gerade für Frauen in Arbeiterhaushalten im Wedding verheerenden Folgen dieses Verbotsparagrafen, der Abtreibungen unter empfindliche Strafen stellte, so dass Frauen sich illegalen Abtreibungen mit häufig verhängnisvollen gesundheitlichen Wirkungen unterzogen, war zwar an sich kein Schwerpunkt von Benjamins medizinischer Ausbildung. Doch taucht das Thema Abtreibung schon in Benjamins Dissertation über Ledigenheime als Motiv auf. Dort wird sie, gleichsam von außen, als Folge der in der Wohnungsnot der proletarischen Mietskasernen häufigen Anwesenheit von Schlafgängern als Untermieter gesehen: „Außerdem führt das enge Zusammenleben familienfremder Menschen [...] häufig zur Anknüpfung geschlechtlicher Beziehungen und wird oft genug zu venerischer Infektion oder zu unerwünschter Konzeption und später dann zur Abtreibung mit ihren Gefahren führen." Eine soziale Tatsache also, denen das Ledigenheim, in dem Benjamin dies schrieb, mit seinen zölibatären Regeln einen Riegel vorschob. Abtreibungen entzogen sich drei Jahre später auch Benjamins statistischer Erhebung der Kinderzahlen in proletarischen Haushalten des Wedding, ebenso wie die wünschenswerte aber genauso tabuierte Zählung verstorbener Kinder. Die Vermeidung der Abtreibung (und ihrer am Wedding sehr häufigen Folgen) mithilfe der im Bürgertum praktizierten Verhütungsmethoden war Benjamin als Alternative einer „bewußten Geburtenprävention" geläufig.

Der Anstoß zur kritischen Auseinandersetzung mit den frauenfeindlichen Wirkungen des § 218 erreichte Benjamin auf zwei Wegen: zuerst durch die sozialpolitische Kampagne der Internationalen Arbeiterhilfe gegen das Gesetz. An deren Anfang stand 1927 die einflussreiche Schrift des KPD-Reichstagsabgeordneten Emil Hollein: *Gegen den Gebärzwang: Der Kampf um die bewußte Kleinhaltung der Familie*. Zunächst im Selbstverlag gedruckt, wurde das Buch trotz seines offiziellen Verbots von dem im Münzenberg-Konzern angesiedelten Neuen Deutschen Verlag nachgedruckt und massenhaft vertrieben. Das Buch setzte sich für den Schutz der proletarischen Frauen vor den lebensbedrohenden Praktiken der unprofessionellen „Engelmacher" ein, den illegalen Abtreibungen, wie bald darauf auch die Broschüre des Arztes Friedrich Wolf *Sturm gegen § 218*, der schon nach seinem kritischen Drama *Cyankali* (1929) von den Strafbehörden angeklagt und zu einer Gefängnisstrafe verurteilt wurde.

Auch am Wedding gab es Protestveranstaltungen gegen das Verfahren gegen Friedrich Wolf und andere der Abtreibung beschuldigten Ärzte. Der Widerstand gegen das Abtreibungsverbot erfasste auch etliche sozialdemokratische Ärzte, trotz der konservativen Haltung der ärztlichen Standesvertretung und trotz des Eintretens von Benjamins Doktorvater Alfred Grotjahn für den Paragrafen. Hilde und Georg Benjamin erlebten die skandalumwitterte Theateraufführung von Friedrich

Wolfs Stück *Cyankali* (und auch die spätere Filmversion von 1930) über einen Todesfall durch die Handlungen einer Kurpfuscherin und somit als Folge des Abtreibungsparagrafen. Im Jahr darauf mündete die Unterstützung für Friedrich Wolf und seine Sache auf Seiten der KPD in ein „Schutzprogramm für die arbeitende Frau", nach dem die Unterbrechung einer Schwangerschaft gesetzlich freigegeben werden sollte. Dies konnte (mit anfänglichen Einschränkungen) erst in der DDR, in Hilde Benjamins eigenem Einflussbereich, durchgesetzt werden, mit Verzögerung und noch immer umstrittenen Modifikationen auch in der Bundesrepublik.

Haft und Widerstand

Selbst im Wedding, neben dem Bezirk Neukölln die stärkste Hochburg der Berliner KPD, war die Partei schlecht auf die Wucht der faschistischen Machtübernahme vorbereitet. Schon am 13. April 1933, einen Tag vor Georg Benjamins Verhaftung, konnte der *Völkische Beobachter*, das Organ der NSDAP, triumphierend vermelden: „Berlins rote Viertel zerfallen!" Den Bezirk Wedding traf tatsächlich der Ehrgeiz der an die Macht gelangten Nationalsozialisten, gerade in dieser proletarischen Umgebung, in der sie noch wenige Jahre zuvor einen äußerst schwachen Widerhall gefunden hatten, die Macht auf den Straßen und in den Häusern zu erobern. Nach dem Reichstagsbrand in der Nacht vom 27. auf den 28. Februar 1933 wurde sofort die KPD verboten, ihre Zentrale besetzt und ihre Publikationsorgane wurden unterdrückt. Die letzte, nur dreiseitige Ausgabe der *Roten Fahne* erschien mit einem kämpferischen Wahlaufruf am 26. Februar.

Trotz des einsetzenden Terrors mit der Verhaftungswelle von Kommunisten – mit der Allzweckbegründung „zum Schutz der öffentlichen Sicherheit" – hielt Georg Benjamin unbeirrt an seinen beruflichen und politischen Aktivitäten fest. Er unterstützte sichtbar den Wahlkampf seiner Partei für die Reichstagswahlen und die Bezirksverordnetenwahlen am 5. März 1933, für die er selbst kandidierte und in denen er erneut in das Kommunalparlament gewählt wurde. Die KPD behauptete, trotz der wachsenden Erfolge der Nationalsozialisten, ihre führende Position im Wedding. Auf die neue Herrschaft reagierte Benjamin demonstrativ mit dem Aushängen einer großen roten Fahne aus dem Fenster seiner Arztpraxis in der Badstraße.

Eines der drei Zimmer der Arztpraxis war an die Juristin und Parteigenossin Rita Sprengel und ihren Lebensgefährten vermietet; sie war als Referendarin in der Rechtsanwaltspraxis Hilde Benjamins angestellt. In ihren Erinnerungen liefert sie ein skurriles Bild der Ereignisse: „Vor den März-Wahlen 1933 hing an seinem Fenster eine riesige rote Fahne. Es war Feierabend, die Straßen überfüllt. Die Menschen schauten zu der letzten roten Fahne in der früher zu Wahlen und Festtagen ‚roten' Badstraße empor. Da ertönte der Ruf, bewaffnete SA dringe ins

Haus ein. Wir konnten gerade noch die Korridortür abschließen und die Kette vorlegen. Da läutete es schon Sturm. Während wir den Eingang verbarrikadierten, donnerten Kolbenschläge und Fußtritte gegen die Tür. Georg verständigte telefonisch das nächste Polizeirevier. Unvergessen: die erschreckten Augen einer Patientin, die zur Untersuchung entblößt dalag und uns anstarrte. Sie wagte sich nicht zu rühren, nicht einmal ihr Hemd herunterzuziehen. Noch hielt die Tür. Da erschien tatsächlich ein Trupp Polizisten. Sie verhandelten demütig, immerhin, sie verhandelten mit den SA-Leuten. Der SA-Trupp zog ab. [...] Als es dunkel wurde, zogen wir die Fahne hoch."

Die Darstellung Sprengels belegt anschaulich die lokale Prominenz Georg Benjamins, die Solidarität unter den KPD-Genossen, aber auch die noch nicht vollständige Gleichschaltung aller staatlichen öffentlichen Institutionen. Dies sollte sich bald ändern. Die Verhaftung Georg Benjamins „im Interesse der öffentlichen Sicherheit" erfolgte am 14. April 1933 in seiner Arztpraxis. Dass sie von Polizisten und nicht von SA-Truppen vorgenommen wurde, war unter den Umständen das kleinere Übel, denn sie führte nicht in die berüchtigten Folterkeller der SA, sondern in den Keller des Stadtgefängnisses des Berliner Polizeipräsidiums am Alexanderplatz. Hier sah ein Parteigenosse, Walter A. Schmidt, Georg Benjamin als Mitgefangenen: „Finster, ekelerregend, waren diese Untergeschosse, zuvor für Landstreicher, Betrunkene, Prostituierte u.a. bestimmt. Etwa 30 Holzkisten als ‚Liegestatt', ohne Decke, hatte solch ein Quartier. Über hundert Verhaftete zählte ich, wovon also der größte Teil auf eiskaltem Betonboden zubrachte."

Über die weitere Unterbringung blieb Georg Benjamins Frau lange im Unklaren. In einem Brief an Franz Dahlem erwähnte sie später noch das Gestapo-Gefängnis in der Prinz-Albrecht-Straße, und sie war sich nicht sicher, ob ihr erster Besuch ihres Mannes als Häftling im Gefängnis Plötzensee oder in Moabit stattfand. Aber durch die Berichte von mitinhaftierten Parteigenossen setzte sich schließlich Plötzensee als Ort der Gefangenschaft Georg Benjamins unter dem „Schutzhaft"-Befehl durch. Dort sprachen Parteigenossen schon am 1. Mai 1933 mit ihm. Von dort wurde er um den Wechsel vom August zum September von den Nationalsozialisten in das als „wildes" KZ eingerichtete ehemalige Zuchthaus Sonnenburg bei Küstrin überführt.

Das Terrorregime, das in Sonnenburg primär Häftlinge aus der Arbeiterbewegung erfasste, unter ihnen überwiegend Kommunisten, steigerte sich gegenüber den relativ wenigen jüdischen Gefangenen durch die Misshandlungen von SA und SS. Einer von Georg Benjamins Mithäftlingen seit dem September 1933, Hans Ullmann, zu dieser Zeit einer von 1200 im völlig überfüllten Zuchthausgebäude untergebrachten Gefangenen, berichtete später über seine Erfahrungen: „Die Tür zur Zelle konnte jederzeit und wurde sehr häufig von einem SA-Mann geöffnet. Dann hatte der Gefangene stramm zu stehen und die militärische Meldung zu machen ... Wenn sie fertig war, bekam der Gefangene meist einen Fausthieb ins Gesicht oder in die Bauchgegend ... Die Gefangenen wurden bei Dunkelheit auf den Hof getrieben, es kamen in so schneller Folge, dass sie nicht auszuführen waren, die Kommandos Auf, Hinlegen, Laufen, Hinlegen. Dazwischen liefen SS-Leute mit Gummiknüppeln herum und hieben wahllos auf die Häftlinge ein."

Es besteht keine Klarheit, ob solche Sonderbehandlung auch Georg Benjamin zuerteilt wurde, auch nicht über – wie den meisten Gefangenen – ihm zugewiesene Arbeiten. Die wenigen Briefe aus der letzten Zeit seines Aufenthalts in Sonnenburg, die seine Frau zurzeit der bald beginnenden Entlassungsaktionen erreichten, enthalten keine Hinweise auf solche Formen systematisierter Gewalt. Vermutlich eher die früheren Briefe, die Georg Benjamin erwähnt, die aber die Zensur nicht passierten. Es scheint, dass eingelieferte Spitzenfunktionäre der KPD wie John Schehr oder Prominente wie Erich Mühsam, Carl von Ossietzky und Hans Litten stärker den Folterungen des KZ unterworfen wurden. Benjamin war, wohl aus Rücksichtnahme auf seine Frau, in Berichten über ihm zugefügte Misshandlungen äußerst verschwiegen.

Als Georg Benjamin nach Sonnenburg überstellt wurde, hatten die mehrheitlich kommunistischen Häftlinge schon eine illegale Organisation aufgebaut, die wie an anderen Stellen erfolgreich versuchte, Hilfsfunktionen in dem Lager zu übernehmen. Die Häftlinge waren in Massen- oder Einzelzellen untergebracht. Während Georg Benjamins Aufenthalt löste die SS die SA ab und die Prügeleien und Misshandlungen bis hin zu Morden wurden stärker systematisiert. Dies musste, obwohl er darüber kaum je detailliert sprach oder schriftliche Aufzeichnungen hinterließ, ihn als kommunistischen Intellektuellen in voller barbarischer Härte treffen. Die einzig erhaltenen und von Hilde Benjamin aufbewahrten Briefe lenken durch die Betonung des alltäglichen Ablaufs im KZ eher von dem von ihm selbst Erlittenen ab. Er erwähnt fast nur die Kälte in allen Räumen.

Durch Benjamins mit nach Hause gebrachten Scherenschnitte sind die elf Mithäftlinge seiner Gemeinschaftsstube überliefert, unter ihnen Mitarbeiter aus der Roten Hilfe, der Kampfgemeinschaft für Rote Sporteinheit und aus der Roten Gewerkschaftsopposition. Seine beiden Briefe an Hilde Benjamin stammen aus dem Dezember, als er nach einer an sich schon abgeschlossenen Entlassungsaktion am Weihnachtstag 1933 nach Berlin zurückkehren durfte.

Um Georg Benjamins Rückkehr nach Berlin ging die Phase zu Ende, in der die KPD von einer nur kurzen Dauer der NSDAP-Herrschaft ausging und zu einem Massenwiderstand aufgerufen hatte, der sich als äußerst verlustreich erwies. Seine privaten Arbeitsmöglichkeiten als Arzt und Gesundheitspolitiker waren Georg Benjamin ebenso entzogen wie die schnell auch im Bezirk Wedding nacheinander zerschlagenen illegalen Unterbezirksstrukturen der KPD. Schon während der verbüßten „Schutzhaft" folgten bald die Ausschlüsse aus den ärztlichen Standesorganisationen: aus dem Groß-Berliner Ärztebund wegen seiner „Zugehörigkeit zur kommunistischen Partei und Betätigung in diesem Sinn als Bezirksverordneter"; schon vorher aus dem gleichen Grund als Mitglied der Kassenärztlichen Vereinigung Berlins. Im medizinischen Ehrengerichtsverfahren (unter einem falschen Vornamen) entzog ihm die Ärztekammer das Wahlrecht wegen seiner „Gefälligkeitsattestate" für Berliner Arbeiter zu Aufenthalten in der Sowjetunion. Allgemeiner und mit einem antisemitischen Zusatz hieß die Begründung des Ausschlusses bei den Kassenärzten: „Die Tätigkeit von Kassenärzten nichtarischer Abstammung und von Kassenärzten, die sich im kommunistischen Sinne betätigt haben, wird beendet."

Zwar war Walter Benjamin bei der Nachricht über die Entlassung seines Bruders aus der „Schutzhaft" spontan überzeugt, dass der sich über den bei dieser Gelegenheit unterschriebenen Revers, sich in Zukunft politisch zu enthalten, hinwegsetzen würde. Auch seine Frau sah rückblickend im fortgesetzten Widerstand Georgs die Einlösung einer Verpflichtung „der Partei gegenüber". Dennoch stand zunächst die Neuordnung der ständig bedrohten Familienangelegenheiten und des Privatlebens mit dem inzwischen einjährigen Sohn im Vordergrund, so auch schon in der Korrespondenz aus Sonnenburg.

Dieser nur kurze und auch nur scheinbare Rückzug ins Privatleben gründete keineswegs auf der von Georg den Behörden gegenüber unterschriebenen Erklärung als vielmehr auf einem vernünftigen Parteibeschluss. Eine solche Unterbrechung der illegalen Tätigkeit hatte die KPD-Führung im Dezember 1933 festgelegt. Demnach seien zurückkehrende Häftlinge nach ihrer Freilassung zunächst durch die Rote Hilfe zu betreuen. Sie sollten zwar Informations- und Agitationsmaterial bekommen, aber nicht sofort wieder in die politische Arbeit einbezogen werden. Wenn das nach einigen Monaten sinnvoll sei, dann in einer neuen Funktion an einem neuen Ort.

Als Vorsichtsmaßnahme gegenüber den Razzien, Durchsuchungen und der Überwachung durch die Nazi-Apparate sorgte Georg Benjamin Anfang 1934 zunächst für eine provisorische Unterkunft für sich selbst bei einer befreundeten jüdischen Familie in der Schöneberger Frankenstraße, nicht allzu weit vom Aufenthaltsort von Frau und Kind bei den Schwiegereltern im Nachbarbezirk Steglitz. Danach reiste er für einige Wochen in die Schweiz und an die oberitalienischen Seen. Von illegalen Parteiaufträgen machte er seiner Frau keinerlei Mitteilungen, sei es, dass sie noch nicht vorlagen oder, wie es oft für nötig gehalten wurde, um sie bei etwaigen Verhören zu schützen. Auch der gemeinsame Bezug eines Zimmers in der Pankower Binzstraße, als Untermieter, geschah vorerst ohne eine dortige Meldung, im Sommer 1934. Der gemeinsame Sohn wurde im Kinderheim von Edith Fürst, einer befreundeten Genossin, im nahe gelegenen Niederschönhausen untergebracht, in dem Georg Benjamin auch die ärztliche Betreuung übernahm. In dieser neuen Umgebung waren selbst politische Kontakte möglich, zum Teil bald sogar innerhalb der alten Weddinger Verbindungen, da in der Reorganisation der KPD-Unterbezirke – über die die nationalsozialistische Justiz bestens informiert war – der Gesundbrunnen 1935 mit dem Bezirk Pankow in den gleichen Abschnitt fiel.

Die freie Zeit nutzt Georg Benjamin für ein vertieftes Studium der russischen Sprache, die seine Frau schon früher gelernt hatte und die ihr jetzt bei der Arbeit für die Handelsabteilung der sowjetischen Botschaft in Berlin zugutekam, mit der sie ein für die laufenden Ausgaben ausreichendes Familieneinkommen sicherte. Erstaunlich ist im nächsten Jahr Georg Benjamins Erwerb eines Führerscheins für Pkw, den er für sein Motorrad noch nicht benötigt hatte. Mit dem Besuch von Vorlesungen in den Fortbildungskursen für jüdische Ärzte und dem Selbststudium in medizinischen Leihbüchereien setzte er im Sommer 1935 seine medizinische Ausbildung fort.

Nach der vorsichtigen, mehr dem Privatleben gewidmeten Übergangszeit nahm Georg bald seine illegale Widerstandsarbeit wieder auf. Für internationale Kontakte sorgte dabei vermutlich auch eine Reise in den tschechischen Teil des Riesengebirges im Februar 1935. Auch hier behielt er sein Schweigen seiner Frau gegenüber bei, die es als Gebot seiner illegalen Aufgaben kannte. Er war für die illegale Leitung des KPD-Bereichs Berlin-Brandenburg beschäftigt. Für sie benutzte er seine fremdsprachlichen Kenntnisse zur Übersetzung von ausländischen Zeitungstexten. Das Urteil des Berliner Kammergerichts in Sachen der Standardformel „Vorbereitung des Hochverrats" zeigt sich außergewöhnlich gut über seine illegale Tätigkeit informiert, deren Anfänge seine Frau schon vor dem Frühjahr 1935 vermutete: „Der Angeklagte hat fortlaufend Artikel aus ausländischen – englischen, französischen und russischen Zeitungen, die Deutschland und die deutschen Verhältnisse betrafen, jedoch auch Artikel über die politische Entwicklung Spaniens und Frankreichs übersetzt, um ihre Verbreitung in kommunistischen Kreisen bzw. zu Propagandazwecken zu ermöglichen."

Ähnlich wie Georg Benjamin arbeitete der Wirtschaftshistoriker Jürgen Kuczynski, auch er linker Angehöriger einer bürgerlichen Familiendynastie, zur gleichen Zeit bis 1936 für die illegale Informationsabteilung der KPD. Er untersuchte speziell die ökonomischen Berichte der noch frei zugänglichen internationalen Presse. An seinen weitergehenden Beratungstätigkeiten für den Botschaftsrat Bessonow der sowjetischen Botschaft war Benjamin jedoch nicht beteiligt; auch war seine Sprachkompetenz im Englischen schwächer als die Kuczynskis. Sein eigenes Gebiet lag in Übersetzungen aus dem Russischen für den internen Gebrauch der deutschen KPD.

Als Mitarbeiter der illegalen Bezirksleitung Berlin-Brandenburg der KPD übersetzte Benjamin etwa einen *Prawda*-Artikel von Georgi Dimitroff und gab ihn an seine Parteigenossen weiter. Im engeren Gebiet gehörte es zu seinen Aufgaben, die Stimmung der Arbeiter seiner Umgebung in den großen Betrieben Nordberlins wie Osram, der AEG, Borsig, Schwartzkopff und anderen sowie der Arbeitslosen an den Stempelstellen der Arbeitsämter einzuschätzen. Er gehörte im Jahr 1936 zu den annäherungsweise ermittelten etwa 102 Angeklagten aus dem KPD-Unterbezirk Wedding, die mit dem gleichen Anklagegrund belastet und verurteilt wurden. Ihre Aktivitäten reichten von ihren Parteifunktionen über Unterstützungsarbeiten für das kommunikative Netzwerk der Partei bis hin zu einmaligen Spenden für die Rote Hilfe oder die bloße Entgegennahme einer oppositionellen Flugschrift. Georg Benjamin fiel in eine höher belastete Kategorie der Angeklagten, wenngleich nicht in die vor dem Volksgerichtshof Freislers verhandelten Fälle. Schon bei einer ersten Verhaftung zählte er zu den am deutlichsten dem System Widerstand Leistenden.

Nachdem Benjamin im Mai 1936 wiederholt seine eigene Beobachtung zu spüren glaubte und deshalb von der Wohnung in der Binzstraße auf Schleichwegen durch Laubenkolonien zur U-Bahn Vinetastraße gelaufen war, hatte die Spitzeltätigkeit eines in der Binzstraße gegenüber wohnenden Schumachers zu seiner Verhaftung (zusammen mit einem ZK-Instrukteur) durch die Gestapo geführt. Ihm war klar, dass es diesmal um keinen ähnlich kurzen Gefängnisaufenthalt wie drei Jahre zuvor gehen würde. Dies sagte er in einem zwei Tage nach der Festsetzung geschriebenen Brief an seine Frau voraus. Er schrieb aus dem nach der Machtübernahme der Nationalsozialisten schnell eingerichteten KZ im Columbia-Haus am Rande des bald darauf ausgebauten Flughafens in Berlin-Tempelhof.

In diesem ehemaligen kaiserlichen Militärgefängnis wurden zahlreiche Gewerkschafter und Mitglieder linker Parteien inhaftiert und gefoltert. Die SS stellte dort von Anfang an die Wachmannschaften. Die Gestapo nutzte das KZ Columbia vor allem für Gefangene, deren Verhöre noch nicht abgeschlossen waren und die deshalb noch nicht in andere Lager oder Anstalten zu überführen waren. Insofern fungierte es als eine Art Nebenstelle des berüchtigten Gestapo-Gefängnisses in der Prinz-Albrecht-Straße. Auch bei Georg Benjamin handelte es sich um ein unabgeschlossenes Verfahren. Zu seinem Glück war sein Aufenthalt in den Zellen dieses weiteren frühen „wilden" KZs nur von kurzer Dauer. Ein Mithäftling aus der Sozialistischen Arbeiterpartei und Parteigenosse Willy Brandts, Stefan Szende, beschrieb sie: „Die Gefangenen kamen, jeder für sich allein, auf die Zellen. Kleine, dunkle Räume von vier bis fünf Quadratmeter, ohne Fenster. Die Pritsche mit dem kalten Strohsack nahm beinahe die Hälfte der Zelle ein. Eine grobe Decke, ein Kübel, kein Stuhl oder Tisch, nichts." Selbst bei diesem kurzen Aufenthalt konnten Benjamin die von einer Gefängniskapelle gelegentlich übertönten Schreie der bestialisch Gefolterten, unter denen sich auch eine Minderheit jüdischer Opfer befand, nicht entgehen. Sie sind durch viele Erinnerungen Überlebender dokumentiert.

Da im Mai 1936 noch ein gerichtlicher Haftbefehl gegen Georg Benjamin erging, wurde er aus dem Columbia-Haus in das Moabiter Untersuchungsgefängnis überführt. Dass er nicht wie der mit ihm verhaftete Spitzenfunktionär Hanns Rothbarth vom Reichsanwalt des Volksgerichtshofs angeklagt wurde, deutet sein eher mittleres Profil unter den Widerstandskämpfern gegen das herrschende System an. Ihn klagte ein Strafsenat des Berliner Kammergerichts an, nicht der Volksgerichtshof, und verurteilte ihn im Oktober 1936 zu sechs Jahren Zuchthaus und zur Aberkennung der bürgerlichen Ehrenrechte auf fünf Jahre. In der Begründung des Urteils hoben die Richter seine früheren politischen Funktionen wie auch seine besondere Gefährlichkeit hervor.

Zu Ersteren hieß es: „Der Angeklagte, der Rasse nach Jude, steht seit langen Jahren in der kommunistischen Bewegung. Er war früher Bezirksverordneter der KPD im Bezirk Berlin-Wedding und bis 1931 beamteter Schularzt der Stadt Berlin." Für das Andere gab seine moralische Charakterisierung den Ausschlag: „Den Angeklagten Benjamin [muss] im Hinblick auf seine Persönlichkeit und den Umfang seiner Tätigkeit die bei weitem schwerste Strafe treffen. Erschwerend fällt bei ihm ins Gewicht, daß er sein nach der Entlassung aus der Schutzhaft gegebenes Versprechen, sich nicht mehr staatsfeindlich zu betätigen, nicht gehalten hat. Es zeugt von der Hartnäckigkeit seines rechtsbrecherischen Willens, wenn er trotzdem bald danach seine hochverräterische Tätigkeit in so weitem Umfange aufgenommen hat. […] Er gehört zu der Klasse der jüdischen Intelligenz, die mit allen Mitteln bestrebt ist, durch die Verhetzung der Deutschen Arbeiterschaft dem Kommunismus zum Siege zu verhelfen."

In einem der Blöcke für politische Häftlinge des Zuchthauses Brandenburg-Görden, in das Benjamin nach der Verurteilung durch das Kammergericht transportiert wurde, konnte es für einen jüdischen Widerstandskämpfer keine wohlwollende Behandlung geben, der in seinem obligatorischen Lebenslauf bei seiner Einlieferung als Haftgrund schrieb: „Tätigkeit für die kommunistische Partei aus politischer Überzeugung." Von einem humanen, auf Resozialisierung zielenden Strafvollzug, dem das neue Zuchthausgebäude als modernste europäische Anstalt dieses Typs nach seiner definitiven Fertigstellung ursprünglich hatte dienen sollen, war bei der zunehmenden massenhaften Belegung bald nichts mehr zu spüren. Besonders die „Kammkästen" genannten Einzelzellen, in die auch Georg Benjamin über längere Phasen ver-

Zuchthaus Brandenburg-Görden, Blick auf das Hauptgebäude, 1931

bracht wurde, erinnerten an die barbarische Unterbringung im KZ Columbia-Haus.

In einem Beitrag von Walter Schwerdtfeger in einem der vielen Erinnerungsbücher werden die Einzelzellen genau beschrieben: „Die Zelle ist kaum mehr als drei Meter lang, knapp zwei Meter breit. Und das ist ihre Ausstattung: hochgeklappt an der Wand ein Eisenbett mit harter Matratze, Keilkissen, Laken und Decke. [...] Ein Stuhl, ein Wandbord. In diesem das ‚Schanzzeug‘, das heißt eine Kombination von Löffel und Gabel, ein Messer. Eßnapf aus braunglasiertem Ton, innen weiß, [...] eine braune offene Tonkanne für den ‚Negerschweiß‘, das ist der sogenannte Kaffee, ein Holzbrett, Salznapf, eine Blechbüchse für die Schlämmkreide zum Zähneputzen. Eine Wandleiste mit Holzhaltern für Arbeitskleidung und die Anstaltsuniform." (Interessant ist hier die rassistische Terminologie im „Negerschweiß" des Ersatzkaffees unter politisch Verfolgten.)

In dieser nur durch den Arbeitseinsatz in ihrer Monotonie unterbrochenen Isolationshaft diente das jahrelange Bettfedernschleißen und Bindfadenentknoten der physischen und mentalen Brechung der Insassen. Unter ihnen wurden politische Gefangene gegenüber kriminellen eher diskriminiert. Von den jüdischen unter ihnen wie Georg Benjamin wurde nach dem Ablauf ihrer Strafen niemand in die Freiheit entlassen. Sie wurden ausnahmslos der Gestapo übergeben, die sie in die Vernichtungslager schickte.

Trotz solcher Rahmenbedingungen im Zuchthaus Brandenburg wich der dortige Aufenthalt vom Erleiden des wilden Terrors durch SA und

SS in den frühen KZs und Gefängnissen ab. Der unberechenbaren Brutalität und dem Sadismus in deren Sphären stand hier eine durchsystematisierte brutale Disziplinierung gegenüber. Sie ließ auch rudimentäre Kommunikation der Häftlinge untereinander und, unter strikter Zensur und Überwachung, auch teilweise nach außen zu und war nie lückenlos. Georg Benjamin machte davon, neben den seltenen Besuchszeiten, in der Korrespondenz mit seiner Frau und seinem Sohn Gebrauch. Auch gab es solidarische Entlastungsaktionen durch politische Mithäftlinge, die in ihren Kalfaktorenfunktionen gelegentlich für die Beschäftigung in relativ privilegierten Werkstätten sorgen konnten, vor allem in der Schneiderstube, der Tischlerei oder dem Küchendienst. In der Gemüseputzküche blieb Georg Benjamin im Winter 1941/42 „zur Erholung" im Bereich der Parteigenossen Urbschat und Ruppert. Auch bei Außeneinsätzen zum Deichbau an der Elbe bei Abbendorf kam Benjamin zum Einsatz, trotz der zunächst von der Anstaltsleitung verfügten Ablehnung solcher Abwechslung für ihn als jüdischen Kommunisten.

Es gab mithin Löcher in der durchgängigen Isolation der politischen Gefangenen. Die Erlebnisberichte – untereinander allerdings noch im Rückblick im Widerstreit zwischen einer strikten KPD-Linie und abweichenden linken Positionen – umreißen insgesamt ein Netzwerk politischer Organisation wie in nicht als Vernichtungslagern genutzten KZs wie Buchenwald. Es gab regelmäßige Kontakte der Häftlinge in Werkstätten, in Gruppenzellen, in denen auch Georg Benjamin des Öfteren untergebracht war, beim täglichen Freigang im Gefängnishof sowie bei den täglichen Toilettengängen mit dem blechernen Nachtgeschirr. Unter außergewöhnlichen Umständen konnte ein späterer Erfahrungsbericht wie der des britischen Staatsbürgers Julius Bruck auch ein untypisch positives Bild des Aufenthalts in einer Gruppenzelle zeichnen. Bruck, der als vermögender Ausländer über Druckmittel gegen die nationalsozialistischen Behörden verfügte und bald aus der Haft entlassen wurde, erwähnt Georg Benjamin als Mithäftling in seinem Gefängnisblock.

Zweifellos hatte Georg Benjamin im Zuchthaus Brandenburg regelmäßig Kontakt mit einigen der ihm aus seiner Weddinger Zeit bekannten Genossen. In einer Auflistung der politischen Organisationen während seiner Haftzeit kommt sein eigener Name zwar nicht vor, aber sein Freund Max Frenzel und aus der Berliner Parteiarbeit für die KPD Vertraute wie Walter Mickin, Erich Paterna, Robert Dewey, Waldemar Schmidt, Gustav Urbschat und Bruno Baum. Sie alle waren Zentralfiguren in einer politischen Konstellation, in die sich auch Georg Benjamin einbrachte, zum Beispiel bei den kontroversen Diskussionen über den deutsch-sowjetischen Nichtangriffspakt vor dem Beginn des Zweiten Weltkriegs. Diese Diskussionen fanden auch in den Briefen an seine Frau einen Widerhall, wenngleich in einer angesichts der Briefzensur notwendigen Geheimsprache. Aber in den Berichten der überlebenden Parteigenossen, vor allem Erich Paternas, für Hilde Benjamin über das Leben ihres Mannes im Zuchthaus Brandenburg überwogen die Hinweise auf seine Beschäftigungen für den Sohn: bei der häufigen Konstruktion von Rätseln, bei dem Entwerfen eines Tierbuchs, bei Tierversen und schließlich Schachaufgaben.

Die Häftlingspersonalakte des Zuchthauses Brandenburg über Georg Benjamin, die der Staatssicherheitsdienst der DDR aufbewahrte, enthält außer seinem Bekenntnis zur kommunistischen Überzeugung nichts politisch Relevantes, sieht man von der Eingangsinformation mit dem Hinweis auf seine religiöse Dissidenz und der Nennung seiner beiden Vorstrafen ab. Die Akte notiert die alltäglichen Details über Arbeitseinsätze und auch die kleineren Disziplinierungen der Haft. So die Verhängung einer Geldstrafe, das heißt den Abzug vom geringfügigen Arbeitsverdienst für das „Verbummeln eines Leibriemens" und das Verfehlen eines festgelegten Tagespensums der Arbeit im November 1941. So ebenfalls die Bitten um Einkäufe vom Lohnverdienst oder die Übersendung von Erspartem an die Ehefrau.

Die von den Zuchthausgefangenen erledigten Außenarbeiten waren für den faschistischen Strafvollzug profitabel. Für die Häftlinge lässt sich verallgemeinern, was Georg Benjamin seiner Frau in einem Brief im Juli 1940 mitteilte: „Die Außenarbeit war eine sehr willkommene Veränderung [...] Art der Arbeit ständig wechselnd, Wald- Feld-, Garten- und Erdarbeiten. Zum Beispiel: Bäume pflanzen (Aufforstung), Spargel stechen, Unkraut jäten, Dung streuen, Telefonkabel und anderes." Dazwischen immer wieder monotone, nervtötende Beschäftigungen wie Tüten kleben und Sisal zupfen. Charakteristisch für Georg Benjamins Strenge gegen sich selbst war, dass er seiner Frau außer durch gelegentliche Klagen über Ernährungsmängel nichts über seine gesundheitlichen Probleme äußerte, die zumindest einmal seine KP-Genossen zur Suche nach einem für ihn weniger belastenden Arbeitsbereich veranlassten.

Dieser solidarische Zusammenhalt, zumindest unter den linientreuen kommunistischen Gefangenen, sorgte, wie auch Georg Benjamins individueller Zeitvertreib mit der Lektüre aus der Anstaltsbücherei und im Schachspiel, für sein Überleben. Das Schlussurteil der Gefängnisverwaltung – „Die Strafe hat den Juden in keiner Weise beeinflußt. Seine politische Einstellung muss auch jetzt negativ bewertet werden" – muss sich für ihn wie eine Bestätigung seiner Widerstandskraft gelesen haben. Sie bedeutete jedoch unter den Bedingungen des faschistischen Terrors ein Todesurteil, an die auch im Zuchthaus Brandenburg die immer öfter vollsteckten Hinrichtungen erinnerten.

Dass die vollständig verbüßte Strafe nicht das Ende der Unfreiheit für jüdische und andere politische Gefangene war, wussten die Mitglieder der KPD. Georg Benjamin wurde nach der Entlassung aus dem Zuchthaus Brandenburg an die Gestapo überstellt. Sie lieferte ihn zunächst in ihr Gefängnis in der Prinz-Albrecht-Straße ein und bald darauf in das Polizeipräsidium am Alexanderplatz. Dort verblieb er unter Bedingungen, die er ausnahmsweise in einem Kassiber für seine Frau deutlich mitteilte: „Hier bezüglich Essen, Hygiene, alles völlig unzureichend, keine Freistunde, ungeheure Überfüllung." Nicht besser erträglich war dann der anschließende Aufenthalt im „Arbeitserziehungslager" Wuhlheide. Dies Lager war verwaltungsmäßig in das „Reichsbahn-Gemeinschaftslager Wuhlheide" integriert, aber räumlich abgetrennt.

In den drei Unterkunftsbaracken dieses von der Gestapo angemieteten Arbeitslagers befanden sich Häftlinge und Zwangsarbeiter aus vielen Ländern, darunter auch viele politische Gefangene. Die Bedingungen in dem Arbeitserziehungslager auf dem heutigen Gebiet des Tierparks Friedrichsfelde, wo an dunkler Stelle nahe dem jetzigen Eisbärengelände eine Gedenktafel vornehmlich an die kommunistischen Lagerinsassen erinnert, waren so schwer erträglich, dass Georg selbst die Deportation in das KZ Mauthausen als eine bessere Option erschien. Andererseits bot die Arbeit für Gleisbauprojekte der Deutschen Reichsbahn des Öfteren Kontaktmöglichkeiten mit der Ehefrau und damit die Zuwendung dringend vermisster Nahrungsmittel. Für seine Mitgefangenen wünschte Georg Benjamin sogar die von ihm lebenslang vermiedenen Zigaretten und Alkoholika. Der Austausch von Kassibern war an einer Stelle nahe dem Bahnhof Wuhlheide gelegentlich möglich.

Verbleibende Passionen

Schon als Jugendlicher besaß Georg Benjamin einen ausgeprägten erzieherischen Impuls in Dingen, die ihm wichtig waren. Diesem Impuls kam in seinem Leben am Wedding entgegen, dass fast sämtliche seiner beruflichen Tätigkeiten nach den medizinischen Abschlussprüfungen mit pädagogischen Aufgaben verbunden waren. Dies betraf umso mehr auch die meisten seiner politischen Aktivitäten im Umfeld der Nebenorganisationen der KPD, nachdem er in die Partei eingetreten war. In besonderer Weise galt dies im Privatbereich selbst für seine Vaterrolle. Wegen seiner Haftzeiten blieben ihm nur etwas über zwei Jahre des direkten persönlichen Umgangs mit seinem Sohn Michael, sieht man von einem einmaligen Treffen bei der Entlassung aus dem Zuchthaus Brandenburg und von wenigen flüchtigen Blickkontakten am Rande des Arbeitslagers Wuhlheide ab. Die Kommunikation zwischen Vater und Sohn beschränkte sich daher vor allem auf regelmäßige, aber in Häufigkeit, Umfang und zeitlichen Abständen eng begrenzte Briefkontakte. Diese waren zudem durch die Vermittlung der Mutter und die Zensur der Zuchthausbehörden bestimmt.

Eine der Folgen dieser Grenzen war der Vorrang belehrender Aspekte im brieflichen Verhältnis zwischen Vater und Sohn. Sein Medium war, neben der Freude an Rätselaufgaben, das aus der Distanz der Haft durch Georg Benjamin erzeugte und schon bald gemeinsame Interesse am Schachspiel. In der Zeit des Briefwechsels zwischen Georg und Michael Benjamin war die Belastung des Vaters eine vollständig andere als in der Phase seiner verschiedenen früheren pädagogischen Aufgaben, neben der vollen Berufsarbeit als Schularzt und später als niedergelassener Arzt am Gesundbrunnen sowie der erst durch die nationalsozialistische Machtübernahme beendeten kommunalpolitischen Arbeit in der Weddinger Bezirksverordnetenversammlung.

Als Stadtschularzt hatte Georg Benjamin auf diesem Sektor gute Einflussmöglichkeiten, auch als Leiter von Jugendweihekursen der KPD. In der eigenen Familie sah er nach dem Weggang seiner Familie aus dem Wedding durchaus Probleme für seinen Sohn im bürgerlichen Bezirk Steglitz, in dem weltliche Schulen bereits vor ihrer Abschaffung durch die Nationalsozialisten kaum Unterstützung fanden. Die Eröffnung der sogenannten Barackenschule am Leopoldplatz im Wedding als einer der ersten weltlichen Schulen Berlins fand 1905 im Blickfeld von Georg Benjamins späterem Zimmer in der Nazarethkirchstraße 41 statt. Seinem Fenster gegenüber befand sich die neue Turnhalle der Schule. Unter den Lehrern waren viele, deren Ideen Georg Benjamin schon aus der Jugendbewegung mit Werten wie Naturverbundenheit, Religionsferne und Reformfreude vertraut waren.

Unmittelbar pädagogisch war bei Georg Benjamin, wie für etliche bürgerliche Parteigenossen oder Sympathisanten der KPD, die Lehre in der Marxistischen Arbeiterschule (MASCH). Sie wurde im Herbst 1926 gegründet und diente einer „Verbreitung und Vertiefung des marxistischen Wissens" unter ihren Hörern, war mithin eine „proletarische Volkshochschule". Sie nahm schnell auch am Wedding an Bekanntheit zu. Im dritten Schuljahr, ab Oktober 1928, setzte sie ihre Vortragsabende und Kurse fort, vor allem im Zentrum Berlins und in vier Schullokalen in den Bezirken mit großer Arbeiterbevölkerung, neben dem Wedding in Neukölln, in Schöneberg und am Friedrichshain. Im Wedding diente ihr die Realschule an der Badstraße 22 als Schullokal. Schon im April 1927 informierte die *Rote Fahne* über den Schulplan des kommenden Jahres in den Lehrfächern Marxismus, Sowjetunion, Geschichte der Arbeiterbewegung, kapitalistische Wirtschaft, Imperialismus, deutsche Wirtschaft und Politik, Frauenpolitik, Gewerkschaftsfragen und auch Sozial- und Kommunalpolitik.

In diesem Bereich bot Georg Benjamin ab März 1929 in einer Neuköllner Schule einen Kurs über „Theorie und Praxis der Klassenmedizin" an. Neben ihm unterrichteten im gleichen Semester Experten in unterschiedlichen Unterrichtsgebieten. So leitete etwa Hanns Eisler einen Kurs über „Aufgabe der Musik im Klassenkampf". Andere Angebote kamen vom Philosophen Felix Halle, wie überhaupt marxistische Intellektuelle unter den Dozenten der MASCH stark vertreten waren, so auch Karl Korsch, Karl August Wittfogel, Jürgen Kuczynski, Willi Münzenberg, aber auch Egon Erwin Kisch und Albert Einstein als nicht parteigebundene Dozenten. Sie deckten unter anderem Bereiche ab, die nicht im Lehrplan der *Roten Fahne* genannt wurden, wie besonders im künstlerischen und naturwissenschaftlichen Feld.

Zielsetzung aller Kurse der MASCH war es jedoch, als „marxistisch-leninistische Hochschule aller Werktätigen" zu dienen, d.h. für „alle

Arbeiter, Angestellte, Beamte usw." Dabei war es keinesfalls eine nur theoretisch fokussierte Volkshochschule. Vielmehr ging es der MASCH auch um praktisch einsetzbares Wissen und Fertigkeiten, so zum Beispiel in etlichen Sprach- und Rednerkursen, in denen sich auch Brechts Frau Helene Weigel neben etlichen Fremdsprachendozenten betätigte. Die knapp bemessenen Hörergebühren – ein Semesterkurs kostete im Jahr 1928 1,20 Mark, eine Einzelveranstaltung 25 Pfg., die Karte für ein gesamtes Semester 4,50 Mark – machten es für die meisten arbeitenden Menschen möglich, die Veranstaltungen zu besuchen. So wuchs die Hörerschaft in Berlin von anfänglich nur einigen Dutzend Hörern bis auf etwa 5000 in den frühen dreißiger Jahren. Die Dozenten, so auch Georg Benjamin, arbeiteten sämtlich ohne Honorar.

Die am längsten währende Tätigkeit Georg Benjamins außerhalb seines medizinischen Berufs, aber sachlich eng mit ihm verknüpft, waren seine Funktionen im Sanitätsdienst der KPD-Nebenorganisationen. Sowohl seine Arbeit im Proletarischen Gesundheitsdienst als auch in der kommunistischen Opposition des Arbeiter-Samariter-Bundes hatten praktische und politische Anteile. Für die ASB-Opposition sind sehr positive Äußerungen von Teilnehmern an Georg Benjamins Kursen überliefert. In einem weiteren lehrhaften Zusammenhang standen auch schriftliche Ansprachen an die Mitglieder des Arbeiter-Samariter-Bundes, neben Benjamins Vorträgen bei den Jahresversammlungen dieser Organisation. Im Jahr 1929 publizierte er sein Pamphlet *Arbeitsgemeinschaft oder Klassenkampf* in seinem Selbstverlag in der an seinen Wohnblock angrenzenden Bristolstraße. In ihm polemisierte er heftig gegen die vom Bundesvorstand der Arbeitersamariter unterstützten „Arbeitsgemeinschaften mit Bürgerlichen", schon lange eine Tendenz der reformistischen Mehrheit im ASB. Benjamins ausführliche Polemik versucht sich an dem Nachweis, dass der Bundesvorstand eine gegen die Interessen der von ihm vertretenen Mitglieder gerichtete Politik betriebe, die deren Mitbestimmungsrechte verletze.

Auch die sonstige Beteiligung Georg Benjamins an den Nebenorganisationen der KPD im Sanitäts- und ärztlichen Feld schloss pädagogische Anteile mit ein. Dazu gehörten zum Beispiel Kursleitungen für Krankenschwestern und die Mitarbeiter im Proletarischen Gesundheitsdienst. Abgesehen von solchen Pflichten kam der pädagogische Umgang mit Kindern und Jugendlichen Georg Benjamin auch persönlich entgegen. Er war an den Jugendlagern der KPD, welche die Partei als nach dem sowjetischen Volkskommissar benannte „Woroschilow-Lager" im Sommer der späten 1920er Jahre organisierte, aktiv beteiligt. Als er nach der Suspendierung aus seinem Amt als Schularzt im Wedding die vorübergehende ärztliche und pädagogische Betreuung von Kindern der Angestellten der sowjetischen Botschaft in Berlin übernahm, konnte er seinen Kontakt mit Kindern produktiv fortsetzen. Auch in Sommerlagern anderer Träger übernahm Georg Benjamin die Betreuung. Sie waren finanziell etwas oder erheblich besser gestellt als die der Internationalen Arbeiterhilfe oder die der sowjetischen Botschaft.

Eine Episode während eines Sommerlagers für Schüler der sowjetischen Botschaft in Heringsdorf auf der Insel Usedom im August 1931 gibt einen Einblick in Georg Benjamins diplomatisches Geschick in der Wahrnehmung seiner neuen erzieherischen Aufgabe. Die Biografie seiner Frau zitiert den Bericht des für Usedom zuständigen Polizeipräsidenten von Stettin, dem man Georg Benjamin als Verantwortlichen für das Anbringen verbotener politischer Werbeplakate mit Propaganda für die KPD angezeigt hatte: „Wie über ihn in Erfahrung gebracht werden konnte, hat er sich nur an öffentlichen Versammlungen in Ahlbeck beteiligt [...] In einem Falle ist dem Benjamin von der Polizei aufgegeben worden, ein auf dem Grundstück angebrachtes rotes Transparent mit der Aufschrift ‚Rotes Schloß' zu entfernen, da es bei verschiedenen Bewohnern des Ortes Anstoß erregt habe. Benjamin ist dem Ersuchen auch nachgekommen." Das „Rote Schloß" ist heute, wieder unter dem früheren Namen „Weißes Schloß", in ein anspruchsvolles Restaurant und Hotel verwandelt worden; das politische Klima ringsum scheint sich der Ortstradition wieder anzunähern. Der Bericht des Stettiner Polizeipräsidenten an das Berliner Landeskriminalpolizeiamt hatte allerdings insgesamt eine beschwichtigende Tendenz: „Das Betreiben einer bolschewistischen Propaganda konnte nicht festgestellt werden." Aber der Bericht im Berliner Landesarchiv enthält auch Passagen über die kinderzugewandte, von jeder Prüderie entfernte Einstellung Georg Benjamins als betreuender Arzt auf Usedom, der, wie Inselbewohner beklagten, gelegentlich die Kinder nackt auf dem Grundstück herumlaufen ließ.

Die private Seite Georg Benjamins als Erzieher ist in der Durchsicht seiner Korrespondenz mit seinem Sohn Michael aus dem Zuchthaus Brandenburg, mit Einschränkungen, nachvollziehbar. Die Einschränkungen ergeben sich aus zwei Faktoren, die hier bestimmend waren: einerseits die notwendige Vermittlung durch die Korrespondenz zwischen Vater und Mutter in den Jahren 1939 bis 1942, andererseits die Zensur durch die Zuchthausbehörden, die allerdings den für Vater und Sohn gemeinsamen Zeitvertreib des Schachspiels nicht betraf. Die übergreifende Kommunikation in Georg Benjamins Briefen aus dem Zuchthaus Brandenburg-Görden fand zwischen ihm und seiner Frau statt. Sie war auch der Rahmen für den allmählich einsetzenden Austausch mit dem 1932 geborenen Sohn. Eine dauernde Sorge in den Briefen gilt der Bewahrung des Sohns vor religiöser Unterweisung in der Schule. Georg Benjamins Briefe aus Gefängnissen und dem Zuchthaus Brandenburg-Görden befinden sich überwiegend im Privatarchiv der Familie und sind nur in Auszügen bekannt. Ein aus der Haft im Zuchthaus an den Sohn Michael gerichteter Schlussabsatz in einem Brief an seine Frau im April 1940 lobt den „lieben kleinen-großen Schachmeister" fürs erfolgreiche Erlernen des Schachspiels. „Das ist ja eine Überraschung, daß Du jetzt Schachspielen gelernt hast. Ich habe, glaube ich, erst mit 10 oder 11 J. angefangen. Aber ich habe immer sehr gern gespielt, auch jetzt noch!"

Erst im vorherigen Brief an seine Frau aus dem Zuchthaus hatte Georg Benjamin ihr vorgeschlagen, dem damals siebenjährigen Sohn in der schulfreien Zeit täglich eine Stunde Schachunterricht zu erteilen. Offensichtlich mit Erfolg. Die in die Briefe an seine Frau Hilde integrierten Absätze an seinen Sohn Michael, die sich bald zu einer kleinen eigenständigen Korrespondenz entwickelten, stellen seine eigenen Anfänge als Schachspieler denen seines Sohnes gegenüber: „Ich habe früher viel mit anderen Schuljungen u. mit meinem Bruder gespielt; aber da war ich schon ein paar Jahre älter als Du." Sein Sohn dagegen lernte das Spiel mit sieben Jahren von der Mutter. Hilde Benjamin war am Beginn von Georg Benjamins Haft auch die Adressatin seiner frühen Notizen zu den von ihm in Brandenburg komponierten Schachaufgaben. Die Rollenverteilung zwischen dem Vater als erfahrenem Schachspieler und seinem Sohn als eifrig lernendem Anfänger war eindeutig.

Die Unterschiede zwischen dem Erlernen des Schachspiels von Vater und Sohn hätten im jeweiligen Umfeld kaum größer sein können. Georg Benjamins lebenslange Schachbegeisterung hatte ihren Ursprung im privilegierten großbürgerlichen Elternhaus. Mit seinem Bruder Walter teilte er neben dem Schachinteresse auch das an diversen Rätselaufgaben, das in ihrer ansonsten zwangsläufig begrenzten Korrespondenz bis in Walter Benjamins letzte Lebensjahre dokumentiert ist. Georgs

Suche nach geeigneten – und das heißt gleich starken – Schachpartnern überdauerte seine Schulzeit. Sein Verhältnis zum Schachspiel, dem Hilde Benjamin in der Biografie ihres Mannes erheblichen Raum gibt, war im Genfer Mathematikstudium 1914 Ersatz für sonst mangelnde soziale Kontakte. Es überdauerte auch in den Gelegenheiten zu Brettspielen an der Front und in Lazaretten während des Ersten Weltkriegs.

Auch muss ihm das in den Räumen des Ledigenwohnheims neben dem Amtsgericht Wedding vom Arbeiterschachverein regelmäßig veranstaltete Schachtreffen Gelegenheit zur Befriedigung seiner Liebe zum Schach geboten haben. Seine spätere politische Arbeit für die KPD und für den Proletarischen Gesundheitsdienst ließen hingegen wenig Freiraum für das Schachinteresse, obwohl Benjamins berufliches Engagement in der kommunistischen Fraktion des Arbeiter-Samariter-Bunds organisatorisch im Rahmen der Arbeitersportbewegung verlief.

Aber selbst auf diesem oft für unpolitisch gehaltenen Gebiet der Freizeitinteressen überlagerten politische und soziale Konflikte den lebenslangen bevorzugten Zeitvertreib Benjamins. So stellte sich für ihn die Frage des Schachspielens in einem der auch in Nordberlin ansässigen bürgerlichen Schachvereine überhaupt nicht. Für Georg Benjamin als engagierten Schachspieler gab es auf diesem Feld neben dem Klassengegensatz eine weitere wesentliche Barriere: Die Mitglieder der Groß-Berliner Arbeiterschachorganisation, der er angehörte, wurden als strikt der Parteilinie der KPD folgend aus dem Bundesverband des Arbeiter-Schachbundes ausgeschlossen. Ein Übertritt in die Mehrheitsorganisation der Arbeiterschachsportler, die außer in Berlin der SPD nahestanden, wäre ein Verstoß gegen die Parteilinie der KPD gewesen und kam für Benjamin nicht in Betracht. Und selbst im sozialdemokratisch oder parteiübergreifend orientierten Arbeiter-Schachbund wurde der Eintritt in einen stärker auf individuelle Spielprofile ausgerichteten bürgerlichen Schachklub in seinem Organ, der *Arbeiter-Schachzeitung*, heftig als Mangel an proletarischem Klassenbewusstsein diskreditiert.

Hilde Benjamins Biografie ihres Mannes nennt als Zeichen von Georg Benjamins alle Lebensphasen übergreifenden Schachaktivitäten ein von ihr aufbewahrtes Steckschachspiel und seine Beteiligung an Fernschachwettkämpfen. Welche Sonderstellung ein Schachspieler bürgerlicher Herkunft in der Schachkultur des roten Wedding einnahm, zeigt unter anderem Georg Benjamins Meldung zu einem internationa-

Georg Benjamins Steckschachspiel

len Fernschachturnier im Jahr 1930. Er ist als erster Spieler einer der neun aufgeführten kleinen Fernschachgruppen im *Frei Schach!*, dem Organ der Gemeinschaft für die rote Sporteinheit, also der linken Opposition im Arbeiter-Schachbund, aufgeführt. Eine der Abteilungen dieser Bewegung bestand nahe der ersten Wohnung des Ehepaars Benjamin am Schillerpark, andere in der Nähe der späteren Wohnung in der Badstraße am Humboldthain und am Gesundbrunnen, eine weitere im Bereich Alt-Wedding.

In der Aufstellung der Mitglieder der Fernschachgruppen in *Frei Schach!* ist Georg Benjamin der einzig promovierte Teilnehmer von allen 72 termingerecht aus Deutschland und dem Ausland gemeldeten. Seine Fernschachgruppe bestand aus fünf Spielern, die untereinander den Sieger ausspielen mussten, der dann auf die Sieger der anderen acht Gruppen treffen musste, um den Gesamtsieger auszumachen. Leider fehlt der Jahrgang 1931 von *Frei Schach!* in den einzigen beiden in öffentlichen Bibliotheken Deutschlands vorhandenen Exemplaren der Zeitschrift, so dass über Georg Benjamins Abschneiden nichts bekannt ist. Aber der Wettbewerb müsste sich bei normalem Verlauf über eine lange Zeit erstreckt haben.

Georg Benjamins spätere Funktionärstätigkeit in der Kampfgemeinschaft für rote Sporteinheit im Gewerkschaftshaus der Revolutionären Gewerkschaftsopposition in der Münzstraße muss seiner Verbindung mit der oppositionellen Arbeiterschachbewegung eine weitere Verstärkung verliehen haben. Während dieser auch institutionellen Zuständigkeit Benjamins für das Arbeiterschach wurden Schachstädtespiele der Arbeiterschachspieler in kostensparender telegrafischer Kommunikation ausgetragen. Die Mannschaft des oppositionellen Arbeiterschachvereins im Wedding war eine der stärksten in Berlin. Wie die Zeitschrift *Frei Schach!* – ihr Titel ein spartenbezogener Kampfruf, angelehnt an das „Frei Heil" des Kampfbundes für rote Sporteinheit – in einem Sonderheft zum Telegrafenschach im Jahr 1932 dokumentierte, konnte die Weddinger Mannschaft sogar die starke Auswahl Charkows schlagen.

Die Konkurrenz der oppositionellen Bewegung, für die Georg Benjamin zuständig war, mit dem der SPD nahestehenden, aber auch für KPD-Mitglieder offenen Deutschen Arbeiter-Schachbund, war in Berlin ein publizistisch ausgewalztes Thema. So triumphierte der sozialdemokratische *Vorwärts* nach dem Erfolg der Berliner Auswahl im Magdeburger Osterturnier des Deutschen Arbeiter-Schachbundes im Jahr 1931: „Wie hieß es doch überall in den kommunistischen Lügenblättern? Die ‚Bundesvorstandstreuen' hätten keinen guten Schachspieler mehr. Sie bekämen nicht mehr als eine Handvoll Schachspieler überhaupt zusammen. Zusammengesucht aus dem Reichsbanner und der SAJ [Sozialistische Arbeiter-Jugend], weil die besten Berliner Spieler zur ‚Opposition' hinübergegangen seien!" Was immer diese Konkurrenz für den Wedding als Kernbezirk des oppositionellen Arbeiterschachverbandes bewirkte, so dürfte dort das Spielniveau auf jeden Fall gehoben gewesen sein und einem kompetenten, nicht vereinsmäßig gebundenen Hobbyschachspieler wie Georg Benjamin durchaus entsprochen haben.

Benjamin hatte im Privatbereich seine Frau im Schachspiel unterwiesen, ohne dass sie allerdings zu einer ebenbürtigen Spielpartnerin werden konnte. Sie war jedoch zum Nachvollzug seiner Schachinteressen und auch seiner Problemkompositionen durchaus in der Lage. Im Block I für politische Häftlinge des Zuchthauses Brandenburg-Görden, mit seinen winzigen Einzelzellen und wenigen Gruppenzellen, setzte sich sein „fast unentbehrliches Bedürfnis" nach dem Schachspiel mit seiner Attraktion von „Beruhigung, Befriedigung, Kampfesfreude und Erfolgserlebnis" fort. Unter den strikten Haftbedingungen in Brandenburg, der schweren Arbeit besonders für jüdische und kommunistische Gefangene, der unzulänglichen Ernährung sowie beim in der Anstaltsordnung festgelegten Sprechverbot, konnte sich dennoch eine schachliche Betätigung Raum verschaffen. Dem kam entgegen, dass die Wachleute der Zuchthausverwaltung, so wie auch in etlichen deutschen Konzentrationslagern, das Schachspiel als unverdächtige Beschäftigung ansahen. Daher stand in fast allen Lagern das Spiel an der Spitze der Mittel zur Bewahrung von psychischer Widerstandskraft.

In Brandenburg wurde das Schachspiel oft, wenn es keine anderen Möglichkeiten gab, zum Gegenstand des Austauschs unter den Gefangenen: „über den Kübeln" des Aborts, beim täglichen Rundgang, durch Kassiber, in den Nischen bestimmter Werkstätten und in der knappen Muße, in der die wöchentliche Anstaltszeitschrift mit ihren Schachaufgaben und nach einer längeren Haftzeit selbst ein Schachbuch aus der Häftlingsbibliothek Möglichkeiten boten. Der Erlebnisbericht eines Häftlings nennt unter den Mitteln, die unerträgliche Langeweile der arbeitsfreien Sonntage in den Zellen zu lindern, die im Blindspiel mündlich über den Hof zwischen den Abteilungen des Zuchthausblocks gerufenen Notationen von Schachpartien, ohne dass dies oft unterbunden wurde.

Anfangs konnte sich Georg Benjamin sogar starker Gegner im Schach erfreuen; ein späterer Erfahrungsbericht über das Zuchthaus Brandenburg nennt unter anderem einen bekannten Berliner Schachmeister. Natürlich konnte die Wachaufsicht weder die Komposition von Schachaufgaben für den Eigenbedarf verhindern noch das Blindspiel ohne Brett und Figuren. In Georg Benjamins Nachlass befindet sich ein einfacher, aber vollständiger kleiner Satz aus Brot gefertigter Schachfiguren und ein Steckschachetui in Leder. Sie stehen nicht in der Effektenliste, die seiner Witwe aus dem KZ Mauthausen übersandt wurde, dürften also vorher in seinen Nachlass gelangt sein.

Schon das Memorieren der selbst erdachten Schachaufgaben, die er seiner Frau mitteilte, sowie der über den Verlauf von zwei Jahren dem Sohn gesandten Schachaufgaben erforderte beim Verbot von Aufzeichnungen eine stark entwickelte Mnemotechnik und Konzentrationsfähigkeit. Noch nach dem Ablauf der Zuchthausstrafe Georg Benjamins und

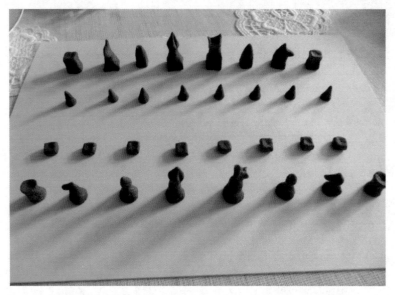

Aus Brot gefertigte Schachfiguren (aus Georg Benjamins Nachlass)

seiner Überstellung in die Hände der Gestapo zur sogenannten „Schutzhaft" zeigt ein Kassiber aus dem Polizeipräsidium Alexanderplatz, in dem er seine Frau neben dringenden Alltagsgegenständen auch um ein Schachspiel bittet, dass ihn das Spiel bis kurz vor seiner Ermordung im KZ Mauthausen noch beschäftigt hat. Dies war durchaus kein Einzelfall des Schachinteresses politischer Häftlinge in faschistischer Haft. Selbst für das Schachspiel in Todeszellen des Zuchthauses Brandenburg gibt es Belege.

Eine unverkennbare Spur dieses Interesses aus der Zuchthauszeit enthält Georg Benjamins Briefwechsel mit seiner Frau Hilde. In ihm wird das Schachspiel zum wichtigen Bestandteil der väterlichen Anteilnahme an der geistigen Entwicklung seines Sohns. Die kurzen Mitteilungen Georg Benjamins an Michael umfassen die Zeit von 1939 bis zum Ende seiner Zuchthaushaft und der Überstellung an die Gestapo im Mai 1942. Schon die beiden früheren Aufgaben in den an Michael gerichteten Passagen der Briefe an Hilde Benjamin haben den Charakter von Lektionen. Ähnlich enthalten die meisten der Passagen für den Sohn seit 1940 unter anderem eine abgestufte einfache Schachlehre, für deren einzelnen Bestandteile der Autor eine Grundkonzeption im Kopf haben musste, da er keine Kopien seiner Briefe herstellen oder behalten konnte.

Georg Benjamins Briefabschnitte für den Sohn versuchen auf einfühlsame Weise, Michaels soeben gewecktes Interesse am Schachspiel in das Ensemble kindlicher Erlebnis- und Wissenshorizonte einzufügen, wobei die dem Sohn gewidmeten Briefabschnitte sorgfältig sportliche neben kognitive und spielbezogene Themen stellen. Dieser knappe Kurs einer Schachdidaktik stand in einem makabren Kontrast zur gleichzeitigen Ermordung von behinderten Kindern der sogenannten „Pflegeanstalt Brandenburg" in den neu eingerichteten Gaskammern des Gördener Zuchthauses, das in das erweiterte Euthanasieprogramm einbezogen wurde. Die Abfolge der von Georg Benjamin dem Sohn gestellten Aufgaben folgt einem allmählich gesteigerten Schwierigkeitsgrad, zum Beispiel von Mattaufgaben in einem Zug zu zwei- oder mehrzügigen, aber auch schon hinsichtlich der Komplexität der Ausgangsstellungen.

Der Briefwechsel mit Frau und Sohn unterlag den rigiden Bestimmungen der Zuchthausbürokratie. Sie ließen lediglich das Schreiben und den Empfang eines einzigen Briefes im Abstand von jeweils zwei Monaten zu. Weitere Restriktionen betrafen die Länge der Briefe (maximal vier Seiten) und bürokratische Vorgaben, wie das Verbot von Überschreitungen der Linien des vorgegebenen Formulars usw. Die ohnehin durchgeführte strikte Zensur aller Sendungen erforderte eine Geheimkodierung aller Mitteilungen, eine Sklavensprache, was naturgemäß allererst den politischen Bereich betraf, der im Zuchthaus besonders für politische Häftlinge unverzichtbar war.

Die Einbeziehung des Sohns Michael nach seiner sehr frühen Lese- und Schreibkompetenz sowie seltener auch anderer Familienmitglieder der Ehefrau bedeutete für den brieflichen Kontakt eine komplizierte Kommunikationsweise. Die in jedem Brief ab 1939 verdoppelte Autor- und Adressateninstanz (Ehemann und Vater, Ehefrau und Sohn) prägt auch den Dialog zwischen Georg Benjamin und seinem Sohn. Es konnte sich natürlich nicht wirklich um einen brieflichen Austausch zwischen drei gleichberechtigten Partnern handeln. Vielmehr verbinden sich im Rahmen des übergreifenden Dialogs zwischen den Eltern zwei parallele Dialoge, von denen jener der Erwachsenen manchmal den zwischen Vater und Sohn auf der Metaebene einbezieht. So etwa, wenn am Anfang der schachlichen Bemühungen Michaels sein Vater die

Michael Benjamin mit neuem Schachspiel, ca. 1940/41

Mutter um den Kauf eines für die Notation von Zügen geeigneten Schachbretts aus Wachstuch mit Randsignaturen bittet.

Zwischen Vater und Sohn, Lehrer und Schüler, gibt es naturgemäß im Austausch über Schachfragen ein hierarchisches Gefälle, so fürsorglich und liebevoll der Vater auch auf seinen Sohn eingeht. Als Michael, kaum dass er die Anfänge des Schachspiels bewältigt hat, den Schachaufgaben seines Vaters in grenzenloser Selbstüberforderung selbst komponierte Aufgaben entgegensetzt, weist Georg ihn auf die Fehlerhaftigkeit der Aufgaben hin. Nach der Wiederholung solcher vom Sohn mit unzulänglichen Mitteln versuchten symmetrischen Aufgabenstellung springt der Vater auf die Ebene des Erwachsenendialogs und bittet seine Frau um Abhilfe: „Vom Aufg[aben]. machen bringe den Jungen ab …" Anderseits zeigt sich der Vater durchaus bereit, Kritik an von ihm selbst gestellten Aufgaben zu akzeptieren, die sich auf gelegentliche kleine, pädagogisch begründete Regelverstöße beziehen.

Im brieflichen Austausch zwischen den Eltern gibt es des Öfteren eine mal offene, mal verdeckte Kommunikation über den Schachlehrling. Seltener ist der Hinweis auf die Intervention der Mutter bei der Lösung einer letzten von Georg Benjamin im Jahr 1942 gestellten Schachaufgabe. Hier kommentiert der auf Michaels Lösung folgende Brief des Vaters: „Den Partieschluß hat Hilde hübsch gespielt." Das heißt jedoch auch, dass es bei den beiden Adressaten der Briefe aus dem Zuchthaus eine ständige Kommunikation gibt, die der Vater gelegentlich offen anregt, so als er den Sohn zum Üben von Endspielen auffordert. Dies bestärkt den Eindruck, der sich angesichts des Schwierigkeitsgrads der späteren Aufgaben einstellt, dass die Mutter wohl stets bei der Lösung der Aufgaben präsent war. Auch scheint die fast immer vom Vater den gestellten Aufgaben mitgegebene Lösung im gleichen Brief eine Disziplin der geistigen Anstrengung zu verlangen, deren Einhaltung der Mutter zufiel. Die Briefpartnerin dient quasi als pädagogische Hilfsinstanz. Hilde Benjamin konnte sich ohnehin durchgängig um das schulische wie auch das außerschulische Lernpensum ihres Sohns kümmern – wegen des gegen sie verhängten Berufsverbots – und sie war ab 1942, wegen des Ausschlusses ihres als „Mischling" klassifizierten, nur „halbarischen" Sohns von weiterführendem Schulbesuch, auch dazu gezwungen.

Die Schachaufgaben Georg Benjamins für seinen Sohn folgen deutlich einem exemplarischen Lernprinzip, das er ihm gegenüber ganz offen benennt – er schreibt von „Lernaufgaben". Jede von ihnen zielt vordergründig auf das Auffinden einer Mattsetzung oder eines entscheidenden Zuges. Schon die erste Aufgabe am 22. Juni 1940 benutzt die Problemstellung einer Mattsetzung im ersten Zug, um aus ihrer Lösung die Verwandlung eines Bauern im Schach in einen Springer zu demonstrieren. Die dafür nötige Regelkenntnis wird im Brief zwei Monate früher vorbereitet, in dem Georg Benjamin den Sohn zum Erwerb eines Einführungsbuchs aus der populären Miniatur-Bibliothek von seinem Taschengeld ermuntert. Der Sohn soll sich die dort behandelten Regeln sorgfältig aneignen. Einen ähnlichen Lehrbriefcharakter tragen auch alle anderen späteren Aufgaben.

Eine der wenigen ausformulierten moralischen Nutzanwendungen in der Stellung einer ein Figurenopfer verlangenden Schachaufgabe enthält Georg Benjamins Brief vom 19./20. Juli 1941: „Heute bekommst Du eine Schachaufgabe – etwas schwerer als bisher –, aus der Du lernen kannst, daß man beim Schachspiel – u. übrigens auch im Leben – manchmal große Opfer bringen muß, um den Sieg zu erringen." Hier ist das Datum des Briefes ein deutlicher Hinweis auf die Situation nach dem deutschen Überfall auf die Sowjetunion, ein Anlass, der in dem losen und nur allmählich organisierten kommunikativen Netzwerk der KP-nahen Häftlinge im Zuchthaus Brandenburg ein beherrschendes Thema war. Ein sinnvolles Opfer konnten für Georg und Hilde Benjamin die der Sowjetunion bevorstehenden Verluste sein, die aber dennoch die Hoffnung auf den letztendlichen Untergang des Naziregimes nährten. Der Zeitvertreib mit dem Schachspiels war keineswegs eine politikfreie Zone.

Hier zeigt sich auch die Doppelbödigkeit des Schachdiskurses in dem Briefwechsel dieser Zeit: Was oberflächlich ein lehrhafter Partieschluss für den Sohn war, hat einen anderen Stellenwert im verdeckten politischen Dialog zwischen den Eltern. Wenn Georg Benjamin auf die ihm zugesandte Lösung der Opferaufgabe im nächsten Brief Hildes guten „Partieschluss" lobt, ist das ein Indiz für die zwei Ebenen des Briefwechsels. Dieser zwiespältige Diskurs setzt sich dann im nächsten Brief vom August 1941 fort. Bei der Bearbeitung einer von Georg Benjamin selbst „kürzlich", d.h. im Zuchthaus, gespielten Partie soll Michael den Fehler des auf Materialgewinn ausgehenden Gegners und das dadurch mögliche Matt entdecken. Hier wird in der Aufgabe an den Sohn am Beispiel des zum Verlust führenden Figurenschlagens zugleich der Ehefrau die Hoffnung auf bestrafte militärische Raubzüge vermittelt, von der die kranke fiktive Verwandte „Sophie" (d.i. die Sowjetunion) überzogen wird.

Der durch bestimmte Kodierungen markierte untergründige Dialog zwischen Hilde und Georg Benjamin war zu Kriegsbeginn ein wichtiges Element einer Kommunikation, die den Sohn ausschloss. Vorher ist die nur den Eltern zugängliche Bedeutungsebene in den Passagen für den Sohn kaum rekonstruierbar, hinterher musste sie wegen des Endes des Briefwechsels abbrechen. Im Sommer 1941 spielte sicher auch eine Erleichterung über das Ende der unter den KPD-nahen Häftlingen entstandenen kontroversen Diskussion über den vorangegangenen Nichtangriffspakt zwischen Hitler und Stalin hinein. Georg, für den wie sonst auch für seine Frau die von der KPdSU vorgegebene politische Linie Richtschnur ihrer Haltung war, teilte in diesem Punkt nur wenig Hildes anfängliche Zweifel an der sowjetischen Bündnispolitik.

Die restriktiven Bedingungen des Briefwechsels zwischen Georg Benjamin und seinem Sohn stehen in scharfem Gegensatz zur sorgfältigen Einbettung des kindlichen Lernprozesses im Schach. Das eigentlich spielerische Moment des Hineinwachsens in eine Spielkultur, das nach heutigen Vorstellungen im sozialen Umfeld des Schachbretts abläuft, konnte bei Michael Benjamins Aneignung des Schachspiels nur im Hintergrund der väterlichen Lektionen stattfinden, im Durchgang durch die gestellten Aufgaben sowie in ergänzenden Übungen und freien Spielen mit der Mutter in der Wohnung der Großeltern. Die vom Vater gestellten Aufgaben haben eine unvermeidlich direktive Tendenz und rufen vor allem kognitive Bereiche auf, in Regelkenntnissen und deren exemplarischer Anwendung – dies trotz aller erstaunlich unautoritären, auf Gleichberechtigung zielenden väterlichen Ansprache an den Sohn. Reformpädagogische Ansätze, in schachlicher Einführungsliteratur ohnehin selbst in der Gegenwart noch nicht allzu lange vertreten, konnten unter den restriktiven Bedingungen des Briefwechsels zwischen Georg Benjamin und seinem Sohn nicht handlungsleitend werden.

Zur persönlichen Begegnung zwischen Vater und Sohn am Schachbrett oder überhaupt konnte es im Zuchthaus Brandenburg nicht kommen. Dessen Regeln schlossen den Besuch von Kindern zwischen drei und vierzehn Jahren bis zum Ende der Haft aus. Die letzten Kontakte zwischen beiden gab es bei Georg Benjamins Entlassung nach der Verbüßung der Zuchthausstrafe in Brandenburg bei einem Gespräch der Familie, das über die seit 1936 verfügte Begrenzung auf zwanzig Minuten pro Vierteljahr hinausging, und schließlich kurz vor dem Abtransport Georg Benjamins in das KZ Mauthausen.

Die Verbindung von erzieherischen und politischen Interessen Georg Benjamins im spielerischen Zeitvertreib in der Schachkommunikation mit seinem Sohn trug noch lange nach seinem Tod Früchte. Michael Benjamin war während seiner beruflichen Praxis an der Akademie der Rechts- und Staatswissenschaften der DDR in Potsdam auch Mitglied eines Potsdamer Schachklubs. Sein Promotionsthema galt der Erziehung zum sozialistischen Staats- und Rechtsbewusstsein. Fotos zeigen ihn als Organisator von Jugendweihefeiern und als Übersetzer bei der Überreichung eines Schachspiels durch den Präsidenten der DDR-Volkskammer an den sowjetischen Kosmonauten Jurij Gagarin.

Eine handschriftliche Notiz Hilde Benjamins aus ihren Tagebüchern am Schluss des von ihr angefertigten, durchnummerierten und mit Anmerkungen versehenen, aber nie publizierten Typoskripts der Zuchthausbriefe ihres Mannes, hält den letzten Blick auf ihn fest, den sie mit ihrem Sohn teilte: „Im Juli 1942 konnten wir Georg noch einmal sehen, wie er mit anderen Gefangenen des ‚Arbeitserziehungslagers Wuhlheide' von dem Arbeitsplatz am Bahnhof Wuhlheide abmarschierte." Noch der Kassiber Georg Benjamins aus dem Arbeitslager vom 30. Juli 1942 denkt an seine Frau und den Sohn, wenn er die Möglichkeit eines Schweizer Internats für Michael in Erwägung zieht, auch um die Bewegungsfreiheit Hildes zu vergrößern. Diese Passage eines der letzten Kassiber ist die persönlichste und zeigt bis zuletzt, kurz vor der Überstellung ins KZ Mauthausen, welch großen Anteil die Fürsorge für Frau und Sohn an Georgs Denken noch in dieser terminalen Phase einnahm.

Das Ende

Als Georg Benjamin in seinem Kassiber aus dem Arbeitslager Wuhlheide am 30. Juli 1942 seiner Frau schrieb: „Dem Abgang hier sehe ich trotz Übergang ins KZ freudig entgegen! Du kannst also ahnen, wie es hier aussieht!", konnte er nicht wissen, was ihn im KZ Mauthausen erwartete. Noch im letzten Kassiber vom 3. August wusste er weder, ob er in naher Zukunft überhaupt in ein Konzentrationslager kommen würde, noch in welches. Zwar waren unter den von der Terrormaschinerie der Nationalsozialisten Erfassten Informationen über die verschiedenen Lager verbreitet, und einige, unter ihnen Georg Benjamin selbst, hatten einschlägige Vorerfahrungen. Aber die Klassifikation des relativ neuen KZ Mauthausen auf der untersten Stufe unter den 58 Hauptlagern selbst unter der SS konnte kaum bekannt sein. Mauthausen entwickelte sich zu einem Ort zwischen Dantes metaphysischer Hölle und den späteren säkularisierten schwarzen Fantasien der Schauerliteratur.

Das kurze Schlusskapitel in Hilde Benjamins Biografie über den Tod ihres Mannes in Mauthausen enthält, außer dem späteren Erfahrungsbericht eines sowjetischen Kriegsgefangenen über den Marsch vom Bahnhof Mauthausen zum einige Kilometer entfernten Lager, fast nur ein Protokoll der drei Postsendungen aus dem Lager, die bei ihr eintrafen. Als Erstes erreichte sie in den ersten Septembertagen 1942 ein SS-Feldpostbrief mit der Todesnachricht: der Jude Georg Benjamin sei am 26. August verstorben, „Todesursache: Selbstmord durch Berühren der Starkstromleitung". Ende des Monats September folgte die Sterbeurkunde mit der Anfrage, ob sie die Asche ihres Mannes übersandt haben wollte. Sie lehnte das ab mit der Begründung, die Asche solle bei seinen Kameraden verbleiben. Schließlich trafen die Effekten des Toten in einer Paketsendung mit penibel aufgelisteten einzelnen Kleidungsgegenständen ein. Die beigefügte Empfangsbescheinigung – so kostenpflichtig wie die abgelehnte Aschenübersendung – sollte sofort an die Verwaltung des Konzentrationslagers zurückgeschickt werden.

Von Georg Benjamin selbst gab es keine Nachricht mehr. Im Gegensatz zu seinen früheren Haftzeiten erreichten Hilde Benjamin auch später keine Informationen über ihren Mann von anderen Häftlingen in

Mauthausen. Vielleicht verschonte sie das vor dem vollen Horror der Realität. Für solche Verschonung hatte schon vorher ihr Mann stets Sorge getragen. Es ist wenig wahrscheinlich, dass das Bild eines im Stacheldraht hängenden Mannes im Anhang ihrer Biografie ein Foto Georg Benjamins ist. Andere Aufnahmen des Lagerlebens sind vor allem von in Mauthausen überlebenden spanischen Republikanern überliefert. Hilde Benjamins Weigerung, die Todesnachricht mit dem in ihr festgestellten Selbstmord zu akzeptieren, war nur allzu berechtigt, selbst wenn sie noch in der ahnungslosen frühen Diskussion über Georg Benjamins Tod manchmal für bare Münze genommen wurde. Die Tarnung der Ermordung in der 380 Volt starken Stromleitung des Stacheldrahtzauns im Lager Mauthausen als Selbstmord war eine regelmäßig angewandte Fiktion der SS, auch wenn spontane Selbstmorde bei der Einlieferung ins Lager vorkamen. Die zeitliche Festlegung von Georg Benjamins Tod auf 1.30 Uhr nachts schloss das mit Sicherheit aus.

KZ Mauthausen, Wachturm beim Block 5 (1943)

Hilde Benjamins Zurückweisung der kostenpflichtigen Aschenübersendung war auch, ohne dass sie Kenntnis der genauen Umstände haben konnte, dadurch gerechtfertigt, dass die Krematoriumsökonomie in Mauthausen zurzeit des Mords an Georg Benjamin jede Individualisierung ausschloss. Selbst die Übersendung der Effekten der Toten hatte einen der Außenwelt unbekannten Hintergrund: Nach der Reinigung ihrer Kleidungstücke entwendeten die Funktionshäftlinge des KZ häufig alles, was ihnen passte oder sich als Tauschobjekt verwenden ließ. In Georg Benjamins seiner Witwe zugesandten Effektenliste fällt zum Beispiel die Abwesenheit von jeglichen anderen Gegenständen außer Kleidungsstücken auf, wie etwa Schreibutensilien.

Nach einigen Jahrzehnten produktiver zeitgeschichtlicher Forschung über das KZ Mauthausen ist inzwischen ein überaus detailliertes Bild dieses NS-Vernichtungslagers entstanden. Es erlaubt, auf der Grundlage der akribisch funktionierenden Lagerbürokratie, zahlreicher Erfahrungsberichte, von Zeugenaussagen der überlebenden Häftlinge und Informationen über viele der etwa 90.000 im Lager ermordeten Männer und Frauen – von den fast 200.000 insgesamt Inhaftierten – einen Blick auf das brutale System der von 1938 bis 1945 betriebenen Anstalt. Wie in einer Google-Earth-Aufnahme lässt er die Fokussierung auf viele Einzelschicksale zu. So besonders in Fällen wie dem von Georg Benjamin, der Mauthausen nicht auf einem Massentransport von zur Vernichtung eingelieferten russischen Kriegsgefangenen, holländischen oder ungarischen Juden erreichte, sondern in den eher kleineren Gruppen von Juden oder politischen „Schutzhäftlingen", deren Rücktransport die Gestapo als „unerwünscht" bezeichnete.

Georg Benjamin kam, nach einigen Tagen des Transports aus Berlin, am 15. August 1942 am Bahnhof Mauthausen an und wurde nach dem qualvollen Marsch zum Stammlager Mauthausen als Häftling Nr. 12125 registriert. Diese Zahl wird noch in der der Witwe zugesandten Effektenliste vermerkt. Am 26. August 1942 war er der einzige als „unnatürlich" eingestufte Todesfall des nahezu täglich festgestellten „Freitods" zumeist jüdischer Gefangener. Er war der Einzige unter diesen jüdischen Opfern, bei dem man, wie auch in der zugestellten Sterbeurkunde, die Angabe „glaubenslos (früher mosaisch)" beachtete. Das entsprach seiner Beharrung auf dem Status eines Dissidenten, wie schon bei seinem Aufenthalt im Zuchthaus Brandenburg.

Nach der Einteilung der bestehenden Konzentrationslager durch die SS im Jahr 1941 fiel Mauthausen in die unterste Kategorie der drei unterschiedenen Lagerstufen. Die ihm zugewiesene Lagerstufe III war „für schwerbelastete, unverbesserliche und gleichzeitig kriminell vorbestrafte und asoziale, das heißt kaum noch erziehbare Schutzhäftlinge" vorgesehen. In den Augen eines SS-Kommentators galt das als das schlechtestmögliche „Material". Zunächst war Mauthausen ein reines Vernichtungslager und gewann erst im Verlauf des Krieges eine stärker produktionsbezogene Bedeutung. Das sorgte für das Überleben etlicher Häftlinge, nicht jedoch der russischen Kriegsgefangenen und der Juden. In den Quarantänebaracken der Lagerbereiche II und III schliefen die Häftlinge entweder auf dem Holzboden oder auf Strohsäcken in sogenannter „Sardinenlage": Kopf zu Fuß. Eine Baracke war sonst für 300 Personen vorgesehen, in den Quarantänelagern waren jedoch bis zu 2000 Häftlinge untergebracht.

Die Neuzugänge wurden für zwei bis drei Wochen in die Quarantäneblöcke (16-19) eingewiesen. Dagegen war die Baracke 20 für Kranke und für Häftlinge reserviert, die bald getötet werden sollten, unter ihnen auch die „Gestapo-Juden" wie Georg Benjamin. Sie wurden zur Vernichtung durch Arbeit in die Strafkompanie der Steineträger eingewiesen, die Steinblöcke aus dem Steinbruch auf der berüchtigten Todesstiege transportieren mussten. Sie wurden in vielen Fällen „auf der Flucht" erschossen oder fielen einem anderen „unnatürlichen" Tod zum Opfer. Im Transport am 15. August 1942 kam Georg Benjamin gemeinsam mit einigen republikanischen Spaniern an, nachdem er nach dem 10. August auf den Transport ging. Die 1942 eingelieferten jüdischen Häftlinge gehörten mehrheitlich, wie Georg Benjamin, zu den wegen antifaschistischem Widerstand zur schnellen Ermordung Vorgesehenen.

Unter den vom SS-Standortarzt in den Totenbüchern Mauthausens für den Monat August insgesamt verzeichneten 832 Todesfällen entfielen 67, wie Georg Benjamin, in die Kategorie IV der sorgfältig geführten Statistik. Dies waren die „unnatürlichen" Todesfälle, also Häftlinge, die „auf der Flucht erschossen" oder zum fiktiven Selbstmord in den Stacheldrahtzaum getrieben wurden. Ihre Leichen sollten nach einem Erlass Himmlers sofort eingeäschert werden. Seit dem Sommer 1941 geschah dies gewöhnlich zu zweit oder in kleinen Gruppen bis zu sieben gleichzeitig. Das Zahngold wurde ihnen entnommen. Die Asche wurde zusammen mit Schlacke und Kohleresten beim Bau verwendet oder auf einer Abfallhalde verstreut. Bald nach Georg Benjamins Tod wurden jüdische Häftlinge in andere KZs im Ausland verlegt, um Großdeutschland „judenfrei" zu halten.

Als mit einem roten Winkel für politische Gefangene zusätzlich zum Winkelsymbol für Juden gekennzeichneter Häftling gehörte Georg Benjamin, neben Tausenden russischer Kriegsgefangener, zu der am stärksten von sadistischen Misshandlungen und Folter betroffenen Gruppe im Lager Mauthausen. Die Lebensdauer dieser Gefangenen war auf wenige Tage oder höchstens Wochen begrenzt, gegenüber den sonst durchschnittlich fünf Monaten im Jahr 1942. Als so bezeichnete „Gestapo-Juden" wurden sie streng in den Quarantänebaracken abgesondert. Sie fielen jedweder der im Lager vorkommenden Tötungsarten zum Opfer, wie dies die Totenbücher des Lagers ausweisen.

Einer der schrecklichsten, aber glaubwürdigen Erfahrungsberichte über jüdische Gefangene wurde kurz nach dem Ende des Zweiten Weltkriegs von einem Überlebenden des Lagers veröffentlicht. Sein Autor, Edmund Richard Stantke, weder als Jude noch als kommunistischer Häftling belastet, hatte im Block 4 des Lagers Mauthausen einen Blick auf den Quarantänebereich und nahm lange, bis nach Georg Benjamins Tod, die barbarischen Vorgänge wahr, die dort den der Gewalt ausgesetzten Gefangenen widerfuhren. „War der eine oder andere noch nicht tot, wurde er in den elektrisch geladenen Draht gejagt. In den Block zurückzukehren, war ein Ding der Unmöglichkeit." Die Juden wurden schon bei der Annäherung an das Lager brutal misshandelt: „Wenn ein Transport mit Juden kam, brauchte man nicht lange nach irgendwelchen Merkmalen zu sehen. Ihre Gesichter und Köpfe waren von der SS auf dem Wege vom Bahnhof Mauthausen zum Lager Mordhausen mit dem Gewehrkolben und Ochsenziemer genügend gekennzeichnet."

Bei der Erzählung Stantkes muss berücksichtigt werden, dass er, erst wenige Jahre der Hölle von Mauthausen entkommen und in einer von den US-amerikanischen Behörden in München lizenzierten Publikation schreibend, allen Anlass hatte, die schlimmsten Beobachtungen über das Lagerleben hervorzuheben. Man kann nur hoffen, dass nicht alle seiner Beschreibungen auf Georg Benjamins Schicksal zutrafen.

Auch bei der Einweisung ins Lager setzte sich die Sonderbehandlung der Juden fort, wie der zeitnahe Erlebnisbericht Edmund Richard Stantkes dies nach seiner Befreiung dokumentierte: „Die Juden wurden besonders ‚herzlich' empfangen. Hier wurden sie erst mal genauer gemustert – Stockhiebe gab's reichlich – und von Häftlingen, die als Aufsichtspersonal fungierten, wie von der SS regelrecht ausgeraubt. Im Sommer, bei Gluthitze – Wasser haben sie unterwegs nicht bekommen – hatten sie natürlich großen Durst. Für ein Glas Wasser zahlten sie gewöhnlich hundert Mark. Die Uhren und sonstigen Wertsachen nahm man ihnen für ein paar Zigaretten ab mit der Bemerkung: ‚Ihr lebt ja doch nicht mehr lange!' Was in den Effektenbeutel hineinkam, wurde meistens auch noch geplündert."

Die Ausraubung setzte sich nach diesem Empfang bei Zwangseinkäufen und beim Tausch der Kleidung gegen die vorgeschriebene Häftlingskluft fort. Vor allem jedoch wurde die den Juden zugewiesene Arbeit zu einem Martyrium: „Juden kamen immer in die Strafkompanie. Sie mußten Steine tragen bis zum Verrecken, einen anderen Ausdruck kann ich nicht finden. Was der Mensch auszuhalten vermag, das habe ich bei diesen Steinträgern gesehen. Zwei kräftige Capos mußten den zentnerschweren Stein dem, der ihn tragen sollte, auf die Schulter heben, und wenn der Betreffende zusammenbrach, wurde er mit kaltem Wasser und Ochsenziemer wieder auf die Beine gebracht, um von neuem beladen zu werden."

Über solche Behandlung hinausgehend, sorgten oft individuelle Willkürakte für sadistisch ritualisierte oder schnelle Todesfälle. Um solche handelt es sich fast immer bei den im Totenbuch eingetragenen nächtlichen Todesfällen im Starkstromdraht. Die so Umgebrachten blieben meist bis zum morgendlichen Abmarsch der Häftlinge zur Arbeit im Stacheldrahtzaun hängen, bevor die Leichenträger sie fortschafften.

Mauthausen bedeutete für Georg Benjamin das Ende aller Interessen und Aktivitäten in seinem Leben. In den wenigen Tagen seines Aufenthalts im Lager Mauthausen war selbst die Fortsetzung seines politischen Widerstands nicht mehr möglich, keine über das unmittelbar Erlittene hinausgehende Kommunikation und kein Zeitvertreib. Weder sind Spuren von Schachpartnern erhalten noch von KPD-Genossen – von ihnen kam Franz Dahlem erst im Jahr nach Georg Benjamins Tod nach Mauthausen, Bruno Baum erst nach der Evakuierung von Auschwitz.

Georg Benjamin blieb die Befreiung Europas von der faschistischen Barbarei der „Meister aus Deutschland", gleichzeitig mit der des KZs Mauthausen, versagt – damit aber auch die Beteiligung an einer demokratischen Erneuerung der deutschen Gesellschaft. Hier gab es auch Teilerfolge in den Feldern, denen sein berufliches Ethos als Arzt verpflichtet war und für die er sich in seiner Arbeit im Wedding eingesetzt hatte. Er blieb freilich womöglich auch bewahrt vor jeder Beteiligung an den in der verschärften Systemauseinandersetzung wurzelnden dogmatischen und bürokratischen Verhärtungen eines sozialistischen Staates, der sich auf sein Erbe berufen sollte.

Eine im Kalten Krieg verbreitete und bis heute in ideologisches Gemeingut verwandelte Variante der Totalitarismustheorie, die schon Walter Benjamin in einigen Korrekturvorschlägen des Instituts für Sozialwissenschaften begegnete, die ihm für das Adjektiv „faschistisch" „totalitär" vorschlug, setzte später die stalinistischen und nationalsozialistischen Regimes gleich, um einen strikten Antikommunismus abzustützen. Solche Gleichsetzung berührte gelegentlich noch nach der Wende von 1989 Georg Benjamins posthume Einschätzung als Widerstandskämpfer. Ob man seine nur selten in der Korrespondenz mit seiner Frau vorkommenden und eher schwachen Vorbehalte gegen die stalinistische Zurichtung der Politik seiner Partei höher einschätzt oder seine übergreifende Leistung als Unterstützer und Helfer der proletarischen Einwohner des Wedding in seinen verschiedenen Rollen, muss eine offene Frage bleiben. Seine überragende Rolle war die des Kämpfers für die Schwachen, für die im Elend durch Krankheit und Unterdrückung Bedrohten, für die Kinder in Armut und für die vom § 218 gefährdeten Frauen.

Verwendete Literatur

Archivquellen

Archiv des Heimatmuseums Berlin-Steglitz

Archiv des Walther-Rathenau-Gymnasiums, Berlin

Bundesarchiv Berlin-Lichterfelde, Stiftung Archiv der Parteien und Massenorganisationen der DDR (SAPMO)

Gedenkstätte des Zuchthauses Brandenburg-Görden

Hauptarchiv des Landes Brandenburg

Landesarchiv der Stadt Berlin

Privatarchiv Ursula und Laura Benjamin (Familienarchiv/Nachlass Hilde Benjamin)

Staatsbibliothek Berlin

Walter-Benjamin-Archiv, Akademie der Künste, Berlin

Schriften von Georg und Walter Benjamin

Benjamin, Georg: *Arbeitsgemeinschaft oder Klassenkampf. Eine Frage an die Mitglieder des Arbeiter-Samariter-Bundes*. Berlin: Selbstverlag o.J. [1929].

Benjamin, Georg: *Tod den Schwachen? Neue Tendenzen der Klassenmedizin*. Berlin: Internationale Arbeiterhilfe o.J. [1925?].

Benjamin, Georg: *Georg Benjamin für seinen Sohn. Briefe aus dem faschistischen Zuchthaus 1936-1942*, hg. Hilde Benjamin. Berlin: Familienarchiv/Nachlass Hilde Benjamin, o.J.

Benjamin, Georg: *Briefe aus dem Zuchthaus Brandenburg-Görden*. Berlin: Familienarchiv/Nachlass Hilde Benjamin, o.J.

Benjamin, Georg: „Auswahl aus Georg Benjamins Schriften", in: Irina Winter, hg.: *Georg Benjamin. Arzt und Kommunist*. Berlin: VEB Volk und Gesundheit 1962, S. 72-182.

Benjamin, Walter: *Gesammelte Briefe*. 6 Bde., hg. Christoph Gödde und Henri Lonitz. Frankfurt a.M.: Suhrkamp 1995-2000.

Benjamin, Walter: *Gesammelte Schriften*. 7 Bde., hg. Rolf Tiedemann und Hermann Schweppenhäuser. Frankfurt a.M.: Suhrkamp 1974-1989.

Biografische Darstellungen

Benjamin, Hilde: Interview des Deutschlandsenders 1965, Akte Hilde Benjamin, SAPMO.

Benjamin, Hilde: *Georg Benjamin. Eine Biographie.* Leipzig: Hirzel, 3. Aufl. 1987.

Benjamin, Hilde: „Erinnerungen an Gertrud Kolmar", in: Gertrud Kolmar: *Das Wort der Stummen. Nachgelassene Gedichte.* Berlin: Buchverlag Der Morgen o.J. [1978], S. 47-49.

Brentzel, Marianne: *Die Machtfrau. Hilde Benjamin 1902-1989.* Berlin: Ch. Links Verlag 1997.

Brodersen, Momme: *Walter Benjamin.* Frankfurt a.M.: Suhrkamp 2005.

Brodersen, Momme: „Kapitalist, Spekulant und Rentier. Ein Porträt Emil Benjamins", in: *JUNI. Magazin für Literatur und Politik* 2016, S. 27-64.

Bruck, Alfred Julius: *Brandenburg 1940*, übers. Walter Hammer (1948), Brandenburgisches Landesarchiv, Rep 214, Nr. 1, Bl. 8-14.

Engel, Gerhard: *Johann Knief – ein unvollendetes Leben.* Berlin: Dietz 2011.

Eiland, Howard und Michael W. Jennings: *Walter Benjamin. A Critical Life.* Cambridge/Mass./London: Harvard University Press 2014.

Heye, Uwe-Karsten: *Die Benjamins. Eine deutsche Familie.* Berlin: Aufbau 2014.

Hoffrogge, Ralf: *Werner Scholem. Eine politische Biographie (1895-1940).* Konstanz: UVK 2014.

Jäger, Lorenz: *Walter Benjamin: Das Leben eines Unvollendeten.* Berlin: Rowohlt 2017.

Keßler, Mario: *Ruth Fischer – ein Leben mit und gegen Kommunisten (1895-1961).* Köln, Weimar, Wien: Böhlau 2013.

Luhr, Gernot, hg.: *‚was noch begraben lag'. Zu Walter Benjamins Exil. Briefe und Dokumente.* Berlin: Borstelmann & Siebenhaar 2000.

Otto, Wilfriede: *Erich Mielke – Biographie. Aufstieg und Fall eines Tschekisten.* Berlin: Dietz 2000.

Puttnies, Hans und Gary Smith: *Benjaminiana.* Gießen: Anabas 1991.

Sabrow, Martin, hg.: *Das Jahrhundert der Parallelbiographien.* Braunschweig: AVA 2016.

Schöck-Quinteros, Eva: „,Denn ich hoffe nach dem Krieg in Amerika arbeiten zu können': Stationen einer vertriebenen Wissenschaftlerin (1901-1946)", in: Elisabeth Dickmann und Eva Schöck-Quinteros, hg.: *Barrieren und Karrieren. Die Anfänge des Frauenstudiums in Deutschland*. Berlin: Trafo 2000, S. 71-102.

Scholem, Gershom: *Von Berlin nach Jerusalem. Jugenderinnerungen*. Frankfurt a.M.: Suhrkamp 1977.

Sprengel, Rita: *Der rote Faden. Lebenserinnerungen*. Berlin: Edition Hentrich 1994.

Täubert, Klaus: *‚Unbekannt verzogen'. Der Lebensweg des Suchtmediziners, Psychologen und KPD-Gründungsmitgliedes Fritz Fränkel*. Berlin: Trafo-Verlag 2005.

Vierhaus, Rudolf, hg.: *Deutsche Biographische Enzyklopädie*. München: Saur, 2. Aufl. 2005.

Weber, Hermann und Andreas Herbst: *Deutsche Kommunisten. Biographisches Handbuch 1918 bis 1945*. Berlin: Dietz 2004.

Weiß, Gittel: *Ein Lebensbericht*. Berlin: Kulturbund 1982.

Winter, Irina: *Georg Benjamin. Arzt und Kommunist*. Berlin: VEB Verlag Volk und Gesundheit 1962.

Witte, Bernd: *Walter Benjamin mit Selbstzeugnissen und Bilddokumenten*. Reinbek: Rowohlt 1985.

Zadoff, Mirjam: *Der rote Hiob. Das Leben des Werner Scholem*. München: Hanser 2014.

Wedding-Literatur

Berliner Geschichtswerkstatt: *Der Wedding – hart an der Grenze*. Berlin: Dirk Nishen 1987.

Dettmer, Klaus: *Wedding*. Berlin: Colloquium Verlag 1988.

Engel, Helmut u.a., hg.: *Wedding*. Berlin: Nicolai 1990.

Gottwald, Franz, hg.: *Heimatbuch vom Wedding*. Berlin: Kribe Verlag o.J. [1924].

Komander, Gerhild H.M.: *Der Wedding – auf dem Weg von Rot nach Bunt*. Berlin: Berlin Story Verlag 2006.

Müller, Bernhard, hg.: *Wedding. Wege zu Geschichte und Alltag eines Berliner Arbeiterbezirkes*. Berlin: Stattbuch 1990.

Sandvoß, Hans-Rainer: *Widerstand in Wedding und Gesundbrunnen*. Berlin: Gedenkstätte Deutscher Widerstand 2003.

Sandvoß, Hans-Rainer: *Widerstand in einem Arbeiterbezirk. Wedding.* Berlin: Gedenkstätte Deutscher Widerstand 1987.

Schimmler, Bernd: *Der Wedding im Dritten Reich, 1933-1945.* Berlin: Bezirksamt Wedding 1983.

Von Oertzen, Christine und Gabriele Jäger: *Boulevard Badstraße. Großstadtgeschichte im Berliner Norden.* Berlin: Edition Hentrich 1993.

Werning, Heiko: *Im wilden Wedding. Zwischen Ghetto und Gentrifizierung.* Berlin: Edition Tiamat 2014.

Zeitungen und Zeitschriften

Der Ade-Arnheim-Prolet

Arbeiter des roten Wedding

Arbeiter-Illustrierte-Zeitung

Frei Schach!

Rote Fahne

Das rote Schulecho: Extraausgabe für alle Schulen des Wedding

Rund um den Sparrplatz

Rund um die Schulstraße: Organ der revolutionären Arbeiter des Roten Wedding

Stempelbude: Mitteilungsblatt für die Erwerbslosen des Wedding

Vorwärts

Der Wedding-Prolet

Sozial-, Kultur- und politische Geschichte

Aktives Museum Faschismus und Widerstand, hg.: *Stolpersteine in Berlin. 12 Kiezspaziergänge.* Berlin: Kulturprojekte Berlin, 2. Aufl. 2016.

Ansorg, Leonore: *Politische Häftlinge im nationalsozialistischen Strafvollzug: das Zuchthaus Brandenburg-Görden.* Berlin: Metropol 2015.

Benjamin, Michael: *Das Vermächtnis. Zeugnisse eines Sozialisten*, hg. Werner Wüste. Berlin: Das Neue Berlin 2006.

Benz, Wolfgang und Barbara Distel, hg.: *Herrschaft und Gewalt. Frühe Konzentrationslager 1933-1939.* Berlin: Metropol 2002.

Beutin, Heidi und Wolfgang: *Fanfaren einer neuen Freiheit. Deutsche Intellektuelle und die Novemberrevolution.* Darmstadt: Wissenschaftliche Buchgesellschaft 2018.

Bienert, Michael und Elke Linda Buchholz: *Die zwanziger Jahre in Berlin. Ein Wegweiser durch die Stadt*. Berlin: Berlin Story Verlag, 3. Aufl. 2018.

Boberg, Jochen u.a., hg.: *Die Metropole. Industriekultur in Berlin im 20. Jahrhundert*. München: Beck 1986.

Bock, Jörg: *Die Wuhlheide. Zur Geschichte des Volks- und Waldparks*. Berlin: Kulturring 2013.

Bodenschatz, Harald und Klaus Brake, hg.: *Wohnungsfrage und Stadtentwicklung. 100 Jahre Groß-Berlin*. Lukas 2017.

Bois, Marcel: *Kommunisten gegen Hitler und Stalin. Die linke Opposition der KPD in der Weimarer Republik*. Essen: Klartext 2014.

Brecht, Bertolt: *Gesammelte Werke in acht Bänden*. VIII: *Schriften 2*. Frankfurt a.M.: Suhrkamp 1967.

Buber-Neumann, Margarete: *Kriegsschauplätze der Weltrevolution*. Stuttgart: Seewald 1967.

Büttner, Lothar und Bernhard Meyer: *Gesundheitspolitik der Arbeiterbewegung. Vom Bund der Kommunisten bis zum Thälmannschen Zentralkomitee der KPD*. Berlin: Volk und Gesundheit 1984.

Coppi, Hans und Kamil Majchrzak, hg.: *Das Konzentrationslager und Zuchthaus Sonnenburg*. Berlin: Metropol 2015.

Dahlem, Franz: *Ausgewählte Reden und Aufsätze 1919-1979. Zur Geschichte der Arbeiterbewegung*. Berlin: Dietz 1980.

Diamant, Kathi: *Kafka's Last Love*. London: Random House 2004.

Drobisch, Klaus und Günther Wieland: *System der NS-Konzentrationslager 1933-1939*. Berlin: Akademie Verlag 1993.

Dürr, Christian und Ralf Lechner: „Töten und Sterben im Konzentrationslager Mauthausen/Gusen", in: *Gedenkbuch für die Toten des KZ Mauthausen*, Bd. 1: *Kommentare und Biografien*. Wien: new academic press 2016, S. 5-55.

Engeli, Christian: *Gustav Böß. Oberbürgermeister von Berlin 1921 bis 1930*. Stuttgart: Kohlhammer 1971.

Epstein, Catherine: *The Last Revolutionaries. German Communists and Their Century*. Cambridge/Mass., London: Harvard UP 2003.

Eribon, Didier: *Rückkehr nach Reims*. Übers. Tobias Haberkorn. Berlin: Suhrkamp, 15. Aufl. 2017.

Ewenz, Gabriele u.a., hg.: *Adorno. Eine Bildmonographie*. Frankfurt a.M.: Suhrkamp 2003.

Fischer, Ruth: *Stalin und der deutsche Kommunismus*. II: *Die Bolschewisierung des deutschen Kommunismus ab 1925*. Berlin: Dietz 1991.

Flechtheim, Ossip K.: *Die KPD in der Weimarer Republik*. Hamburg: Junius 1986.

Frenzel, Max u.a., hg.: *Gesprengte Fesseln*. Berlin: Militärverlag der DDR, 3. Aufl. 1976.

Gay, Peter: *Die Republik der Außenseiter. Geist und Kultur der Weimarer Zeit, 1918-1933*. Frankfurt a.M.: Fischer 1987.

Gedenkbuch für die Toten des KZ Mauthausen. 3 Bde. Wien: new academic press 2016.

Gough, Edward: *Die SPD in der Berliner Kommunalpolitik 1925-1933*. Berlin: FU Diss. 1984.

Annett Gröschner u.a., hg.: *Berlin, Fruchtstaße am 27. März 1952*. Ostfildern: Hatje Cantz Verlag 2012.

Grube, Ernst: *Einheitsfront und die Aufgaben der sporttreibenden Werktätigen*. Berlin: Kampfgemeinschaft für rote Sporteinheit o.J. [1931].

Grunenberg, Antonia: *Götterdämmerung. Aufstieg und Fall der deutschen Intelligenz 1900-1940*. Freiburg i.Br.: Herder 2018.

Gruner, Wolf: *Judenverfolgung in Berlin 1933-1945. Eine Chronologie der Behördenmaßnahmen in der Reichshauptstadt Berlin*. Berlin: Edition Hentrich 1996.

Hanstedt, Birgit: *Die wilden Jahre in Berlin. Eine Klatsch- und Kulturgeschichte der Frauen*. Berlin: edition ebersbach, 2. Aufl. 2002.

Hegemann, Werner: *1930. Das steinerne Berlin*. Berlin: Ullstein 1963 [1930].

Heinz, Stefan und Siegfried Mielke, hg.: *Funktionäre des Einheitsverbandes der Metallarbeiter Berlins im NS-Staat*. Berlin: Metropol 2012.

Hessel, Franz: *Spazieren in Berlin*. Berlin: Verlag für Berlin-Brandenburg, 3. Aufl. 2013.

Hirschfeld, Magnus und Andreas Gaspar, hg.: *Sittengeschichte des ersten Weltkrieges*. Hanau: Schustek, 2. Aufl. 1970.

Hobbs, Mark: „'Farmers on notice': the threat faced by Weimar Berlin's garden colonies in the face of the city's Neues Bauen housing programme", in: *Urban History* 39 (2012), S. 263-284.

Hoffmann, Ludwig und Daniel Hoffmann-Ostwald: *Deutsches Arbeitertheater 1918-1933. Eine Dokumentation*. Berlin: Henschel 1961.

Hoffmann, Tobias, hg.: *Berliner Realismus. Von Käthe Kollwitz bis Otto Dix.* Berlin: Wienand 2018.

Hübner, Holger: *Das Gedächtnis der Stadt: Gedenktafeln in Berlin.* Berlin: Argon 1997.

Ille, Gerhard und Günther Köhler: Der *Wandervogel. Es begann in Steglitz.* Berlin: Stapp 1987.

Juchler, Ingo: *1918/1919 in Berlin. Schauplätze der Revolution.* Berlin: be.bra Verlag 2018.

Junghans, Kurt: *Bruno Taut 1880-1938. Architektur und sozialer Gedanke.* Leipzig: E.A. Seemann, 3. Aufl. 1998.

Kähler, Hermann: *Berlin – Asphalt und Licht. Die große Stadt in der Literatur der Weimarer Republik.* Berlin: Dietz 1986.

Kerbs, Diethard und Jürgen Reulecke, hg.: *Handbuch der deutschen Reformbewegungen 1890-1933.* Wuppertal: Hammer 1998.

Kerbs, Diethard und Henrick Stahr, hg.: *Berlin 1932. Das letzte Jahr der ersten deutschen Republik.* Berlin: Edition Hentrich 1992.

Kinner, Klaus: *Der deutsche Kommunismus. Selbstverständnis und Realität.* I: *Die Weimarer Zeit.* Berlin: Dietz 1999.

Kessler, Mario: *Grenzgänger des Kommunismus.* Berlin: Dietz 2015.

Klönne, Arno: *Die deutsche Arbeiterbewegung. Geschichte – Ziele – Wirkungen.* Düsseldorf, Köln: Diederichs, 2. Aufl. 1981.

Klußmann, Uwe und Joachim Mohr, hg.: *Die Weimarer Republik. Deutschlands erste Demokratie.* München: Deutsche Verlags-Anstalt 2015.

Koebner, Thomas u.a., hg.: *‚Mit uns zieht die neue Zeit'. Der Mythos Jugend.* Frankfurt a.M.: Suhrkamp 1985.

Koser, David: *Das Ende der Weimarer Demokratie.* Berlin: Stadtagentur David Koser 2013.

Kratzenberg, Volker: *Arbeiter auf dem Weg zu Hitler? Die nationalsozialistische Betriebszellen-Organisation. Ihre Entstehung, ihre Programmatik, ihr Scheitern 1927-1934.* Frankfurt a.M.: Peter Lang, 2. Aufl. 1989.

Lange, Annemarie: *Berlin in der Weimarer Republik.* Berlin: Dietz 1987.

Lange, Bernd-Peter: „Zeitvertreib und Widerstand. Walter und Georg Benjamins Schach", in: Karen Aydin u.a., hg.: *Games of Empire. Kulturhistorische Konnotationen von Brettspielen in transnationalen und imperialen Kontexten.* Berlin: LIT Verlag 2018, S. 305-328.

Laqueur, Walter: *Weimar. Die Kultur der Republik*. Frankfurt a.M.: Ullstein 1976.

Lethen, Helmut: *Verhaltenslehren der Kälte. Lebensversuche zwischen den Kriegen*. Frankfurt a.M.: Suhrkamp 1994.

Mallmann, Klaus-Michael: *Kommunisten in der Weimarer Republik. Sozialgeschichte einer revolutionären Bewegung*. Darmstadt: Wissenschaftliche Buchgesellschaft 1996.

Maršálek, Hans: *Die Geschichte des Konzentrationslagers Mauthausen. Dokumentation*. Wien: edition mauthausen, 4. Aufl. 2006.

Meyer, Bernhard und Hans-Jürgen Mende: *Berliner jüdische Ärzte in der Weimarer Republik*. Berlin: Edition Luisenstadt 1996.

Moreck, Curt: *Ein Führer durch das lasterhafte Berlin. Das deutsche Babylon 1931*. Hg. Marijke Topp. Berlin: be.bra Verlag 2018 [1931].

Münzenberg, Willi: *Solidarität. Zehn Jahre Internationale Arbeiterhilfe 1921-1931*. Berlin: Neuer Deutscher Verlag 1931.

Neckel, Sieghard: *Status und Scham. Zur symbolischen Reproduktion sozialer Ungleichheit*. Frankfurt a.M., New York: Campus 1991.

Reif, Heinz, hg.: *Berliner Villenleben*. Berlin: Gebr. Mann 2008.

Ribbe, Wolfgang, hg.: *Geschichte Berlins*. II: *Von der Märzrevolution bis zur Gegenwart*. München: Beck, 2 Bde. 1987.

Röhl, Klaus Rainer: *Die letzten Tage der Republik von Weimar*. Wien: Universitas 2008.

Rosenberg, Arthur: *Entstehung und Geschichte der Weimarer Republik*, hg. Kurt Kersten, Frankfurt a.M.: Athenäum 1961.

Rürup, Reinhard, hg.: *Jüdische Geschichte in Berlin. Bilder und Dokumente*. Berlin: Edition Hentrich 1995.

Ryklin, Michael: *Kommunismus als Religion. Die Intellektuellen und die Oktoberrevolution*. Frankfurt a.M., Leipzig: Verlag der Weltreligionen 2008.

Sandvoß, Hans-Rainer: *Die „andere" Reichshauptstadt. Widerstand aus der Arbeiterbewegung in Berlin von 1933 bis 1945*. Berlin: Lukas 2007.

Schilde, Kurt: *Vom Columbia-Haus zum Schulenburgring*. Berlin: Edition Hentrich 1987.

Schilde, Kurt und Johannes Tuchel: *Columbia-Haus. Berliner Konzentrationslager 1933-1936,* hg.: Bezirksamt Tempelhof von Berlin. Berlin: Edition Hentrich 1990.

Schumacher, Martin: *M.d.R. Die Reichstagsabgeordneten der Weimarer Republik in der Zeit des Nationalsozialismus.* Düsseldorf: Droste, 3. Aufl. 1994.

Schwoch, Rebecca, hg.: *Berliner jüdische Kassenärzte und ihr Schicksal im Nationalsozialismus. Ein Gedenkbuch.* Berlin: Hentrich & Hentrich 2009.

SED-Bezirksleitung Berlin: *Geschichte der revolutionären Berliner Arbeiterbewegung.* 2 Bde., Berlin: Dietz 1987.

Stantke, Edmund Richard: *Mordhausen. Augenzeugenbericht über Mauthausen.* München: Neubau-Verlag Adolf Gross o.J. [ca. 1948].

Steinkopf, Leander: *Stadt der Feen und Wünsche. Eine Erzählung.* Berlin: Hanser 2018.

Stenbock-Fermor, Alexander Graf: *Deutschland von unten. Reise durch die proletarische Provinz*, hg.: Christian Jäger und Erhard Schütz. Berlin: Verlag für Berlin-Brandenburg 2017 [1931].

Tergit, Gabriele: *Etwas Seltsames überhaupt. Erinnerungen.* Frankfurt a.M.: Schöffling & Co. 2018.

Uhlmann, Walter, hg.: *Sterben um zu leben. Politische Gefangene im Zuchthaus Brandenburg-Görden 1933-1945.* Köln: Kiepenheuer & Witsch 1983.

Weber, Hermann: *Die Wandlung des deutschen Kommunismus.* I: *Die Stalinisierung der KPD in der Weimarer Republik.* Frankfurt a.M.: EVA 1969.

Wehler, Hans-Ulrich: *Deutsche Gesellschaftsgeschichte.* IV: *1914-1949.* München, Zürich, Wien: Beck 2003.

Wehner, Herbert: *Zeugnis*, hg.: Gerhard Jahn. Köln: Kiepenheuer & Witsch 1982.

Wildt, Michael und Christoph Kreutzmüller, hg.: *Berlin 1933-1945.* München: Siedler 2013.

Winkler, Heinrich-August: *Weimar 1918-1933. Die Geschichte der ersten deutschen Demokratie.* München: Beck, 4. Aufl. 2005.

Wolff, Horst-Peter und Arno Kalinich: *Zur Geschichte der Krankenhausstadt Berlin-Buch.* Frankfurt a.M.: Mabuse Verlag, 2. Aufl. 2006.

Zur Geschichte der Kommunistischen Partei Deutschlands. Eine Auswahl von Materialien und Dokumenten aus den Jahren 1914-1946. Kiel: Rotfront o.J.

Bildnachweise

Vordere Umschlagseite: Georg Benjamin im Jahr 1926. Foto: Familienarchiv/ Nachlass Hilde Benjamin.

Seite 13: *Links:* Grabmal der Familie Benjamin auf dem Friedhof Stahnsdorf bei Berlin. Foto: Bernd-Peter Lange. – *Rechts:* Grabmal für Hilde, Georg und Michael Benjamin auf dem Zentralfriedhof Friedrichsfelde in Berlin, dem „Friedhof der Sozialisten". Foto: SpreeTom, 2. September 2006, Wikimedia Commons, lizenziert nach der Creative-Commons-Lizenz „Namensnennung – Weitergabe unter gleichen Bedingungen 3.0 nicht portiert" (creativecommons.org/licenses/by-sa/3.0/deed.de)".

Seite 14: Gedenktafel für Georg Benjamin im Hausflur der Badstraße 40 in Berlin-Gesundbrunnen. Foto: Bernd-Peter Lange.

Seite 27: Die Benjamin'sche Villa in der Delbrückstraße 23 in Grunewald. Foto aus: Robert Culejs (1851-1925), *Sammlung Moderne Villen und Einfamilienhäuser: Sammlung moderner Wohngebäude, Villen und Einfamilienhäuser aus Stadt und Land ausgeführt von den ersten Architekten der Jetztzeit*, Berlin: Wasmuth 1902, n.p. (50 Bl.). Für den Hinweis auf dieses Foto bin ich Momme Brodersen zu Dank verpflichtet.

Seite 32: Ledigenheim in der Schönstedtstraße, Berlin-Gesundbrunnen. Foto: Fridolin Freudenfett, 10.7.2016, Wikimedia Commons (lizenziert nach „Creative Commons Attribution-Share alike 4.0 International License/CC BY-SA 4.0").

Seite 33: Hausflur der Nazarethkirchstraße 41. Foto: Hendrik Kraume.

Seite 34: Heutige Ansicht des Wohnhauses Dubliner Straße 62 im Englischen Viertel, in dem das Ehepaar Benjamin lebte; links hinten die Laubenkolonie Freudental. Foto: Bernd-Peter Lange.

Seite 35: Portal des Hauses Dubliner Straße 62. Foto: Bernd-Peter Lange.

Seite 39: Badstraße 40 in Berlin-Gesundbrunnen heute. In diesem Gebäude befanden sich die Wohnung des Ehepaars und das Rechtsanwaltsbüro von Hilde Benjamin. Foto: Bernd-Peter Lange.

Seite 41: Badstraße 16: in der ersten Etage befand sich 1932/33 Georg Benjamins Praxis, unten bereits damals die Woolworth-Filiale. Foto der heutigen Gebäudeansicht: Bernd-Peter Lange.

Seite 42: Georg und Michael Benjamin mit Edith Fürst. Akademie der Künste, Berlin, Walter Benjamin Archiv.

Seite 46: Das noch erhaltene Schulportal des Grunewald-Gymnasiums, heute Walther-Rathenau-Schule. Foto: Bernd-Peter Lange.

Seite 47: Foto der Abiturklasse 1914 mit Georg Benjamin (am rechten Bildrand). Foto: Familienarchiv/Nachlass Hilde Benjamin (aus: Hilde Benjamin: *Georg Benjamin. Eine Biographie*, Leipzig 1977).

Seite 63: Walter, Georg und Dora Benjamin, um 1904. Akademie der Künste, Berlin, Walter Benjamin Archiv, Foto: Globus Atelier Berlin.

Seite 69: Georg Benjamin als Kriegsfreiwilliger um 1916 mit Eltern und Schwester Dora. Foto: Familienarchiv/Nachlass Hilde Benjamin (aus: Hilde Benjamin: *Georg Benjamin. Eine Biographie*, Leipzig 1977).

Seite 71: Walter Benjamin, ca. 1929. Foto: Akademie der Künste, Berlin, Walter-Benjamin-Archiv. Foto: Studio Joël-Heinzelmann.

Seite 81: Hilde Lange als Studentin, um 1924. Foto: Familienarchiv/Nachlass Hilde Benjamin.

Seite 86: Hilde und Georg Benjamin an Pfingsten 1929 auf Hiddensee. Foto: Familienarchiv/Nachlass Hilde Benjamin (aus: Hilde Benjamin: *Georg Benjamin. Eine Biographie*, Leipzig 1977).

Seite 89: Arbeitslosenbezüge (1930). Aus: *Rote Fahne*, 22.5.1931.

Seite 101: Georg Benjamin im Jahr 1935. Foto: Familienarchiv/Nachlass Hilde Benjamin (aus: Hilde Benjamin: *Georg Benjamin. Eine Biographie*, Leipzig 1977).

Seite 106: Aufführung der Agitprop-Gruppe *Roter Wedding* im Hinterhof einer Mietskaserne. Foto: Bundesarchiv, Bild Y1-9B57-19304 (1930), Fotograf o.A.

Seite 108: Fotografie der Reproduktion von Franz Marcs *Roten Pferden* in der Pankower Wohnung Ursula Benjamins, der Schwiegertochter von Georg und Hilde Benjamin. Aus dem Nachlass Hilde Benjamin; Foto: Bernd-Peter Lange.

Seite 114: Plakat der Roten Hilfe. Foto: Bundesarchiv, Plak 102-073-012, Fotograf o.A.

Seite 119: Parteizellen der KPD. Aus: *Rote Fahne*, 20.11.1932.

Seite 130: 3. Reichstreffen des Rotfrontkämpferbunds am 5. u. 6. Juni 1927 in Berlin-Wedding; vorne links: Ernst Thälmann. Foto: Bundesarchiv, Bild 183-Z0127-305 (Wikimedia Commons, Lizenz CC-BY-SA 3.0 DE).

Seite 131: Berlin, Karl-Liebknecht-Haus, am 14. September 1930, dem Tag der Reichstagswahl. Foto: Bundesarchiv, Bild 183-09424-0006 (Wikimedia Commons, Lizenz CC-BY-SA 3.0 DE).

Seite 137: Abb. *Der Wedding-Prolet* (Ausschnitt). Bundesarchiv.

Seite 140: Titelseite von Georg Benjamins Broschüre *Tod den Schwachen? Neue Tendenzen der Klassenmedizin*. Internationale Arbeiterhilfe o.J. [1925?].

Seite 144: Georg Benjamin bei seiner Arbeit als Schularzt, 1927. Foto: Familienarchiv/Nachlass Hilde Benjamin.

Seite 158: Zuchthaus Brandenburg-Görden, Blick auf das Hauptgebäude, 1931. Foto: Bundesarchiv, Bild 102-11695/Georg Pahl (Wikimedia Commons, Lizenz CC-BY-SA 3.0).

Seite 168: Georg Benjamins Steckschachspiel. Aus dem Nachlass Hilde Benjamin; Foto: Bernd-Peter Lange.

Seite 171: Aus Brot gefertigte Schachfiguren aus Georg Benjamins Nachlass. Aus dem Nachlass Hilde Benjamin; Foto: Bernd-Peter Lange.

Seite 173: Michael Benjamin mit neuem Schachspiel ca. 1940/41. Foto: Familienarchiv/Nachlass Hilde Benjamin.

Seite 179: KZ Mauthausen, Wachturm beim Block 5, Aufnahme von 1943. Foto: Bundesarchiv, Bild 192-164 (Wikimedia Commons, Lizenz CC-BY-SA 3.0).

Danksagungen

Mein herzlicher Dank geht an alle, die bei diesem Buch mitgeholfen haben. Für alle Irrtümer und Lücken bin allerdings ich selbst verantwortlich und nehme entsprechende Kritik und Hinweise gern entgegen.

Besonderer Dank geht an:

Ursula Benjamin und Laura Benjamin für unverzichtbares Quellenmaterial aus dem Familiennachlass,

Momme Brodersen für den freundlichen Austausch zur Forschung über die Benjamins,

Ursula Marx, Oliver Kunisch, Ute Räuber, Philip Schilf, Katja Maly, Ute Kniepen, Kerstin Bötticher und Sylvia de Pasquale für freundliche Unterstützung bei der Suche in Archiven,

Rüdiger Kunow für spannende Stadterkundungen zur Entzifferung Berlins als Palimpsest,

Arno Nickel für Schachexpertisen,

H. Gustav Klaus für kulturhistorische Anregungen,

die Wikipedia-Gruppe Wedding für Einblicke in Geschichte und Gegenwart des alten Bezirks,

Hendrik Kraume, Peter Kuley und Richard Stinshoff für Fotos vom Wedding,

Jessica Müller für dringende technische Hilfen,

Leonore Ansorg und Heike Stange für nützliche Auskünfte,

Helgard Lange für einiges von allem und vieles mehr.

Es ist die Zeit der Weltwirtschaftskrise in den ausgehenden 1920er Jahren. In Deutschland gibt es ca. zwei Millionen „ausgesteuerte" Arbeitslose – Menschen, die keinerlei staatliche Unterstützung erhalten. Mit der Weltwirtschaftskrise verschärft sich ihre Situation dramatisch, da auch prekäre Beschäftigungsverhältnisse und Erwerbsmöglichkeiten zusehends wegfallen.

Der Berliner Maler Otto Nagel (1894-1967) schildert in seinem Roman diese ausweglose Situation am Beispiel der Hauptfigur Wilhelm Thiele und von dessen Freunden und Bekannten. Dreh- und Angelpunkt der spannend erzählten Einzelschicksale ist die im Berliner Stadtteil Wedding gelegene Kneipe „Das nasse Dreieck". Frequentiert wird das Lokal vor allem von Arbeitslosen, Alkoholikern und Obdachlosen.

Ihren Kampf ums nackte Überleben, den Abstieg in immer extremere Lebenssituationen beschreibt Otto Nagel mit großer Beobachtungsgabe und drastischer Detailtreue, ohne dabei zu moralisieren oder zu verurteilen.

Otto Nagels Roman ist ein Klassiker der Berlin-Literatur.

226 Seiten, 15,- €, ISBN 978-3-946327-10-3,
mit einem Vorwort von Walli Nagel und einem Nachwort
von Brunhilde Wehinger

Band 1 der Reihe „Wedding-Bücher"

Wedding-Bücher • Verlag Walter Frey
www.wedding-buecher.de

Walli Nagel (1904-1983) erzählt in ihrem Erinnerungsbuch von ihrem bewegten Leben, das in Sankt Petersburg begann, wo sie als ‚Tochter aus gutem Hause' aufwuchs, die Russische Revolution erlebte und ihre ersten Schritte ins Berufsleben als Schauspielerin unternahm. Dort lernte sie auch den Mann ihres Lebens kennen: Otto Nagel, den Berliner Maler. 1925 begegnete sie ihm als Zwanzigjährige, und gegen den Willen ihrer Familie heiratete sie ihn quasi auf der Stelle und ging mit ihm für immer nach Berlin – in den Stadtteil Wedding. Dort wurde sie mit dem alltäglichen

Elend dieses Arbeiterbezirks konfrontiert. Sie engagierte sich politisch, war mit Heinrich Zille, Käthe Kollwitz, Gabriele Münter befreundet und unterstützte die künstlerischen Projekte ihres Mannes. Die schwersten Stunden erlebten sie und Otto Nagel während der NS-Zeit.

Über ihre Begegnung mit Berlin und den Deutschen, über die zwei Jahrzehnte, die sie im Wedding verbrachte, schreibt Walli Nagel anschaulich und mit Gespür für die Details des Alltags. Ihre Autobiografie ist Teil der interkulturellen Erinnerungskultur: Sie entwirft das Selbstbild einer Frau, die mit zwei Sprachen, in zwei Kulturen und in sehr unterschiedlichen sozialen Milieus lebte. Ihre Erinnerungen vermitteln uns Einblicke in das Leben einer willensstarken Frau, die das Wagnis einging, gegen alle Konventionen einen selbstbestimmten Weg einzuschlagen, von dem sie mit Humor und Spannung zu erzählen weiß.

209 Seiten, Abbildungen, 15,- €, ISBN 978-3-946327-14-1,
mit einem Nachwort von Brunhilde Wehinger

Band 2 der Reihe „Wedding-Bücher"